CRÍTICA DA RAZÃO PRÁTICA

CRÍTICA DA RAZÃO PRÁTICA

Immanuel Kant

Tradução baseada na edição original de 1788,
com introdução e notas de
VALERIO ROHDEN

wmf **martinsfontes**

SÃO PAULO 2017

Esta obra foi publicada originalmente em alemão com o título
KRITIK DER PRAKTISCHEN VERNUNFT.

1ª edição *2002*
4ª edição *2016*
2ª tiragem *2017*

Tradução
VALERIO ROHDEN

Revisão gráfica
Ana Luiza França
Helena Guimarães Bittencourt
Ivete Batista dos Santos
Produção gráfica
Geraldo Alves
Paginação
Studio 3 Desenvolvimento Editorial

Dados Internacionais de Catalogação na Publicação (CIP)
(Câmara Brasileira do Livro, SP, Brasil)

Kant, Immanuel, 1724-1804.
Crítica da razão prática / Immanuel Kant ; tradução baseada na edição original de 1788, com introdução e notas Valerio Rohden. – 4ª ed. – São Paulo : Editora WMF Martins Fontes, 2016. – (Clássicos WMF)

Título original: Kritik der Praktischen Vernunft
Bibliografia.
ISBN 978-85-469-0021-3

1. Ética 2. Filosofia alemã 3. Filosofia moderna – Século 18 4. Razão I. Rohden, Valerio. II. Título. III. Série.

16-00059 CDD-193

Índice para catálogo sistemático:
1. Kant : Filosofia alemã : Obras filosóficas 193

Rua Prof. Laerte Ramos de Carvalho, 133 01325-030 São Paulo SP Brasil
Tel. (11) 3293-8150 Fax (11) 3101-1042
e-mail: info@wmfmartinsfontes.com.br http://www.wmfmartinsfontes.com.br

Índice

CRÍTICA DA RAZÃO PRÁTICA

PRIMEIRO LIVRO

Analítica da razão prática pura

SEGUNDO LIVRO

Dialética da razão prática pura

Introdução à edição brasileira

1. Gênese da Crítica da razão prática

A presente *Crítica da razão prática* (1788, abreviatura: *KpV*) é a segunda dentre três Críticas que Immanuel Kant (1724-1804) escreveu, mas que ele inicialmente pretendera reunir todas numa única obra[1]. Embora não tenha executado o plano nesses termos, mas, por exigência dos assuntos, tenha-o desdobrado em três obras autônomas, a *Crítica da razão pura* (1781, abreviatura: *KrV*) não deixou de incluir o esboço de uma moral[2], sem abrir um espaço equivalente para a crítica do gosto. O Prefácio à segunda edição dessa primeira Crítica justificava a crítica à metafísica especulativa como meio para dar lugar a uma metafísica prática. Nem esta orientação do segundo Prefácio correspondeu à nova expectativa, gerada desta vez pela notícia veiculada na *Allgemeine Literaturzeitung*, nº 276, de 21 de fevereiro de 1786, de acordo com a qual a se-

1. Cf. a carta de Kant a Marcus Herz, de 21 de fev. de 1772. In: KANT, I. *Dissertação de 1770 / Carta a Marcus Herz* (esta traduzida por António Marques). Lisboa: Imprensa Nacional – Casa da Moeda, 1985, p. 142.

2. O ponto de vista é defendido também por ALLISON, H. *Kant's Theory of Freedom*. Cambridge: Cambridge University Press, 1993.

gunda edição da *Crítica da razão pura* (1787) incluiria uma crítica prática[3]. Aliás, em toda a correspondência até a segunda edição da *Crítica da razão pura*, cujo Prefácio é datado de abril de 1787, Kant jamais fez menção da intenção de escrever uma obra separada que viesse a chamar-se *Crítica da razão prática*. Referia-se sempre apenas a objetivos de escrever uma metafísica da moral, que ele executou independentemente daquela, com suas *Grundlegung zur Metaphysik der Sitten* (*Fundamentação da metafísica dos costumes*, 1785, abreviatura: *Grundlegung*) e *Metaphysik der Sitten* (*Metafísica dos costumes*, 1797, abreviatura: *MS*). Todavia no curto espaço de tempo de dois meses após aquela segunda edição da *Crítica da razão pura* Kant surpreendentemente anunciava, em carta de 25 de junho de 1787 a Christian G. Schütz, a conclusão da redação de uma obra específica, intitulada *Crítica da razão prática*[4]. Em carta de 28 de dezembro de 1787 a Carl R. Reinhold, quando esta segunda Crítica de fato apareceu (embora constando como publicada em 1788), Kant mencionava pela primeira vez em conjunto as três Críticas. E no Prefácio à *Crítica da faculdade do juízo* (1790, abreviatura: *KU*), em que esta faculdade é apresentada como mediadora entre natureza e liberdade (ob-

3. "À Crítica da razão especulativa pura, contida na primeira edição, acrescentar-se-á, na segunda edição, ainda uma Crítica da razão prática pura, que então pode servir tanto para assegurar o princípio da moralidade contra as objeções feitas ou por fazer-se como para completar o todo das investigações críticas que têm de anteceder o sistema da filosofia da razão pura." *Apud* VORLÄNDER, K. Zur Entstehung der Schrift. In: KANT, I. *Kritik der praktischen Vernunft*. Hamburg: Felix Meiner, 1993, p. XII.

4. "Concluí a minha *Crítica da razão prática*, de modo que penso enviá-la na próxima semana a Halle para a impressão." KANT, I. *Briefwechsel*. Hamburg: Felix Meiner, 1986, p. 320.

jetos das duas Críticas anteriores), ele anunciava o término de sua tarefa crítica com as seguintes palavras: "Com isso termino, portanto, toda a minha tarefa crítica. Passarei sem demora à tarefa doutrinal... É óbvio que não haverá aí nenhuma parte especial para a faculdade do juízo, pois com respeito a ela a crítica tomou o lugar da teoria; é óbvio, no entanto, que, segundo a divisão da Filosofia em teórica e prática e da filosofia pura nas mesmas partes, a metafísica da natureza e a metafísica da moral <*Sitten*>[5] constituirão aquela tarefa."[6]

Enfim, a *Crítica da razão prática* nasceu de um amadurecimento crítico de suas concepções teóricas e práticas, mas vacilou por algum momento a respeito de seu conteúdo, ou seja, se ela se limitaria a uma resposta às críticas dirigidas contra a sua *Fundamentação da metafísica*

5. Levei em conta o hábito, mas submeto à discussão que se venha a corrigir a tradução de *Sitten*, em Kant, por "moral" e não por "costumes". Nisto concordo com a tradução inglesa de Mary Gregor da correspondente obra de Kant, *Metaphysik der Sitten*, por *The Metaphysics of Morals*. Na época tardia da *Aufklärung* (Esclarecimento/Iluminismo), o termo latino *mores* foi refletido filosoficamente e passou a dizer respeito à ideia e aos princípios de uma possível vontade pura. Kant mesmo observou, na citada obra de 1797: "A palavra alemã *Sitten* bem como a latina *mores* significam apenas maneiras e modos de vida, enquanto a razão ordena como se deve agir, ainda que não se encontrasse nenhum exemplo correspondente" (*MS*. Introdução AB 10 / Ak 216). Wolfgang Kersting observa no mesmo sentido: "O termo alemão *Sitten* (costumes) não pode encontrar nenhum lugar em uma filosofia moral da autolegislação da razão" (KERSTING, W. verbete Sitte. In: RITTER, J. / GRÜNDER, K. *Historisches Wörterbuch der Philosophie*. Darmstadt: Wissenschaftliche Buchgesellschaft, 1995, v. 9, p. 899. Cf. no mesmo sentido TUGENDHAT, E. *Vorlesungen über Ethik*. 2. ed. Frankfurt: Suhrkamp, 1994. 2ª lição, p. 34 e 6ª lição, pp. 98-9).

6. KANT, I. *Kritik der Urteilskraft / Crítica da faculdade do juízo*. 2. ed. Trad. Valerio Rohden e António Marques. Rio de Janeiro: Forense Universitária, 1995. B X, trad., p. 14.

dos costumes. Na já mencionada carta a Reinhold, logo após o surgimento da *Crítica da razão prática*, Kant escreveu: "Neste pequeno livro são eliminadas várias contradições que os partidários do antigo supõem encontrar em minha crítica; contrariamente, são postas de modo suficientemente claro ante os olhos aquelas <contradições> em que eles, se não quiserem abandonar seu velho remendo, inevitavelmente se emaranham por si."[7]

Mais conhecida a este respeito é a crítica de Gottlob August Tittel, ao qual Kant, sem o citar pelo nome – como, aliás, procedeu com todos os seus críticos, com exceção apenas de Thomas Wizenmann[8] –, refere-se no Prefácio à *Crítica da razão prática*. Tittel acusou Kant de abusar de terminologias abstratas, tentando reduzir a moral a uma fórmula, que não acrescenta nada ao que já sabemos sobre conceitos e casos singulares dos quais foi abstraída. Argumentando que uma fórmula não me diz o que é bom, mas apenas recomenda em geral "faz o que é bom (de interesse comum)", ele pergunta: "Deve, pois, toda a reforma moral de Kant porventura limitar-se apenas a uma nova fórmula?" (*Soll denn die ganze kantische Moralreform etwa nur auf eine neue Formel sich beschränken?*)[9]. Segundo ele, a própria fórmula do imperativo categórico apenas parece nova, pois em verdade não acrescenta nada ao já conhecido princípio: "Age de tal modo que pela tua

7. KANT, I. *Briefwechsel*, p. 334.

8. Cf. KANT, I. *Kritik der praktischen Vernunft*, A 259.

9. TITTEL, G. A. *Über Herrn Kant's Moralreform*. Frankfurt und Leipzig: Pfähler, 1786. Reprodução do texto original, Bruxelas: Culture et Civilisation, 1969, p. 35. Agradeço a Draiton G. de Souza ter-me presenteado, ainda em tempo, com essa cópia do livro de Tittel. Sobre os outros críticos cf. BITTNER, R. / KRAMER, K. (Ed.). *Materialien zu Kants 'Kritik der praktischen Vernunft'*. Frankfurt: Suhrkamp, 1975. Prefácio, pp. 9-29.

ação e máxima de ação (tomada no seu todo e universalidade) a perfeição seja promovida!" (p. 36). Por isso, conclui, não se deve disputar sobre fórmulas. O pomo da discórdia, no entanto, se encontra na contraposição de uma concepção moral fundada numa razão acusada de supra-humana e antinatural *versus* uma concepção moral fundada na felicidade. O ponto central, segundo Tittel – *das ist der Punkt* (p. 51) –, é que, sendo o interesse pela felicidade o supremo interesse humano, ele tem de ser compatível com uma legislação que se pretenda como moral. Em função disso, amor de si e razão identificam-se no princípio da moralidade (cf. p. 56; veja a respeito deste equívoco a seção seguinte desta Introdução). Kant tinha razão para incomodar-se com um crítico que, um ano depois da publicação da *Grundlegung*, lançava um detalhado comentário de 93 páginas que reduzira sua contribuição moral a uma frustrada questão de linguagem (que significa, por exemplo – perguntava enfim Tittel –, uma autonomia em vista de si mesma e não do objeto, e sem conceito de objeto? "Significa somente: eu quero, porque quero" [*ich will darum, weil ich will*, p. 65]), portanto, sem encontrar nenhum reconhecimento pelo que ele pretendera apresentar como novo: sua reformulação precisa do princípio da moralidade.

A propósito do sucesso dos discípulos e amigos de Kant, de demovê-lo de limitar a sua segunda Crítica a uma obra meramente polêmica contra os detratores de sua concepção moral, escreveu Vorländer: "Em relação a esses numerosos críticos, Kant parece ter pretendido inicialmente escrever uma réplica meramente polêmica. No entanto diversos discípulos e amigos, como Biester e Schütz, demoveram-no de desperdiçar seu precioso tempo com tais ninharias"[10] –, convencendo-se Kant enfim, conforme o Prefácio, de que só uma minuciosa crítica da razão prática e de seu modo de pensar consequente podia desfazer, sob clara luz, aqueles equívocos.

O título da *Crítica da razão prática* foi mencionado pela primeira vez no Prefácio da *Fundamentação da metafísica dos costumes* (1785), mas nesta sob a forma ainda preliminar de uma "crítica da razão prática pura". Essa *Grundlegung*, afora o fato de dar o primeiro passo para a tão prometida metafísica da moral, constituiu uma espécie de introdução às questões da *Crítica da razão prática*.

2. *Finitude e autonomia*

Ao analisar esse Prefácio da *Grundlegung*, Rüdiger Bittner considerou a questão do fundamento das leis morais como um problema legado à *Crítica da razão prática*: "As leis morais têm que ter um fundamento. O único fundamento que sobra para elas é a razão. Esta não mora nem no céu nem na terra."[11] Justificando esta carência de solo da razão, ele descartou-lhe todo fundamento externo: "O mundo, a natureza, o sentido interno possuem tão pouca autoridade moral quanto Deus."[12] Por esse motivo a éti-

10. VORLÄNDER, K. Zur Entstehung der Schrift, p. XVI.

11. BITTNER, R. Das Unternehmen einer Grundlegung zur Metaphysik der Sitten. In: HÖFFE. O. (Ed.). *'Grundlegung zur Metaphysik der Sitten'. Ein kooperativer Kommentar*. Frankfurt: Suhrkamp, 1989, p. 27.

12. BITTNER, R. Das Unternehmen einer Grundlegung zur Metaphysik der Sitten, p. 27. Tugendhat, em seus textos éticos, tem insistido na atribuição de um caráter teológico-substitutivo à razão kantiana, caracterizada pela acentuação, em vez do caráter intersubjetivo, de um ca-

ca de Kant não pode ter outra base que a autonomia, demonstrada na *Crítica da razão prática* a partir de um *factum* da razão.

O texto da *Grundlegung* que, a meu ver, expressou a formação dessa consciência da autonomia foi o seguinte: "Se ora lançarmos um olhar retrospectivo sobre todos os esforços empreendidos até hoje para descobrir o princípio da moralidade, não nos admiraremos ao ver que todos eles necessariamente tinham de falhar. Via-se o homem ligado a leis pelo seu dever, mas não ocorria a ninguém que ele estava sujeito só à sua própria legislação, embora esta legislação seja universal."[13] Por isso dizer que como último fundamento para a lei moral resta a razão, sem dizer o que a razão significa, parece limitar-se a uma interpretação literal da mesma. Bittner, no entanto, observou corretamente que o sentido interno, a natureza ou Deus não fundam a lei moral, porque constituem ou um fundamento insuficiente ou um fundamento externo dela:

....

ráter puro e absoluto das obrigações. Neste sentido voltou recentemente a afirmar: "Eu não sou o primeiro que considera a razão pura em Kant o substituto de Deus" (TUGENDHAT, E. Ética e justificação. *Veritas*, Porto Alegre, v. 44, nº 1, p. 8, mar. 1999). Veja-se, no entanto, o que Kant escreveu a respeito em suas lições *Sobre pedagogia*: "Quão infinitamente importante, porém, é ensinar as crianças desde a infância a detestar o vício, não somente pelo fato de que Deus o proibiu, mas porque ele é em si mesmo detestável" (KANT, I. *Über Pädagogik*, A 24-25). Em resumo, a moral não é fundamentalmente uma questão de Teologia mas de razão. É o que nos ensina a própria *KpV* em A 232.

13. KANT, I. *Grundlegung zur Metaphysik der Sitten*. BA 73 (abreviatura: *Grundlegung*). Cf. a respeito, e também sobre a questão da autonomia na ética kantiana: ROHDEN, V. *Interesse da razão e liberdade*. São Paulo: Ática / Ensaios 71, 1981, pp. 153 s.; HENRICH, D. *Selbstverhältnisse*. Stuttgart: Reclam, 1982, pp. 6-56; BITTNER, R. *Moralisches Gebot und Autonomie*. Freiburg/München: Karl Alber, 1983.

"Só as leis que emergem de uma legislação própria possuem capacidade de obrigar."[14] Todavia, para que isso valesse, seria necessário, segundo esse intérprete, que os sujeitos agentes não apenas tivessem uma razão mas fossem exatamente razão. É certamente verdade que o homem não apenas possui uma razão mas também a é. Só que ele não se identifica imediatamente com ela, por ter também corpo e inclinações, as quais possuem como característica dominante sua insaciabilidade e constituem como tais um constante desafio ao domínio da razão. Desde a Antiguidade a moral requereu, para poder instaurar-se, um controle das apetições pela razão. Portanto, enquanto o homem for um ente racional finito, ele jamais será santo; na melhor das hipóteses, empenhar-se-á pela virtude, que a *Crítica da razão prática* definiu como a "disposição moral em luta"[15]. Quer dizer, o *vir bonus*[16] de Kant é o homem em luta contra sua propensão de transformar o amor de si no princípio objetivo da ação. Devido a sua consciência da finitude humana, a ética kantiana é uma ética do dever, que como tal implica uma autocoerção da razão, mas que torna também dever e liberdade internamente compatíveis. Sem a admissão desta compatibilidade, cairemos na heteronomia ou na presunção de um espontaneísmo moral. A compatibilidade entre dever e liberdade culmina numa compreensão autônoma e não teológi-

14. BITTNER, R. Das Unternehmen einer Grundlegung zur Metaphysik der Sitten, p. 28.

15. KANT, I. *KpV* A 151.

16. A expressão é característica da ética de Cícero, que substituiu os *dogmata* dos estóicos pelos progressos morais concretos. Cf. CÍCERO, M. T. *De officiis*, I 7, III 18 (trad. bras. *Dos deveres*. São Paulo: Martins Fontes, 1999).

ca (heterônoma) do próprio princípio cristão da moral: "... O princípio cristão da própria moral não é de modo algum teológico (heteronomia) mas autonomia da razão prática pura por si mesma."[17]

Contra as ilusões da heteronomia e do espontaneísmo moral, a crítica prática justifica-se como necessária. Já no Prefácio à 2ª edição da *Crítica da razão pura* Kant criticara o dogmatismo daqueles que têm "a presunção de avançar sozinhos em seu conhecimento puro a partir de conceitos... sem investigação do modo e do direito como a razão chegou a ele"[18]. O mínimo que, segundo a *Crítica da razão prática*, se esperaria dos envolvidos em tal presunção seria que apresentassem publicamente tais supostos conhecimentos para exame e apreciação: "Eles querem provar, muito bem! Eles podem prová-los e a crítica deporá a seus pés, como vencedores, todas as suas armas. *Quid statis? Nolint. Atqui licet esse beatis*. Portanto, já que não o querem, presumivelmente porque não o podem, temos de retomar em mãos aquelas armas para procurar fundar no uso moral da razão os conceitos de Deus, liberdade e imortalidade, de cuja possibilidade a especulação não encontrara suficiente garantia."[19] Na *Crítica da razão prática*, portanto, Kant retoma as **armas da crítica** para esclarecer o enigma de como se pode contestar um uso transcendente das categorias no domínio teórico e admiti-lo no domínio prático. A perplexidade quanto a essa pretensão desaparece, segundo ele, se se procede a uma análise completa da razão prática. Essa análise mostrará

17. KANT, I. *KpV* A 232.

18. KANT, I. *Kritik der reinen Vernunft*, B XXXV.

19. KANT, I. *KpV* A 7-8. Cf. a respeito a nota do tradutor.

que no âmbito da razão prática não se faz nem um uso teórico nem um uso transcendente das categorias, isto é, com vistas à extensão do conhecimento ao suprassensível, mas que elas têm um objeto prático imanente na medida em que entram numa determinação *a priori* da vontade, que produz o seu objeto. A razão prática não conhece objetos dados mas os produz. E a questão da Crítica torna-se então uma questão de quem determina a vontade a essa produção de objetos, se unicamente uma razão pura ou uma razão empiricamente condicionada. Uma razão pura é uma razão que nos determina livre de motivos empíricos ou particulares, ou de vantagens que se possam obter de uma tal prática. Uma razão empírica é uma razão que se reduz a instrumento de nossos interesses, estabelecendo teoricamente (com base no conhecimento de experiência) os meios ou as regras de como satisfazê-los.

Segundo o parágrafo inicial da *Crítica da razão prática*, não se trata de criticar uma razão prática pura mas apenas de saber se uma tal razão pura existe. E, se ela existe, ela torna-se a "norma para a crítica de todo o seu uso"[20]. A razão torna-se praticamente crítica de um seu uso empírico, inadequado à fundamentação da moralidade, desde que saibamos que ela de fato existe. Disto, que ela existe, nós chegamos a saber pela lei moral de nossa razão, como um *factum*[21]. Esse *factum*, que se nos apre-

20. KANT, I. *KpV* A 4.

21. Sobre o conceito de *factum* da razão cf. ALMEIDA, G. A. Kant e o "facto da razão": "cognitivismo" ou "decisionismo" moral? *Studia Kantiana*, Rio de Janeiro, v. I, nº 1, pp. 53-81, set. 1998; do mesmo autor: Crítica, dedução e facto da razão. *Analytica*, Rio de Janeiro, v. 4, nº 1, pp. 57-84, 1999; ZINGANO, M. A. A. Fait de la raison et acte de la liberté chez Kant. *Cahiers de Fontenay*, nº 67/68, pp. 209-32, set. 1992; LOPARIC, Z. Sobre

senta mediante uma reflexão sobre nossas máximas como princípios de vida, tem duas consequências sumamente relevantes: 1) conduz a uma reavaliação de todo o sistema da razão pura, inclusive da razão teórica; 2) conduz a uma crítica da pretensão de nosso amor de si de converter-se em princípio objetivo e, como tal, contraditório da ação.

Em relação ao primeiro aspecto, Kant observou no parágrafo inicial da *Dedução da razão prática* que o *factum* que se admite na consciência da lei moral é o *factum* da autonomia de nossa vontade, isto é, de que as leis, cujo caráter obrigante reconhecemos, vinculam-se indissoluvelmente à consciência de liberdade da vontade[22]. Ora, assim como a consideração da unidade da razão requer o prévio estudo das partes, razão teórica e razão prática – em concordância, aliás, com a ordem de nosso conhecimento[23] –, esse *factum* repercute, a partir da análise da razão prática, sobre uma reinterpretação do sistema. Por quê? Porque, na medida em que uma lei apodíctica da razão prática prova a realidade da liberdade, converte esta liberdade no fecho de abóbada de todo o edifício de um sistema da razão pura, que inclui agora razão teórica e razão prática[24]. A reinterpretação do sistema a partir da *Crítica da razão prática* dá-se pela consideração de que a liber-

a interpretação de Rawls do fato da razão. In: FELIPE, S. T. *Justiça como equidade. Fundamentação e interlocução polêmicas (Kant, Rawls, Habermas)*. Florianópolis: Insular, 1997, pp. 73-85; do mesmo autor: O fato da razão – uma interpretação semântica. *Analytica*, Rio de Janeiro, v. 4, nº 1, pp. 13-55, 1999.

22. KANT, I. *KpV* A 72.

23. Paul Natorp, em sua introdução à *Crítica da razão prática*, escreveu a propósito: "A razão pura, de acordo com os conceitos de Kant, apresenta uma perfeita unidade, mas não em si, e sim só na consideração de um todo divisível" (Ak, *Anmerkungen zum Band V*, p. 491).

24. KANT, I. *KpV* A 4.

dade humana, como fundamento de nossas ações e máximas, é conhecida como existente na prática moral. E a partir deste conhecimento prático converte-se num problema teórico insolúvel. Não se converte num problema prático e sim teórico, porque se trata de dois pontos de vista diversos, segundo os quais o conhecimento teórico trata da ordem do ser, e o conhecimento prático, da ordem do dever-ser. Quer dizer, neste último caso não se trata do domínio do dado e sim do fazer prático, para cuja explicação a razão teórica, voltada para a experiência, não desenvolveu recursos adequados. A liberdade torna-se para a razão especulativa uma simples ideia platônica, que Kant já na *Crítica da razão pura* criticou desde um ponto de vista prático. Desde este ponto de vista a ideia não é uma ficção mas um arquétipo de ação. Como decorrência do *factum* da razão prática, as ideias teóricas tomam legitimidade como arquétipos que permitem julgar nossas ações. Portanto a *Crítica da razão prática* reordena os conceitos. Ou seja, na medida em que a demonstração da realidade da liberdade torna esta o fecho de abóbada do sistema da razão pura, a *Crítica da razão prática* completa a compreensão do sistema kantiano.

Mas a outra consequência concernente ao *factum* da razão é que a consciência da realidade da liberdade torna a razão prática crítica em relação a uma pretensão indevida da mesma de legislar empiricamente sobre a ação: "Pois a razão pura, se antes de mais nada tiver sido provado que uma tal razão existe, não precisa de nenhuma crítica. É ela própria que contém a norma para a crítica de todo o seu uso."[25] O reconhecimento da existência da razão pura legitima a crítica à razão empírica. A tarefa da

25. KANT, I. *KpV* A 30.

crítica consiste na "obrigação de deter a presunção da razão empiricamente condicionada de querer, ela só e exclusivamente, fornecer o fundamento determinante da vontade"[26]. Mas essa presunção é uma ilusão.

A crítica dessa ilusão prática confere-lhe um nome *sui generis*: solipsismo. Esta é uma interpretação que proponho a partir da tradução do termo *Selbstsucht*. Assim como o termo latino *solipsismus* compõe-se dos elementos *solus* + *ipse*, o termo alemão *Selbstsucht* compõe-se de *selbst* (si mesmo) + *Sucht* (mania), ou seja, expressa uma relação patológica consigo mesmo. Com isso quero dizer que a *Crítica da razão prática*, como crítica de uma ilusão prática solipsista, envolve, por outro lado, uma compreensão da razão prática pura como não solipsista. Em síntese: 1) a *Crítica da razão prática* deu o nome de solipsismo ao sistema das inclinações, guiadas pelo princípio do amor de si ou da felicidade própria. Esse solipsismo prático envolve, de um lado, uma forma do amor de si chamada de amor-próprio e equivalente à sua forma grega *philautia* e, de outro, uma forma de amor de si chamada de presunção e correspondente ao que Kant chamou em latim de *arrogantia*: "Todas as inclinações em conjunto (que também podem ser reunidas em um razoável sistema, e cuja satisfação chama-se então felicidade própria) constituem o solipsismo <*Selbstsucht*> (*solipsismus*). Este é ou o solipsismo do amor de si, de uma benevolência acima de tudo em relação a si mesmo (*philautia*), ou o solipsismo da complacência em si mesmo (*arrogantia*). Aquele se chama particularmente de amor-próprio <*Eigenliebe*>, este, de presunção <*Eigendünkel*>."[27] 2) A concepção de uma razão prática

26. KANT, I. *KpV* A 31.
27. KANT, I. *KpV* A 129.

não solipsista é admitida e justificada na seguinte passagem da *Doutrina da virtude*: "Pois toda a relação moral-prática para com os homens é uma relação dos mesmos na representação da razão pura, isto é, das ações livres segundo máximas que se qualificam para uma legislação universal e, portanto, não podem ser solipsistas <*selbstsüchtig*> (*ex solipsismo prodeuntes*)."[28]

Os equívocos do solipsismo moral são determináveis como ilusões da razão prática empírica. É curioso que o capítulo da *Crítica da razão prática* sobre os "motivos da razão prática pura" trate destes no plural, já que só pode haver um motivo compatível com ela, o da ação por dever. Na verdade os seus outros pretensos motivos concernem à ilusão de que se possa seguir a lei moral por simples inclinação ou pelo mero prazer de segui-la. Mas esta suposição contém duas implicações: 1) de que a lei deixa de ser a determinação imediata da vontade, na medida em que praticamos a ação boa por inclinação e não por dever; 2) que essa forma de proceder arranca-nos da condição de seres finitos e atribui-nos uma santidade espontânea da vontade, ao contrário de sua propensão <*Hang*>[29] para o mal, a que somente a virtude em luta consegue sobrepor-se. Não é por isso casual que desde os Antigos a moral caracterizou-se essencialmente pelo domínio da razão sobre as paixões e não pela simpatia, compaixão, solidariedade, próprias da escola do *Moral Sen-*

28. KANT, I. *Metaphysik der Sitten / Tugendlehre,* Ak 51, A 120 (abreviatura: *MS/T*). Para maior orientação sobre o assunto, v. nesta tradução a nota correspondente à p. A 129.

29. Sobre o conceito de *Hang* como uma predisposição contingente para o mal cf. KANT, I. *Die Religion innerhalb der Grenzen der bloen Vernunft*, A 36-44 / B 39-48 (abreviatura: *Religion*).

se inglesa. A citação de algumas poucas passagens basta para marcar essas posições. A primeira abre o terceiro capítulo, dos motivos, e coloca o valor moral da ação na imediatidade da determinação da razão: "O essencial de todo o valor moral das ações depende de que a lei moral determine imediatamente a vontade."[30] Sem esta determinação imediata o próprio conceito de razão prática é posto em causa. Se não há determinação imediata, a razão não é pura e, se ela não é pura, não é uma determinação suficiente da vontade, ou seja, admite determinações concorrentes da vontade[31]. O que está em jogo, no caso de uma determinação insuficiente da vontade pela razão pura, é a própria existência de leis morais: "Se se admite que a razão possa conter um fundamento praticamente suficiente da vontade, então existem leis práticas, do contrário todas as proposições fundamentais práticas tornam-se simples máximas."[32] Ora, que os princípios práticos reduzam-se a máximas significa uma pretensa universalização de princípios subjetivos, baseados em inclinações. A lei prática, deixando de ser a determinação imediata ou suficiente, deixa de existir. A contrapartida disso é uma ética de tipo estético, como na seguinte passagem: "É muito bonito, por amor aos homens e por participante benevolência, fazer o bem a eles ou por amor à ordem ser justo, mas isso não constitui ainda a autêntica máxima moral de nossa conduta, adequada à nossa posição de homens entre entes racionais, quando, por assim dizer como voluntários, arrogamo-nos com soberba fatuidade a não nos

30. KANT, I. *KpV* A 126.

31. Cf., p. ex., as críticas de Kant à pretensa convergência de razão e emoção em Schiller: KANT, I. *Religion*, nota B 11/A 10.

32. KANT, I. *KpV* A 35-36.

importar com as representações do dever; e, como que independentes de mandamento, querer fazer meramente por prazer próprio aquilo para o que nenhum mandamento ser-nos-á necessário."[33]

A atitude estética dispõe o homem a uma busca espontânea de si mesmo, em vez de um controle do amor-próprio, que o converteria num aceitável amor de si racional. Este amor de si racional coadunar-se-ia com o preceito evangélico de um amor ao próximo como a si mesmo mas não seria espontâneo, porque envolveria contrariedade e compatibilização do amor de si recíproco de cada um mediante uma lei da razão.

Se não nos deixarmos determinar imediatamente pela lei (= ação por dever) mas nos conformarmos apenas legalmente com ela, com o motivo posto em algo diverso, isto implicará, de um lado, o abandono do espírito da lei e, de outro, a admissão de motivos concorrentes diversos da lei, tornando a lei heterônoma. Qual seria então ainda o valor de uma ação não mais determinada em vista dela mesma? Na nossa condição de entes finitos, a autonomia está comprometida com o dever. Elevamo-nos ao nível da racionalidade como sujeitos de um mundo moral, se ao mesmo tempo formos seus súditos e não simplesmente seu soberano, o que do contrário significaria uma presunçosa negação de nossa condição de criaturas. Na formulação do princípio moral kantiano, a locução adverbial "ao mesmo tempo" tem uma importância fundamental. Nós devemos escolher máximas que possam valer *ao mesmo tempo* como leis universais, o que significa que sejam capazes de autonomia ou, numa segunda versão

33. KANT, I. *KpV* A 146.

dessa lei, não devemos tomar os outros somente como meios mas sempre *ao mesmo tempo* como fins. Kant pensa com isso uma ética finita, que envolve um dever, mas correspondente à condição de um ser humano capaz de autonomia e por isso digno de respeito. E é este o sentido mais alto da moralidade kantiana: de formular uma concepção moral que exige o respeito incondicional pelo ser humano enquanto capaz de autonomia, ou de formular uma concepção que faz "do pensamento do dever – que abate toda a arrogância e todo o vão amor-próprio – o princípio de vida supremo de toda a moralidade do homem"[34]. A desconsideração desses limites caracteriza-se como "transgressão dos limites que a razão prática pura estabelece para a humanidade"[35]. Kant dá a essa transgressão os nomes de exaltação, fanatismo, arrogância e *philautia*. Segundo o livro da *Religião dentro dos limites da simples razão* (1793), essa transgressão dos limites da razão envolve o estabelecimento de princípios diversos dos da própria razão, que mediante uma inversão de motivos caracteriza-se como o mal propriamente dito. Dentre os diversos níveis de propensão para o mal, o terceiro nível consiste, nas palavras de Kant, no seguinte: "A maldade (*vitiositas, pravitas*) ou, se quisermos, a corrupção do coração humano é a propensão do arbítrio a máximas de preterir o motivo da lei moral a outros motivos (não morais). Ela pode chamar-se também perversidade (*perversitas*) do coração humano, porque inverte a ordem em relação aos motivos morais e, embora com isso possam ainda subsistir sempre ações boas (legais), a manei-

34. KANT, I. *KpV* A 153.
35. KANT, I. *KpV* A 153.

ra de pensar é corrompida em sua raiz (na disposição moral) e o homem é por isso chamado de mau."[36]

Os textos práticos, como vemos, completam com matizes diversos a *Crítica da razão prática* na evolução de suas concepções. O importante, porém, independentemente de qualquer diferenciação secundária, é que a ética kantiana do dever é, enquanto ética finita, uma ética autônoma, adversa a perfeições fictícias, e que encontra a sua melhor prova de verdade na ética do Evangelho. Ou seja, "que ele, primeiramente pela *pureza* do princípio moral mas ao mesmo tempo pela sua *conformidade com os limites de entes finitos*, submeteu toda a boa conduta do homem à disciplina de um dever posto ante seus olhos, o que não o deixa vaguear entre sonhadas perfeições morais, e impôs, tanto à presunção quanto ao amor-próprio, que gostariam de ignorar seus limites, barreiras de humildade (isto é, do conhecimento de si)"[37]. Nesta medida o conceito kantiano de autonomia é um conceito humano e não um conceito abstrato. Devido à própria finitude humana e, portanto, à propensão do homem de pôr constantemente em xeque a sua própria autonomia, a razão humana é ativa e reflexiva, não pode cristalizar-se em hábitos e instituições, mas precisa a todo o momento partir do novo; ou seja – para usar uma expressão de W. Kersting –, encontra-se, enquanto razão moral, em revolução permanente[38]. Mesmo que esta revolução não se

36. KANT, I. *Religion*, B 23.

37. KANT, I. *KpV* A 153-154. O grifo é do tradutor.

38. A expressão "revolução permanente" foi atribuída por ele à disposição moral. Cf. KERSTING, W. verbete *Sitte*. In: RITTER, J. / GRÜNDER K. *Historisches Wörterbuch der Philosophie*, 1995, v. 9, p. 900. A expressão "revolução", atribuída à disposição e à maneira de pensar moral como equivalente de um renascimento ou nova criação, encontra-se também na *Religião* B 54/A 50.

confunda com uma revolução política nem a legitime, a moralidade situa a consciência humana sobre o terreno de um desafio de constante renovação, alimentada pela busca de uma autonomia comprometida com a liberdade de todo ser humano.

3. A primeira edição de 1788 como base da tradução

Esta tradução da *Crítica da razão prática* guia-se pelo texto original da primeira edição, que se identifica como: *Critik der praktischen Vernunft* von Immanuel Kant. Riga: bey Johann Friedrich Hartknoch, 1788, também intitulada de "edição A" e referida, no que se segue, como "1.ª edição".

Aliás, as seis primeiras edições dessa obra, feitas pelo mesmo editor, são chamadas de "edições originais", e sua identificação é variada: a 2.ª edição, de 1792[39], é chamada de "A2" ou, seguindo a lógica de Kehrbach, também de "B"; a 4.ª edição, de 1797, é chamada de "A4" ou "D"; a 5.ª ed., de 1818, é chamada de "A5"; e a 6.ª edição, de 1827, é chamada de "A6". Paralelamente a elas sucederam-se as reimpressões de 1791, 1795, 1796 e 1803[40].

A 2.ª edição (1792) saiu com 2.000 exemplares, ao invés dos costumeiros 1.000; trouxe algumas correções, várias delas problemáticas e supostamente de segunda mão. Não há evidências de que tenha existido uma 3.ª edição.

39. Nas *Anmerkungen der Bände I-V*, da Academia, p. 488, constou erroneamente para a 2.ª ed. a data de 1793, em vez de 1792.

40. Não consegui localizar e examinar, na Alemanha, a reimpressão de 1803. A reimpressão de 1796 apresenta uma curiosa inclusão de novos subtítulos a seções e parágrafos, além de um primeiro glossário.

Temos conhecimento apenas de que, após um suposto intervalo de cinco anos, surgiu pelo mesmo editor a 4ª edição de 1797. É pouco provável que em relação à 3ª edição, se ela realmente não existiu, tenha ocorrido alguma confusão com as várias reimpressões (1791, 1795, 1796), já que estas provieram de outros editores. Mesmo assim ofereciam um prato de ambiguidades: a primeira reimpressão trazia: *Neue Auflage, Frankfurt und Leipzig 1791*; e a seguinte: *Neueste Auflage, Frankfurt und Leipzig 1795*. A propósito da suposta 3ª edição, Kehrbach escreveu no Prefácio à sua edição da *Kritik der praktischen Vernunft* (1878): "Uma 3ª edição é, em verdade, mencionada por Rosenkranz, Hartenstein e Kirchmann, mas provavelmente não existiu. Hartenstein declara também expressamente não ter conseguido obter a 3ª edição. De sua edição completa de 1867 não se consegue depreender se ele teve em mãos a 3ª edição."[41] Vejamo-lo todavia em suas fontes e por partes. No Prefácio a sua edição da *KpV* de 1838, Hartenstein admitiu a existência da 3ª edição, mas afirmando um pouco diversamente de Kerbach, que não pôde tê-la tido em mãos. Depois de afirmar a existência de seis edições originais, com as respectivas datas, à exceção da 3ª, acrescentou: "Para a presente edição comparei com a 1ª edição do ano de 1788 ainda a 2ª do ano de 1792 e a 4ª do ano de 1797; não pude ter em mãos um exemplar da 3ª edição."[42] Na edi-

41. KANT, I. *Kritik der praktischen Vernunft*. Text der Ausgabe 1788 (A), unter Berücksichtigung der 2. Ausgabe 1792 (B) und der 4. Ausgabe 1797 (D). Herausgegeben von Karl Kehrbach. Leipzig: Philipp Reclam, 1878, p. V.

42 IMMANUEL KANT'S *Werke*. Sorgfältig revidierte Gesamtausgabe in zehn Bänden. Vierter Band. Grundlegung zur Metaphysik der Sitten, Kritik der praktischen Vernunft, nebst den Abhandlungen zur Philosophie und Geschichte. Leipzig: Modes und Baumann, 1838, p. VII.

ção de 1867, ele na verdade nem sequer voltou aos termos de 1838, mas manteve, 30 anos mais tarde, a convicção de que a 3ª edição existiu: "Uma segunda edição saiu em 1792; a ela seguiram-se durante a vida de Kant até o ano de 1797 ainda uma terceira e uma quarta."[43]

A opção de basear a presente tradução principalmente no texto original da 1ª edição emergiu e consolidou-se no decurso da própria tradução. Utilizando inicialmente as edições *standard* da *KpV* (Academia, Vorländer, Weischedel), o contato com o exemplar original disponível na Biblioteca da Universidade de Freiburg, que pelo seu estado de conservação não pôde ser copiado e microfilmado, levou-me à utilização da cópia impressa feita a partir do exemplar original disponível na Biblioteca da Universidade de Erlangen-Nürnberg, reproduzido pelo Harald Fischer Verlag[44]. Nessa cópia descobri algumas incongruências com as edições *standard*, que inicialmente atribuí a imperfeições destas, e que comuniquei em congresso. Mas logo me corrigi, ao consultar o exemplar original da Biblioteca da Universidade de Münster e reexaminar o exemplar de Freiburg, concluindo ainda mais

43. IMMANUEL KANT'S *Sämtliche Werke*. In chronologischer Reihenfolge herausgegeben von G. Hartenstein. Fünfter Band. Leipzig: Leopold Voss, 1867, Prefácio. – Kirchmann, por sua vez, seguindo Hartenstein, diz quase com suas palavras, mas como se conhecesse a 3ª edição: "Seguiram-se então durante a vida de Kant ainda três edições de 1792 a 1797. Kant não introduziu nenhuma mudança nessas edições posteriores <à 1ª>, também não escreveu nenhum outro Prefácio além do primeiro, enfim todas as edições concordam entre si no texto e nas notas." (KANT, I. *Kritik der praktischen Vernunft*. Herausgegeben und erläutert von J. H. v. Kirchmann. Berlin: L. Heimann, 1869, Prefácio.

44. *Critik der praktischen Vernunft* von Immanuel Kant. Riga, bey Johann Friedrick Hartknoch, 1788. Repr. Nachdruck. Erlangen: Harald Fischer Verlag, 1984.

estranhamente que a divergência, se existia, teria que localizar-se entre as próprias edições originais. Esse paradoxo foi desfeito com o apoio do Prof. Dr. Jens Kulenkampff e do filólogo clássico Prof. Dr. Severin Koster, ambos da Universidade de Erlangen-Nürnberg, que (a meu pedido, o segundo pela intermediação de meu amigo e filólogo clássico de Freiburg, Prof. Dr. Eckard Lefèvre) constataram a existência, no texto original disponível na Biblioteca daquela Universidade, de correções manuscritas correspondentes às discrepâncias apontadas. O Prof. Koster analisou e datou as correções, situando-as no início ou o mais tardar antes da primeira metade do século XIX. Em viagem de pesquisa à Alemanha entre julho e agosto de 2001, descobri, mediante a comparação de manuscritos, a autoria dessas correções como sendo de Paul Joachim Sigmund Vogel (1753-1834) – um dos ex-proprietários do exemplar original da *KpV* antes de seu ingresso definitivo no acervo da Biblioteca da Universidade de Erlangen entre 1810 e 1818, e que antes disso pertencera também à biblioteca da Faculdade de Teologia da mesma universidade[45]. Desta Faculdade Vogel foi professor catedrático a partir de 1808, depois de ocupar a cátedra de Filosofia Kantiana na Universidade de Altdorf a partir de 1797[46].

45. A Biblioteca da Universidade de Erlangen-Nürnberg não conhecia a procedência do exemplar que possuía.

46. As principais informações sobre Vogel encontram-se em LEDER, K. *Universität Altdorf: zur Theologie der Aufklärung. Die Theologische Fakultät in Altdorf 1750-1809.* Nürnberg: Spender, 1965, pp. 318-36. Cf. também WITTERN, R. *Die Professoren und Dozenten der Friedrich-Alexander-Universität Erlangen 1743-1960.* Teil 1: Theologische Fakultät / Juridische Fakultät. Erlangen, 1993, onde à p. 84 consta o dado divergente mas menos confiável de que ele teria assumido a cátedra de Filosofia Crítica em Altdorf a partir de 1799.

A descoberta das correções manuscritas de Vogel no exemplar da *KpV*, coincidentes com o período final da vida de Kant e até agora desconhecidas do público especializado[47], levou-me ainda à constatação de que grande parte das correções dessa obra, que haviam sido atribuídas principalmente a Hartenstein, além de outras que Vorländer mesmo se auto-atribuía etc., foram correções feitas originalmente por Vogel. As poucas coincidências dessas correções de Vogel com as de Grillo (1795)[48] e as várias coincidências das correções de Hartenstein (1838 e 1867) com as de Vogel parecem à primeira vista ter sido casuais, contando com um desconhecimento mútuo entre eles. Neste aspecto a pesquisa está inconclusa. Maiores detalhes do andamento e dos resultados da mesma estão sendo comunicados em trabalhos específicos[49].

A pesquisa incluiu o exame direto de todos os exemplares disponíveis das seis edições originais, das suas reimpressões e das demais edições da *KpV* dos séculos XIX e XX, o que foi importante para uma avaliação mais precisa das diferenças do texto ou das alterações propostas desde a sua publicação. Este trabalho, contudo, se articulou – e tem nisto a sua principal limitação – a partir da

47. Embora Vogel tenha-se correspondido com Kant, não consegui apurar se as correções resultaram de alguma comunicação de Vogel com ele.

48. Cf. as correções de Friedrich Grillo no *Philosophischer Anzeiger*, Halle, n. 41-48, pp. 327 s., 1795.

49. Uma primeira comunicação sobre o assunto foi apresentada em palestra ao IX Internationaler Kant-Kongress em Berlim no dia 29/3/2001 e publicada com modificações em seus anais: ROHDEN, V. Ciceros *formula* und Kants "neue Formel" des Moralprinzips. In: GERHARDT, V. u. A. *Kant und die Berliner Aufklärung*, v. 3, parte 2, pp. 302-11, que completei com um tratamento mais específico em conferência ao III Congresso Kant Brasileiro em Itatiaia no dia 6/11/2001: "O exemplar de Erlangen da *Crítica da razão prática*. Análise de algumas correções".

avaliação da importância das correções de Vogel em relação com as demais correções conhecidas.

Tais antecedentes permitem-nos identificar a primeira razão para adotar o texto original de 1788 como base desta tradução e sua reedição em nosso meio: a admissibilidade, a partir do exame da correspondência e principalmente do *Handexemplar* de Kant, de que ele releu apenas a 1ª edição da *KpV*, sem um maior envolvimento com as suas edições subsequentes[50]. Nesse bem conservado *Handexemplar* constam somente quatro correções manuscritas, das quais apenas a primeira foi acolhida na 2ª edição[51]. Esta trouxe algumas outras correções, várias problemáticas e supostamente de segunda mão. A 4ª edição, com autorização de Kant, reproduziu fielmente a primeira, mas com uma alteração correta (*derselben/desseben*, cf. a nota do tradutor em A 142) e uma falsa (*Seelenruhe/Seelenunruhe*, cf. a nota em A 68), além de alguns novos erros. As edições posteriores, nomeadamente as de Hartenstein, Kehrbach e da Academia, sem esquecer a fiel reprodução feita por Weischedel, privilegiaram a 1ª edição de 1788[52]. Mas parece que Kant não fez uma re-

50. Cf. a respeito também WEISCHEDEL, W. (Ed.). *Kant Werke*. Darmstadt: Wissenschaftliche Buchgesellschaft, 1968, v. 7, p. 884, e NATORP, P. *Anmerkungen zu den Bänden I-V*, Ak, p. 498.

51. O elenco dessas correções em seu *Handexemplar* da *KpV* é o seguinte: à p. 44, linha 26, ele acrescentou *oberes* (superior): *kein <oberes> Begehrungsvermögen*; à p. 48, linha 9, ele acrescentou *sie ist* (ela é): *allein <sie ist> die Wortbestimmung*; à p. 141, linha 15, ele substituiu *braucht* (necessita) por *beruht* (assenta/baseia-se): *auf dem bloben Interesse... <beruht>*; à p. 238, linha 11, ele acrescentou *nicht* (não): *also zwar <nicht> das spekulative*.

52. Adickes e Wille fizeram apreciações de conjunto dessas alterações: ADICKES, E. Correkturen und Conjekturen zu Kants ethischen Schriften.

leitura sistemática da 1ª edição, do contrário teria notado outras passagens duvidosas, como por exemplo a da p. A 225, linha 20, onde constou *eine oberste der Natur*, que deveria ter sido *eine oberste <Ursache> der Natur* (a frase anterior começa com: *Diese oberste Ursache*). A 2ª edição corrigiu mal essa mesma passagem para *oberste Natur* (natureza superior). As demais edições originais retomaram o texto imperfeito da 1ª edição. Cada uma das edições originais incidiu em outras espécies de erros de impressão, considerados decorrentes do desleixo com que foram impressas[53]. Ante a iminência da 4ª edição da *KpV* e o convite que lhe dirigiu o Editor, de manifestar-se se queria introduzir modificações ou um novo prefácio à nova edição, Kant pediu duas semanas de tempo para refletir sobre o assunto, mas ao mesmo tempo que con-

Kantstudien V, especialmente pp. 211-4, 1901; WILLE, E. Conjecturen zu Kants Kritik der praktischen Vernunft. *Kantstudien* VIII, pp. 467-71, 1903. Sobre as diferentes edições mencionadas cf. o respectivo elenco ao final desta Introdução.

53. A respeito afirmou Hartenstein: "Todavia nessa obra encontrou-se um número maior de passagens, em relação às quais – se uma edição, ou seja, a 2ª não ofereceu a versão correta – tinha que surgir a suspeita de um erro de impressão que se reproduzia da 1ª até a 4ª, e assim também à 5ª e 6ª edições, passagens que por isso davam ensejo a uma correção, que o mais das vezes se oferecia espontaneamente e quase nunca se estendia além de uma letra ou de uma palavra." HARTENSTEIN, G. Prefácio ao v. IV de Immanuel Kant's *Werke*; Leipzig: Modes und Baumann, 1838, p. VII. Kirchmann concordava com esse ponto de vista ao afirmar: "Mas todas as edições <da *KpV*> foram impressas com igual negligência e contêm um grande número de erros de impressão." KIRCHMANN, J. H. Prefácio a Immanuel Kant's *Kritik der praktischen Vernunft*. Berlin: L. Heimann, 1869. Kehrbach repetiu o mesmo ponto de vista. Cf. KEHRBACH, K. Prefácio do Editor. *Kritik der praktischen Vernunft* von Immanuel Kant. Leipzig: Reclam, 1878, p. VI.

siderou eventuais correções como carentes de maior importância ou de difícil execução devido a sua idade, deixou que a nova edição reproduzisse a primeira[54]. Portanto foi a versão da 1.ª edição a que foi corrigida por Kant e pelos demais revisores; e ela que foi constantemente restabelecida ou adotada como ponto de referência para qualquer discussão crítica a respeito do texto da *Crítica da razão prática*. E disso podemos inferir como segunda razão para basear a tradução no exemplar da 1.ª edição original, que é pela comparação com ela das edições *standard*, e mesmo da até aqui imaginada reprodução fiel do exemplar original, do Harald Fischer Verlag, amplamente adotada na Alemanha, que o seu aparato crítico se revela carente de revisão e de atualização.

A edição bilíngue, a ser publicada pela Editora Martins Fontes, vem acompanhada do texto original de 1788 fornecido como microfilme pela Biblioteca da Universidade de Münster. A opção pelo exemplar original de Münster justifica-se como alternativa às alterações e anotações manuscritas encontradas e reconhecidas como introduzidas por Vogel no exemplar original de Erlangen[55]. Merece assinalar-se que o exemplar de Münster, reproduzido pela Martins Fontes, pertenceu à princesa Amalia Fürstin von Gallitzin (1748-1806) – ligada ao círculo contemporâneo de Kant – em consequência de cujo fato a Diretora da Biblioteca, Sra. I. Kießling, comunicou-me por ocasião da remessa do microfilme: *Das Buch gehört hier*

54. Cf. a carta a Johann Friedrich Hartknoch, de 28/01/1797. In: KANT, I. *Briefwechsel*. 3.ª ed. Hamburg: Felix Meiner, 1986, p. 721.

55. Essas correções, com exceção de duas, foram todas eliminadas na cópia feita pela Editora Harald Fischer, Erlangen, 1984.

in der Bibliothek durch seine Provenienz in mehrfacher Hinsicht zu den besonders schützenswerten Beständen... (por sua proveniência, o livro inclui-se aqui sob vários aspectos entre os acervos particularmente merecedores de proteção). A princesa possuía em sua vasta biblioteca as obras completas originais de Kant, mas o exemplar da *Kritik der praktischen Vernunft* foi justamente o único da biblioteca que sobreviveu, chegando até nós através de sua presente reprodução direta na edição bilíngue. Parecer-me-ia por isso justo considerar a princesa a musa desta edição brasileira da *Crítica da razão prática*[56].

56. Para maior conhecimento da importância do exemplar original que aqui é seguido e reproduzido, convém acrescentar que a Princesa von Gallitzin era também autora de um livro *Abhandlung vom Belohnen und Strafen* (Tratado sobre prêmio e castigo). Ela correspondia-se assiduamente com o filósofo holandês Franz Hemsterhuys (1721-1790); era amiga de J. G. Hamann (1730-1788), residente em Königsberg e frequentador da casa de Kant (cf. HAMANN, J. G. *Briefwechsel. Fünfter Band 1783-1785*. Ed. por A. Henkel. Wiesbaden: Insel, 1965. p.ex. pp. 345 etc.), de F. H. Jacobi (1743-1819) e de Thomas Wizenmann (1759-1787, cf. *KpV* A 259n). Visitou J. W. Goethe (1749-1832) em Weimar, por duas vezes em 1785 e 1792. Para completar o quadro de sua atraente personalidade, transcrevo uma citação de carta de Carolina Michaelis, mais tarde Caroline Schlegel-Schelling, à amiga Julie von Studniz, de 3.9.1781: "*Nous avons ici une visite bien singulière. C'est une princesse de Gallitzin, don't epoux est ambassadeur de la cour de Russie à la Haye. Une dame fort savante qui est vetue d'une espêce de draperie grecque, les cheveux coupés, de souliers plats, qu'ont voit rarement sans un domestique, qui porte une demie douzaine de grands livres en folio, qui va se baigner avec une suite de 6 à 8 messieurs en plein jour dans notre Leine etc [...] Elle doit avoir beaucoup de lumières, d'esprit et de connoissances. Elle lit Homêre en original, et à Hofgeismar d'ou elle vient, elle se l'a fait porter au bain tous les matins. [...] Je ne dis rien de ce que la princesse avec son métier de savante neglige aussi son epoux.*" Esta citação foi extraída do catálogo da exposição: *Amalia Fürstin von Gallitzin (1748-1806)* ***"Meine Seele ist auf der Spitze mei-***

Por outro lado, a presente tradução da *Crítica da razão prática* não alimenta a presunção de ser em todos os sentidos melhor do que as demais traduções existentes. Mas procurou exceder-se no esforço para que o texto de Kant fosse entendido e reproduzido filosoficamente. Num balanço deste empreendimento imagino que pudesse ter tido maior garantia de êxito num trabalho em parceria, com que fui honrado, na tradução da *Crítica da razão pura*, na pessoa de Udo Baldur Moosburger e, na *Crítica da faculdade do juízo*, na pessoa de António Marques. Falhas, no entanto, fazem parte mesmo de traduções conceituadas, e não seria eu, infelizmente, a poder eximir-me delas.

Beck logrou expressar-se, em sua tradução inglesa, num estilo claro e conciso. Mas ele declarou, em sua *Note on the revised edition* (1993, p. XXII), que usara como texto-base alemão a edição da Academia, de 1922. Todavia uma comparação de sua tradução com a edição de Vorländer permite observar que – (embora a primeira edição de Vorländer seja anterior à da Academia, mas se beneficiando posteriormente desta) – Beck incidiu em geral nos mesmos erros de Vorländer, e que não são erros da Academia. Por exemplo, onde na edição original e na edição da Academia consta *Selbstliebe* (amor de si, cf. A 125 e Ak 70, linha 33), Vorländer equivocadamente escreveu *Selbsthilfe* (auto-ajuda, cf. p. 83) e Beck *helping itself* (cf. a respectiva p. 74). Onde nas edições A 204 e Ak 113 cons-

....

ner Feder". *Austellung zum 250. Geburtstag in der Universitäts- und Landesbibliothek Münster vom 28. August bis zum 2. Oktober 1998. Herausgegeben von Petra Schulz in Zusammenarbeit mit Erpho Bell. Münster: Ardey, 1998.*

tou *reine* (pura), Vorländer, do mesmo modo e sem nenhuma justificação, escreveu *eine* (uma: *durch eine praktische Vernunft*, cf. p. 131), e Beck, seguindo-o, escreveu "*a*": *by a practical reason* (cf. p. 119)[57].

A edição francesa de Luc Ferry e Heinz Wismann, entre outros aspectos, traduziu *reine praktische Vernunft* por *raison pure pratique*, em vez da forma correta "razão prática pura". Às vezes procedeu diversamente (p. ex. p. 789, linha 4), como se isso fosse indiferente. E onde o "puro" foi excluído por Kant e pelas demais edições alemãs, como na chamada que antecede o título do capítulo II, essa tradução o incluiu. Ela tampouco respeitou, em geral, a distinção entre *sollen* (dever-ser) e *müssen* (ter que), que é essencial em Kant, nem a distinção entre *Selbstliebe* (amor de si) e *Eigenliebe* (amor-próprio, *philautia*, cf. p. ex. p. 741 = A 151, e p. 712 = A 153). A tradução portuguesa de Artur Morão, ao lado de um bom desempenho estilístico, forneceu a paginação da 1ª edição original, embora nem sempre a tenha seguido. Aliás, o que pareceu sua carência principal, não ofereceu nenhuma nota sobre as inúmeras variantes de texto entre aquela edição original e as edições usuais alemãs. Afora isso, incidiu nos mesmos problemas da tradução francesa em relação às expressões *reine praktische Vernunft* e, sobretudo, em relação a *sollen* e *müssen*. Sobre outras diferenças remeto o leitor às notas de rodapé.

57. Um pouco tardiamente e após a entrega da minha tradução à Editora, tomei conhecimento da nova e apreciada tradução inglesa: *Critique of Practical Reason*, trad. de Mary J. Gregor, com introdução de Allen Wood. In: KANT, I. *Practical Philosophy*. Cambridge: University Press, 1996, pp. 133-271.

A tradução das obras de Kant para o latim, especialmente da segunda edição da *Crítica da razão pura*, foi um desejo expresso de Kant. Na mesma carta a Christian G. Schütz, de 25 de junho de 1787, em que mencionava pela primeira vez tanto a obra quanto o título exato e o término da redação da *Crítica da razão prática*, Kant referia-se ao trabalho de tradução de Friedrich G. Born (1743-1807, professor titular de filosofia em Leipzig) e ao que ele entendia ser essencial na tradução de sua obra: "Meu editor encomendou ao Prof. Born a tradução da 2ª edição da minha Crítica ao latim."[58] Em verdade, o próprio Born oferecera-se, em carta de 7 de maio de 1786, para a tradução das obras de Kant ao latim clássico antigo, a começar pela primeira Crítica[59]. E aí Kant fez a Schütz o pedido de zelar para que a tradução se preocupasse menos com a elegância estilística do que com sua correção escolástica: "O Sr. foi muito bondoso de oferecer-se para revisar a tradução aprontada por ele, no caso em que ela lhe fosse enviada em fascículos, para adaptar o estilo – que talvez se preocupasse excessivamente com a elegância – mais à correção e precisão escolástica, ainda que não tão latina clássica."[60]

A presente tradução tenta mais a "correção e precisão escolástica" do que a elegância de uma tradução independente de sua forma original. Certamente se deve procurar combinar ambos os ideais, mas concretizando o segundo em decorrência do primeiro, que é sua *conditio sine qua non*. Se toda obra humana deve tentar expres-

58. KANT, I. *Briefwechsel*, p. 320.
59. KANT, I. Cf. *Briefwechsel*, p. 848.
60. KANT, I. *Briefwechsel*, p. 320.

sar-se tanto em termos de verdade quanto de beleza, esta, no entanto, pode constituir-se num *jogo* da verdade mas jamais num jogo da falsidade[61].

Ao encerrar este trabalho quero agradecer a cooperação mais próxima de algumas pessoas e instituições: dos colegas Guido Antonio de Almeida (UFRJ), Marco Antonio de Avila Zingano (USP), Marcos Lutz Müller (UNICAMP), Draiton Gonzaga de Souza (PUCRS); de Raquél da Silva Rodrigues (então bolsista de aperfeiçoamento do CNPq/Conselho Nacional de Desenvolvimento Científico e Tecnológico) e de Peter Naumann; do Prof. Dr. Eckard Lefèvre (Diretor do Departamento de Filologia Clássica da Universidade de Freiburg), do Prof. Dr. Jens Kulenkampff e do Prof. Dr. Severin Koster (Universidade de Erlangen-Nürnberg), do Prof. Dr. Eckart Förster (Universidade de Munique), da Sra. I. Kießling (Diretora da Biblioteca da Universidade de Münster) e do Dr. Keunecke (Diretor da Biblioteca da Universidade de Erlangen-Nürnberg); do Arquivo da Martin-Luther–Universität Halle-Wittenberg, dos Editores da revista *Kantstudien*, da Fundação de Amparo à Pesquisa do Estado do Rio Grande do Sul/FAPERGS, do Serviço Alemão de Intercâmbio Acadêmico/DAAD e do Conselho Nacional de Desenvolvimento Científico e Tecnológico/CNPq.

As ideias desta Introdução foram debatidas com o colega Nythamar Fernandes de Oliveira (PUC-RS). Grande parte do presente trabalho foi executada, na condi-

61. "Ela <a poesia> joga com a aparência que ela produz à vontade, sem contudo enganar através disso" (KANT, I. KU B 215, trad. bras. p. 171. Cf. a respeito ROHDEN, V. Aparências estéticas não enganam – sobre a relação entre juízo de gosto e conhecimento em Kant. In: DUARTE, R. [Org.]. *Belo, sublime e Kant*. Belo Horizonte: Editora da UFMG, 1998, pp. 54-86).

ção de professor titular aposentado, com bolsa de pesquisa do CNPq vinculada ao Departamento de Filosofia da Universidade Federal do Rio Grande do Sul/UFRGS. Alegro-me, no entanto, de ter podido concluí-lo na Universidade Luterana do Brasil/ULBRA, a cujo meio, pelo convite de retorno à atividade docente, o Pró-Reitor Prof. Dr. Nestor Beck me integrou.

Como termo deste empreendimento forneço em Apêndice o texto das anotações pouco conhecidas que se encontram manuscritas na última página, última capa interna e folha avulsa do exemplar pessoal de Kant – seu *Handexemplar*[62] da 1ª edição da *Critik der praktischen Vernunft*. Não incluídas na edição da Academia, elas foram publicadas por Gerhard Lehmann na revista *Kantstudien*, de cuja edição me servi para a sua tradução. Seria presunção querer vertê-las a partir de sua pouco legível letra manuscrita. As anotações, além de retomarem alguns temas da *Crítica da razão prática*, satisfazem nosso desejo de saber em que pensava Kant ao reler seu exemplar. A sorte de ainda o possuirmos deve-se ao gesto de Kant, de ao término de sua vida tê-lo dado de presente ao amigo Wasianski[63], propiciando-lhe com isso um rumo

62. O termo *Handexemplar* significa exemplar de uso do autor, exemplar manual. Dito isto, passarei no que se segue a usar o termo consagrado alemão, pela sua vinculação privilegiada com Kant.

63. Ehregott Andreas Christoph Wasianski (1755-1831), diácono em Königsberg, encarregado de executar o testamento de Kant, cuidou dele até sua morte, escrevendo e publicando poucos meses depois: *Immanuel Kant in seinen letzten Lebensjahren. Ein Beitrag zur Kenntnis seines Charakters und häuslichen Lebens aus dem täglichen Umgange mit ihm* (*Immanuel Kant em seus últimos anos de vida. Uma contribuição para o conhecimento de seu caráter e vida familiar a partir da convivência diária com ele*). Königsberg: Nicolivius, 1804.

diferente dos outros exemplares pessoais. Esse *Handexemplar* representou, nas posteriores mãos de Schopenhauer, "uma incalculável relíquia de Kant"[64].

Para nós, que vivemos distantes de Königsberg e Frankfurt, a relíquia incalculável que temos em mãos é a própria *Crítica da razão prática*, da qual, como testemunhas de sua universalidade e pelo empenho a que nos desafia, esperamos colher os maiores frutos.

64. Schopenhauer recebeu de um dos sucessores de Wasianski, Ed. Krüger, conselheiro de Bismark em Frankfurt, o *Handexemplar* da *Crítica da razão prática*. Segundo a narração de sua conversação sobre Kant datada de 1857, Schopenhauer declarou: "Eu possuo uma incalculável relíquia dele." E, dizendo isso, trouxe um livro. "Trata-se do *Handexemplar* da *Kritik der praktischen Vernunft*, que ele usou em suas aulas, com anotações <*Randbemerkungen*> de sua própria mão. Devo este tesouro à amabilidade de um amigo, mas só emprestado, pois tive de prometer-lhe que ele depois de minha morte tinha de retornar aos proprietários." (Cf. GRIESEBACH, Ed. *Schopenhauers Gespräche und Selbstgespräche*... Berlin: F. Hofmann und Co. 1898, *apud* VAHINGER, H. Mitteilungen. Kants Handexemplar der 'Kritik der praktischen Vernunft'. *Kantstudien*, v. 2, p. 489, 1899).

Bibliografia

1. Edições alemãs da Crítica da razão prática[65]

1. *ORIGINALAUSGABE* / Edição original (A): *Critik der praktischen Vernunft* von Immanuel Kant. Riga: bei Johann Friedrich Hartknoch 1788.

2. 2.ª edição: Riga 1792; 4.ª edição: Riga 1797 (não se tem conhecimento de uma 3.ª edição); 5.ª edição: Leipzig 1818; 6.ª edição: Leipzig 1827.

3. **Reimpressões**: Frankfurt/Leipzig 1791 (com uma lista de correções tipográficas), 1795, 1803; Graz 1796.

4. **ROSENKRANZ**: Immanuel Kant's *Sämtliche Werke*. Ed. por Karl Rosenkranz e Friedrich Wilhelm Schubert. v. 8. Ed. por K. Rosenkranz, Leipzig, 1838, pp. 103-318.

5. **HARTENSTEIN**: Immanuel Kant's *Werke*. Edição completa em 10 volumes, cuidadosamente revista. Ed. por G. Hartenstein, v. 4. Leipzig, 1838, pp. 95-290.

65. Estes dados baseiam-se principalmente nas informações bibliográficas de Heiner Klemme (veja abaixo sob n.º 9), pp. XIX-XXI; e em HINSKE, N. / WEISCHEDEL, V. *Kant-Seitenkonkordanz*. Darmstadt: Wissenschaftliche Buchgesellschaft, 1970, pp. 144. Para informações complementares a respeito, cf. as observações de P. Natorp em *Anmerkungen der Bände I-V*, Ak pp. 489-509. As letras maiúsculas indicam a denominação habitual das principais edições.

6. **HARTENSTEIN**: Immanuel Kant's *Sämtliche Werke*. Em ordem cronológica. Ed. por G. Hartenstein, v. 5. Leipzig 1867, pp. 1-169 (2ª ed. 1867).

7. **KIRCHMANN**: *Kritik der praktischen Vernunft*. Ed. e comentada por Julius Hermann von Kirchmann. Berlin, 1869 (3ª ed. Heidelberg, 1882; 4ª ed. Leipzig, 1897 = Philosophische Bibliothek v. 7; Comentários v. 8).

8. **KEHRBACH**: *Kritik der praktischen Vernunft*. Ed. por Karl Kehrbach. Prefácio do Ed. datado de 1878 (= Reclams Universal-Bibliothek nº 1111-1112), contendo o texto da 1ª edição de 1788 (A), tomando em consideração a 2ª edição de 1792 (B) e a 4ª edição de 1797 (D).

9. **VORLÄNDER**: *Kritik der praktischen Vernunft*. Ed. com uma introdução, bem como índice de autores e glossário de Karl Vorländer. Leipzig 1906 (5ª ed. 1929, = 5ª a 9ª ed. na Philosophische Bibliothek v. 38; 10ª ed. 1990; edição do jubileu pelos 125 anos da Ph.B., como v. 2 de Immanuel Kant: *Die drei Kritiken*, com uma bibliografia de Heiner Klemme, 1993).

10. **AKADEMIE-AUSGABE**: *Kants gesammelte Schriften*. Ed. pela Königlich Preußischen Akademie der Wissenschaften, v. 5. Ed. por Paul Natorp. Berlin 1908; 2ª ed. 1913, pp. 1-163; Anotações (*Anmerkungen*) pp. 489-512 (489-511). Reimpressões: Berlin 1961; 2ª ed. 1969. Edição de bolso: *Kants Werke*. Akademie Textausgabe. Berlin 1968. Anotações (*Anmerkungen der Bände I-V*) em volume separado, Berlin 1977.

11. **CASSIRER**: Immanuel Kant's *Werke*. Em colaboração com H. Cohen, A. Buchenau O. Bueck A. Görland, B. Kellermann. Ed. por Ernst Cassirer, v. 5, Berlin 1914, *KpV* ed. por Benzion Kellermann, pp. 1-176; variantes pp. 569-81.

12. Immanuel Kant's *Sämtliche Werke in sechs Bänden*. Ed. pelo grão-duque Wilhelm Ernst, v. 5. Ed. por Felix Gross, Leipzig 1920.

13. Kants *Werke in drei Bänden*, tomando por base a ed. da Preußischen Akademie der Wissenschaften, ed. e intr. por August Messer, v. 2, Berlin/Leipzig ca.1925, pp. 407-570.

14. *Kritik der praktischen Vernunft*. Antiga edição de Kehrbach. Ed. por Raymund Schmidt. Leipzig, 1929 (edições ulteriores: Leipzig, 1957 etc. = Reclams Universal-Bibliothek n.º 1111-1113).

15. **WEISCHEDEL**: Immanuel Kant. *Werke in sechs Bänden*. Ed. por Wilhelm Weischedel, v. 4, Wiesbaden, 1956 (Frankfurt, 5.ª ed. 1983. Paralelamente na Wissenschaftliche Buchgesellschaft, Darmstadt: edição especial em 7 volumes, 1998 (inclui no v. 7 o dicionário de C.C.E. Schmid). Edições de bolso: Kant. *Werke in zwölf Bänden*, v. 7, Frankfurt: Suhrkamp, 1968; reimpressões 1974 etc.; Immanuel Kant *Werke in zehn Bänden*. No v. 6, Darmstadt: Wissenschaftliche Buchgesellschaft, 1968, ed. especial 1983.

16. *Kritik der praktischen Vernunft*. Ed. por Joachim Kopper. Stuttgart, 1961, etc. = Reclams Universal-Bibliothek n.º 1111-1113, depois n.º 1111.

17. *Kritik der praktischen Vernunft* / *Grundlegung zur Metaphysik der Sitten*. Ed. por Martina Thom. Leipzig, 1978 (2.ª ed. 1983) = Reclams Universal-Bibliothek, n.º 704.

Quando não houver outra indicação, as referências e citações de textos de Kant apoiar-se-ão na edição de W. Weischedel: KANT, I. *Werke in zehn Bänden*. Ed. por Wilhelm Weischedel. Darmstadt: Wissenschaftliche Buchgesellschaft, 1968. As da *Crítica da razão prática* apoiar-

-se-ão diretamente no texto da primeira edição original (edição "A"), reproduzida na edição bilíngue desta tradução: KANT, I. *Critik der praktischen Vernunft*. Riga: bey Johann Friedrich Hartknoch, 1788.

2. Sobre a filosofia moral de Kant[66]

ACTON, H. B. *Kant's Moral Philosophy*. London: Macmillan, 1970.

ALLISON, H. E. *Kant's Theory of Freedom*. Cambridge/ New York: Cambridge University Press, 1995.

____ *Idealism and Freedom. Essays on Kant's Theoretical and Practical Philosophy*. Cambridge, 1996.

ALQUIÉ, F. *Introduction à la lecture critique de la raison practique*. Paris: Presses Universitaires de France (abreviado: PUF), 1966.

____ *La morale de Kant*. Paris: PUF, 1974.

ALTMANN, A. *Freiheit im Spiegel des rationalen Gesetzes bei Kant*. Berlin, 1992.

AMERIKS, K. *Kant and the Fate of Autonomy. Problems in the Appropriation of the Critical Philosophy*. Cambridge, 2000.

ATWELL, J. F. *Ends and Principles in Kant's Moral Thought*. Dordrecht: Martinus Nijhoff, 1986.

AUNE, B. *Kant's Theory of Morals*. Princeton, N. J.: University Press, 1979.

66. Esta é uma bibliografia básica. Nela, em regra, são listados apenas livros. Dissertações e teses não publicadas, além de artigos e capítulos que devido a sua profusão e diversidade requerem levantamentos consentâneos com os interesses da respectiva pesquisa, são com poucas exceções excluídos.

AUXTER, Thomas. *Kant's Moral Teleology*. Macon/Ga., 1982.

BAUCH, B. *Glückselligkeit und Persönlichkeit in der kritischen Ethik*. Stuttgart, 1902.

BARON, M. *Kantian Ethics Almost Without Apology*. Ithaca, 1995.

BAUMANN-HÖLZE, R. *Autonomie und Freiheit in der Medizin-Ethik. Immanuel Kant und Karl Barth*. Freiburg, 1999.

BAUMANNS, P. *Kants Ethik. Die Grundlehre*. Würzburg, 2000.

BAUMGARTEN, Hans-Ulrich / HELD, C. *Systematische Ethik mit Kant*. Freiburg, 2001.

BECK, L. W. *A Commentary on Kant's Critique of Practical Reason*. 2ª ed. Chicago: University of Chicago Press, 1966.

BEISER, F. *The Fate of Reason*. Cambridge, Mass., 1987.

BENTON, R. J. *Kant's Second Critique and the Problem of Transcendental Arguments*. Den Haag: Nijhof, 1977.

BITTNER, R. / CRAMER, K. (ed.). *Materialien zu Kants "Kritik der praktischen Vernunft"*. 2ª ed. Frankfurt: Suhrkamp, 1985.

BITTNER, R. *Moralisches Gebot und Autonomie*. Freiburg/München: Karl Alber, 1983.

BLOSSER, P. *Scheler's Critique of Kant's Ethics*. Athens: Ohio University Press, 1995.

BÖCKERSTETTE, H. *Aporien der Freiheit und ihre Aufklärung durch Kant*. Stuttgart, 1982.

BOWIE, N. *Business Ethics. A Kantian Perspective*. Oxford, 1999.

BREZINA, F. F. *Die Achtung. Ethik und Moral der Achtung und Unterwerfung bei Immanuel Kant, Ernst Tugendhat, Ursula Wolf und Peter Singer*. Frankfurt: Peter Lang, 1999.

BROAD, C. D. *Five Types of Ethical Theory*. 9ª ed. London/New York: Routlege & Kegan, 1979.

BUCHENAU, A. *Kants Lehre vom kategorischen Imperativ. Eine Einführung in die Grundfragen der kantischen Ethik*. Leipzig, 1913 (reimpressão 1923).

CAIN, M. *The Notion of Supersensible in Kant's Three Critiques*. Stanford: University Press, 1992.

CAMPBELL, J. I. G. *Kantian Conceptions of Moral Worth*. Princeton, 1980.

CARNOIS, B. *La cohérence de la doctrine kantienne de la liberté*. Paris: Seuil, 1973.

CHOLDI, M. J. *Publicity and Practical Reason: Between Kantianism and Subjectivism*. Tese de doutorado, University of Virginia, 1998/99.

COHEN, H. *Kants Begründung der Ethik nebst ihren Anwendungen auf Recht, Religion und Geschichte*. 2ª ed. Berlin, 1910.

CONRAD, J. *Freiheit und Naturbeherrschung. Zur Problematik der Ethik Kants*. Würzburg, 1992.

COX, J. G. *The Will at the Crossroads. A Reconstruction of Kant's Moral Philosophy*. Washington/New York: University Press of America, 1984.

CULLITY, G. (ed.). *Ethics and Practical Reason*. New York/Oxford, 1997.

DELBOS, V. *La philosophie pratique de Kant*. 3ª ed. Paris: PUF, 1969.

DUNCAN, A. R. C. *Practical Reason and Morality. A Study of Immanuel Kant's Foundations for the Metaphysic of Morals*. London: T. Nelson, 1957.

EBBINGHAUS, J. *Gesammelte Aufsätze, Vorträge und Reden*. Darmstadt: Wissenschaftliche Buchgesellschaft, 1968.

EBELING, H. *Die ideale Sinndimension. Kants Faktum der Vernunft und die Basis-Fiktionen des Handelns*. Freiburg/München: Alber. 1982.

ESTUDIOS FILOSÓFICOS. Valladolid, v. 37, n. 104, 1988: *En el II centenario de la Crítica de la razón práctica*.

FORSCHNER, M. *Gesetz und Freiheit. Zum Problem der Autonomie bei I. Kant*. München, 1974.

FÖRSTER, E. *Kants Transcendental Deductions. The Three "Critics" and the "Opus Postumum"*. Stanford, 1989.

FREUDIGER, J. *Kants Begründung der praktischen Philosophie. Systematische Stellung, Methode und Argumentationsstruktur der "Grundlegung zur Metaphysik der Sitten"*. Bern/Stuttgart/Wien: Paul Haupt, 1993.

GREGOR, M. J. *Laws of Freedom. A Study on Kant's Method of Appliying the Categorical Imperative in the "Metaphysik der Sitten"*. Oxford: Blackwell, 1963.

GUEVARA, D. *Kant's Theory of Moral Motivation*. Cambridge, 2000.

GUISÁN, E. *Esplendor y miseria de la ética kantiana*. Barcelona: Anthropos, 1988.

GUYER, P. *Kant and the Experience of Freedom. Essays on Aesthetics and Morality*. New York: Cambridge University Press, 1996.

____ (org.). *The "Grundwork of the Metaphysical of Morals". Critical Essays*. New York: Cambridge University Press, 1998.

____ *Kant on Freedom, Law and Happiness*. Cambridge, 2000.

GUNKEL, A. *Spontaneität und moralische Autonomie. Kants Philosophie der Freiheit*. Bern/Stuttgart: Paul Haupt, 1989.

HÄGERSTRÖM, A. *Kants Ethik in Verhältnis zu seinen erkentnistheoretischen Grundgedanken systematisch dargestellt*. Upsala & Leipzig, 1902.

HARE, J. E. *The Moral Gap: Kantian Ethics, Human Limits and God's Assistance*. Oxford: Clarendon Press, 1996.

HARPER, A. W. J. *Notes on Kant's Theory of Morals*. London: 1988.

HECK, J. *A liberdade em Kant*. Porto Alegre: Movimento, 1983.

HEIDEMANN, I. Das Ideal des höchsten Guts. Eine Interpretation des Zweiten Abschnittes im "Kanon der reinen Vernunft". In: HEIDEMANN, I. / RITZEL, W. (Ed.). *Beiträge zur "Kritik der reinen Vernunft" 1781-1981*. Berlin / New York; 1981, pp. 233-305.

HENRICH, D. Der Begriff der sittlichen Einsicht und Kants Lehre vom Faktum der Vernunft. In: HENRICH, D. / SCHULTZ, W. / VOLKMANN-SCHULCK, K. H. (Ed.). *Die Gegenwart der Griechen im neueren Denken*. Festschrift für Hans-Georg Gadamer. Tübingen: 1960, pp. 77-115 (também em PRAUS, G. (Ed.). 1973, pp. 223-54).

____ Die Deduktion des Sittengesetzes. Über die Gründe der Dunkelheit des letzten Abschnittes von Kants *Grundlegung zur Metaphysik der Sitten*. In: SCHWAN, A. (Ed.). *Denken im Schatten des Nihilismus*. Festschrift für Wilhelm Weischedel. Darmstadt: 1975, pp. 55-112.

____ *Selbstverhältnisse*. Stuttgart: Reclam, 1982.

____ *Aesthetic Judgment and the Moral Image of the World. Studies in Kant*. Stanford: University Press, 1992.

____ *The Unity of Reason. Essays on Kant's Philosophy*. Cambridge Mass.: Harvard University Press, 1994.

HERMAN, B. *The Practice of Moral Judgment*. London: Harvard University Press, 1996.

HERRERO, F. J. *Religião e história em Kant*. São Paulo: Loyola, 1991.

HERRING, H. *Essentials of Kant's Theoretical and Practical Philosophy*. Delhi: Ajanta, 1993.

HESS, H.-J. *Die obersten Grundsätze Kantischer Ethik und ihre Konkretisierbarkeit*. Bonn: Kantstudien Erg.-H. n. 102, 1971.

HILL, T. E. Jr. *Autonomy and Self-Respect*. Cambridge: University Press, 1991.

____ *Dignity of Practical Reason in Kant's Ethical Theory*. Ithaca, N.Y., 1992.

HÖFFE, O. *Introduction à la philosophie pratique de Kant*. I parte. Albeuve: Castella, 1985.

____ (ed.). *Grundlegung zur Metaphysik der Sitten. Ein kooperativer Kommentar*. 3.ª ed. Frankfurt: Klostermann, 2000.

____ (ed.). *Immanuel Kant: Kritik der praktischen Vernunft*. Berlin: Akademie Verlag, 2001.

INNERARITY GRAU, C. *Teoría kantiana de la acción: la fundamentación transcendental de la moralidad*. Pamplona: EUNSA, 1995.

IRIBARNE, J. V. *La libertad en Kant. Alcances éticos y connotaciones metafísicas*. Buenos Aires, 1981.

JONES, H. *Kant's Principle of Personality*. Madison, 1971.

JONES, W. Y. *Morality and Freedom in the Philosophy of Kant*. Oxford, 1940.

KAFFARENA, J. G. *El teismo moral de Kant*. Madrid: Cristianidad, 1983.

KÄUBLER, B. *Der Begriff der Triebfeder in Kants Ethik*. Tese de doutorado. Leipzig, 1917.

KAULBACH, F. *Das Prinzip Handlung in der Philosophie Kants*. Berlin/New York: Walter de Gruyter, 1978.

____ *Immanuel Kants Grundlegung zur Metaphysik der Sitten. Interpretation und Kommentar*. 2ª ed. Darmstadt: WBG, 1996.

KAWAMURA, K. *Spontaneität und Willkür. Der Freiheitsbegriff in Kants Antinomienlehre und seine historischen Wurzeln*. Stuttgart-Bad Cannstatt: Frommann-Holzboog, 1996.

KNELLER, J. / AXINN, S. *Autonomy and Community. Readings on Contemporary Kantian Social Philosophy*. Albany NY, 1998.

KÖHL, H. *Kants Gesinnungsethik*. Berlin: Walter de Gruyter, 1990.

KÖNIG, P. *Autonomie und Autokratie. Über Kants "Metaphysik der Sitten"*. Berlin/New York: Walter de Gruyter, 1994.

KONHARDT, K. *Die Einheit der Vernunft. Zum Verhältnis von theoretischer und praktischer Vernunft in der Philosophie Immanuel Kants*. Königstein, 1979.

KOPPERS, R. *Zum Begriff des Bösen bei Kant*. Pfaffenweiler, 1986.

KORSGAARD, Ch. M. *The Sources of Normativity*. Cambridge: University Press, 1996.

____ *Creating the Kingdom of Ends*. Cambridge, 1997.

____ *Reclaiming the History of Ethics*. Cambridge, 1997.

KRÜGER, G. *Philosophie und Moral in der Kantischen Kritik*. 2ª ed. Tübingen: Mohr, 1967.

LAI, S.-c. *Gesinnung und Normenbegründung. Kants Gesinnungsethik in der modernen Diskussion*. Neuried, 1998.

LANDAU, A. (org.). *Rezensionen zur kantischen Philosophie*, v. 1 (1781-1787) e v. 2 (1788-c.1790). Bebra: 1990 e 1991.

LANDUCCI, S. *Sull'etica di Kant*. Milano: Guerini, 1994.

LANGTHALER, R. *Kants Ethik als System der Zwecke: Perspektiven einer modifizierten Idee der moralischen Teleologie und Ethikotheologie*. Berlin: Walter de Gruyter, 1991.

LA TORRE, M. A. *L'etica nella terzera Critica. Il "giudizio" kantiano e le recenti interpretazioni francesi*. Napoli: Edizioni Scientifiche Italiane, 1995.

LEE, M. H. *Das Problem des moralischen Gefühls und die Entwicklung der kantischen Ethik*. Taiwan: Academia Sinica, 1994.

LO, P. C. *Treating Persons as Ends. An Essay on Kant's Moral Philosophy*. Lanham/New York, London: University Press of America, 1987.

LÖHRER, G. *Menschliche Würde. Wissenschaftliche Geltung und metaphorische Grenze der praktischen Philosophie Kants*. Freiburg/München, 1995.

LOURDEN, R. B. *Kant's Impure Ethics*. Oxford, 2000.

LUDWIG, R. *Kategorischer Imperativ und "Metaphysik der Sitten". Die Frage nach der Einheitlichkeit von Kants Ethik*. Frankfurt/Bern/New York, 1992.

MANGANARO, P. *Libertà sotto leggi. La filosofia pratica di Kant*. Catania, 1989.

MARTINS, E. de R. *Studien zu Kants Freiheitsauffassung in der vorkritischen Periode 1747-1770*. Augsburg: Blasaditsch, 1976.

MENEGONI, F. *Finalità e destinazione morale nella "Critica del giudizio" di Kant*. Trento: Verifiche, 1988.

MENZER, P. *Der Entwicklungsgang der Kantischen Ethik bis zum Erscheinen der "Grundlegung zur Metaphysik der Sitten"*. Berlin, 1897.

MESSER, A. *Kants Ethik. Eine Einführung in ihre Hauptprobleme und Beiträge zu deren Lösung*. Leipzig, 1904.

____ *Kommentar zu Kants ethischen und religionsphilosophischen Hauptschriften*. Leipzig: 1929.

MILLER, E. M. *Moral Law and the Highest Good. A Study of Kant's Doctrine of the Highest Good*. Melbourne, 1928.

MILLER, R. D. *An Interpretation of Kant's Moral Philosophy*. Harrigate, 1993.

MORITZ, M. *Studien zum Pflichtbegriff in Kants kritischer Ethik*. Lund: Gleerup, 1951.

____ *Kants Einteilung der Imperative*. Lund: Gleerup, 1960.

MÜLLER, P. *Transzendentale Kritik und moralische Teleologie. Eine Auseinandersetzung mit den zeitgenössischen Transformationen der Transzendentalphilosophie im Hinblick auf Kant*. Würzburg, 1983.

MUNZEL, G. F. *Kant's Conception of Moral Character. The "Critical" Link of Morality, Anthropology, and Reflective Judgment*. Chicago: University Press, 1999.

NANCY, J. L. *L'imperativ catégorique*. Paris, 1983.

NELSON, L. *Die kritische Ethik bei Kant, Schiller und Fries*. Göttingen, 1914.

NISTERS, T. *Kants kategorischer Imperativ als Leitfaden humaner Praxis*. Freiburg: Alber Verlag, 1989.

OELMÜLLER, W. (ed.). *Transzendentalphilosophische Normenbegründung*. Paderborn, 1978.

O'FARREL, F. S. J. *Per leggere la "Critica de la ragion pratica" di Kant*. Roma: Gregoriana, 1990.

OLSON, P. *The Discipline of Freedom. A Kantian View of the Role of Moral Precepts in Zen Practice*. New York, 1993.

O'NEILL, O. *Acting on Principle: An Essay on Kantian Ethics*. New York: Columbia University Press, 1975.

____ *Constructions of Reason. Explorations on Kant's Practical Philosophy*. Cambridge/New York: University Press, 1990.

ORTWEIN, B. *Kants problematische Freiheitslehre*. Bonn, 1983.

PATON, H. J. *The Categorical Imperative. A Study in Kant's Moral Philosophy*. London: Hutchinson, 1947 (Paperback 1971).

PATZIG, G. *Ethik ohne Metaphysik*. 2ª ed. Göttingen: Vandenhoeck, 1983.

PIRILLO, N. *L'uomo di mondo farà morale e ceto. Kant e le transformazioni del Moderno*. Bologna: Il Mulino, 1987.

PLEINES, J. E. *Praxis und Vernunft. Zum Begriff praktischer Urteilskraft*. Wûrzburg: Kônigshausen & Neumann, 1983.

POTTER, N. / TIMMONS (org.). *Kant's Metaphysics of Morals*. Spindel Conference, 1997.

PRAUSS, G. (org.). *Kant. Zur Deutung seiner Theorie vom Erkennen und Handeln*. Köln, 1973.

____ *Kant über Freiheit und Autonomie*. Frankfurt: Klostermann, 1983.

____ (org.). *Handlungstheorie und Transzendentalphilosophie*. Frankfurt: Klostermann, 1986.

PROBST, P. *Kant: bestirnter Himmel und moralisches Gesetz; zum geschichtlichen Horizont einer These Immanuel Kants*. Würzburg: Königshausen und Neumann, 1994.

RASTETTER, K. *Bewusstsein als Freiheit. Zur ontologischen Struktur einer zentralen Kategorie der Philosophie Kants*. Bamberg, 1977.

RAWLS, J. *Lectures on Kant's Ethics*. Inédito.

REICH, K. *Kant und die Ethik der Griechen*. Tübingen: Mohr, 1935.

____ Rousseau und Kant. Tübingen: 1936 (reimpressão em: *Neue Hefte für Philosophie*, v. 29, pp. 80-96, 1989).

REINER, H. *Die Grundlagen der Sittlichkeit*. Meisenheim, 1974 [inclui: *Pflicht und Neigung. Die Grundlagen der Sittlichkeit erörtet und neu bestimmt mit besonderen Bezug auf Kant und Schiller*, 1951].

RIGOBELLO, A. *Kant: Che cosa posso sperare*. Roma: Studium, 1983.

____ (org.) *Il "regno dei fini" di Kant*. Napoli: Istituto Italiano per gli Studi Filosofici, 1996.

RITSERT, J. *Handlungstheorie und Freiheitsantinomie*. Berlin, 1966.

ROGOZINSKI, J. *Le don de la loi. Kant et l'énigme de l'éthique*. Paris, 1999.

ROHDEN, V. *Interesse da razão e liberdade*. São Paulo: Ática, 1981.

ROHS, P. *Die Zeit des Handelns. Eine Untersuchung zur Handlungs- und Normentheorie*. Königstein: 1980.

ROSS, W. D. *Kant's Ethical Theory. A Commentary on the "Grundlegung zur Metaphysik der Sitten"*. Oxford: Oxford University Press, 1954.

ROSSVAER, V. *Kant's Moral Philosophy. An Interpretation of the Categorical Imperativ*. Oslo: Universitätsverlag, 1979.

ROVIELLO, A.-M. *L'institution kantienne de la liberté*. Bruxelles: Ousia / Paris: Vrin, 1984.

SCHELER, M. *Der Formalismus in der Ethik und die materiale Wertethik*. 5ª ed. Bern / München, 1966.

SCHILPP, P. A. *Kant's Precritical Ethics*. Evanston/Chicago, 1938.

SCHMUCKER, J. *Die Ursprünge der Ethik Kants in seinen vorkritischen Schriften und Reflexionen*. Meisenheim am Glan: Anton Hain, 1961.

SCHNEEWIND, J. B. *A invenção da autonomia. Uma história da filosofia moral moderna*. Trad. Magda França Lopes. Rev. Álvaro M. Valls. São Leopoldo: Editora UNISINOS, 2001.

SCHRÖER, C. *Naturbegriff und Moralbegründung. Die Grundlegung der Ethik bei Christian Wolff und deren Kritik durch Immanuel Kant*. Stuttgart: Kohlhammer, 1988.

SCHNOOR, C. *Kants kategorischer Imperativ als Kriterium der Richtigkeit des Handelns*. Tübingen, 1989.

SCHÖNRICH, G. / KATO, Y. (eds.). *Kant in der Diskussion der Moderne*. Frankfurt: Suhrkamp, 1996.

SCHULTE, C. *Radikal böse: die Karriere des Bösen von Kant bis Nietzsche*. München, 1988.

SCHWAIGER, C. *Kategorische und andere Imperative. Zur Entwicklung von Kants praktischer Philosophie bis 1785*. Stuttgart-Bad Cannstatt: Frommann-Holzboog, 1999.

SCHWARTLÄNDER, J. *Der Mensch ist Person. Kants Lehre vom Menschen*. Stuttgart: Kolhammer, 1968.

SCHWEMMER, O. *Philosophie der Praxis. Versuch zur Grundlegung einer Lehre vom moralischen Argumentieren in Verbindung mit einer Interpretation der praktischen Philosophie Kants*. 2.ª ed. Frankfurt: Suhrkamp: 1980.

SCIACCA, F. *Il concetto di persona in Kant. Normatività e politica*. Milano, 2000.

SEUNG, T. K. *Kant's Platonic Revolution in Moral and Political Philosophy*. Baltimore/London: J. Hopkins University Press, 1994.

SILBER, J. R. The Context of Kant's Ethical Tought. *Philosophical Quarterly*, n. 9, pp. 193-207 e 309-318, 1959.

SINGER, M. G. *Generalisation in Ethics. An Essay in the Logic of Ethics, with the Rudiments of a System of Moral Philosophy*. London: Eyre & Spotiswoode, 1963.

STANGE, C. Der Begriff der "hypothetischen Imperative" in der Ethik Kants. *Kantstudien* IV, 1900.

____ *Die Ethik Kants. Zur Einführung in die "Kritik der praktischen Vernunft"*. Leipzig, 1920.

STOCKAMMER, M. *Kants Zurechnungsidee und Freiheitsantinomie*. Köln, 1961.

SULLIVAN, R. J. *Immanuel Kant's Moral Theory*. Cambridge etc.: Cambridge University Press, 1989.

____ *An Introduction to Kant's Ethics*. Cambridge: University Press, 1994.

SUSSMAN, D. *The Idea of Humanity: Anthropology and Anthroponomy in Kant's Ethics*. Tese de doutorado. University of Chicago, 1998/99.

TAFANI, D. *Christoph Andreas Leonard Creuzer. La discussione della dottrina morale di Kant alla fine del Settecento*. Genova: Erga, 1999.

TEALE, A. *Kantian Ethics*. 2ª ed. Westport/Connecticut, 1975.

TERNAY, H. d'A. de. *Traces bibliques de la loi morale chez Kant*. Paris: Beauchesne, 1986.

____ *La liberté kantienne. Un imperativ d'exode*. Paris: Les Éditions du Cerf, 1992.

TITTEL, G. A. *Über Herrn Kants Moralreform*. Frankfurt/Leipzig: bey den Gebrüdern Pfähler, 1786 [reprod.: Bruxelles: Culture et Civilisation, 1969].

TOMASI, G. *Identità razionale e moralità. Studio sulla fondazione della "Metafisica dei costumi" di Kant*. Trento: Verifiche, 1991.

VELKLEY, R. J. *Freedom and the End of Reason. On the Moral Foundation of Kant's Critical Philosophy*. Chicago/London: Chicago Univ. Press, 1989.

VIALATOUX, J. *La morale de Kant*. 5ª ed. Paris: PUF, 1968.

VORLÄNDER, K. *Der Formalismus der kantischen Ethik in seiner Notwendigkeit und Fruchtbarkeit*. Tese de doutorado. Marburg: 1893.

WALKER, R. *Kant and Moral Law*. London, 1998.

WARD, K. *The Development of Kant's View of Ethics*. Oxford, 1972.

WEIPER, S. *Triebfeder und höchstes Gut. Untersuchungen zum Problem der sittlichen Motivation bei Kant, Schoppenhauer und Scheler*. Würzburg, 2000.

WELLMER, A. *Ethik und Dialog. Elemente des moralischen Urteils bei Kant und in der Diskursethik*. Frankfurt: Suhrkamp, 1985 [trad. esp. Barcelona: Anthropos, 1994].

WIKE, V. S. *Kant on Happiness in Ethics*. New York: State Univ. of N.Y., 1994.

WILDFEUER, A. G. *Praktische Vernunft und System. Entwicklungsgeschichtliche Untersuchungen zur ursprünglichen Kantrezeption Johann Gottlieb Fichtes*. Stuttgart-Bad Cannstatt, 1999.

WILLASCHEK, M. *Praktische Vernunft. Handlungstheorie und Moralbegründung bei Kant*. Stuttgart/Weimar, 1992.

WILLIAMS, T. C. *The Concept of the Categorical Imperative. A Study of the Place of the Categorical Imperative in Kant's Ethical Theory*. Oxford, 1968.

WOLFF, R. P. *The Autonomy of Reason. A Commentary on Kant's "Groundwork of the Metaphysics of Morals"*. Gloucester: P. Smith, 1986.

WOOD, A. *Kant's Ethical Thought*. Cambridge, 1999.

YOVEL, Y. *Kant's Practical Philosophy Reconsidered*. Papers Presented at the Seventh Jerusalem Philosophic Encounter. December 1986. Dordrecht/Boston/London: Kluwer, 1989.

ZINGANO, M. A. *Razão e história em Kant*. S. Paulo: Brasiliense, 1989.

ZWINGELBERG, H. W. *Kant's Ethik und das Problem der Einheit von Freiheit und Gesetz*. Bonn: Bouvier, 1969.

3. Principais abreviações usadas de obras de Kant

EF – *Zum ewigen Frieden. Ein philosophischer Entwurf* (À paz perpétua. Um projeto filosófico)

Fortschritte – *Welches sind die wirklichen Fortschritte, die Metaphysik seit Leibnizens und Wolffs Zeiten in Deutschland gemacht hat?* (Quais são os efetivos progressos que a Metafísica alcançou na Alemanha desde os tempos de Leibniz e Wolff?)

Grundlegung – *Grundlegung zur Metaphysik der Sitten* (Fundamentação da metafísica dos costumes)

KpV – *Kritik der praktischen Vernunft* (Crítica da razão prática)

KrV – *Kritik der reinen Vernunft* (Crítica da razão pura)

KU – *Kritik der Urteilskraft* (Crítica da faculdade do juízo)

MS – *Die Metaphysik der Sitten* (Metafísica dos costumes)

MS/R – *Metaphysische Anfangsgründe der Rechtslehre* (Primeiros fundamentos metafísicos da doutrina do direito)

MS/T – *Metaphysische Anfangsgründe der Tugendlehre* (Primeiros fundamentos metafísicos da doutrina da virtude)

Prolegomena – *Prolegomena zu einer jeden künftigen Metaphysik, die als Wissenschaft wird auftreten können* (Prolegômenos a toda metafísica futura que possa apresentar-se como ciência)

Religion – *Die Religion innerhalb der Grenzen der bloßen Vernunft* (A religião dentro dos limites da simples razão)

Cronologia[1]

1724. 22 de abril: nascimento de Immanuel Kant em Königsberg como o quarto de nove filhos do seleiro Johann Georg Kant (nascido em 1683) e de sua esposa Anna Regina (nascida em 1697).

1730. Ingresso na escola primária.

1732-1740. Estudos de ginásio no Collegium Fredericianum, dirigido pelo pastor Franz Albert Schultz (1692-1762), também professor titular de Teologia da Universidade de Königsberg. Estudo dos autores antigos e da língua latina.

1737. Morte da mãe.

1740-1746. Estudos de Filosofia, Matemática e Ciências Naturais na Universidade de Königsberg. Influência do mestre wolffiano Martin Knutzen (1713-1751) e frequência às aulas de Teologia de Franz Albert Schultz. Mora fora da casa dos pais e sustenta-se com aulas particulares.

1. No estabelecimento desta cronologia foram consultados: SCHULTZ, U. *Kant*. 3ª ed. Hamburg: Rowohlt, 1969; GULYGA, A. *Immanuel Kant*. Frankfurt: Insel, 1981; GERRESHEIM, E. (org.). *Immanuel Kant 1724/1974. Kant als politischer Denker*. Bonn-Bad Godesberg: Inter Nationes, 1974; DGB – Handlexikon. Berlin: Ullstein, 1964; Caygill, H. *Dicionário Kant*. Rio de Janeiro: Zahar, 2000.

1746. Morte do pai. Primeira publicação: *Ideias para uma verdadeira avaliação das forças vivas.* O livro começa com uma epígrafe de Sêneca e contém no Prefácio a conhecida frase: "Sobre isto me fundo. Já tracei o caminho que quero seguir. Principiarei minha carreira e nada me impedirá de prossegui-la" (A IX).

1746-1755. Preceptor em diversas famílias dos arredores de Königsberg.

1755. Obtenção sucessiva dos títulos de Mestre e Doutor com a dissertação *Sobre o fogo.* No mesmo ano, obtenção do título de Livre-Docente com a tese *Nova elucidação dos primeiros princípios do conhecimento metafísico.* Início de atividades de livre-docência na Universidade de Königsberg.

1756. Escreve dois ensaios e um livro sobre o terremoto de Lisboa e defende em disputa pública a *Monadologia física.*

1761. Martin Lampe, ex-soldado do exército prussiano, torna-se por mais de 40 anos criado de Kant.

1762-1764. Johann Gottfried Herder (1744-1803) frequenta as aulas de Kant.

1764. Kant recebe o segundo prêmio por sua *Investigação sobre a distinção dos princípios da teologia natural e da moral.* O primeiro prêmio foi concedido a Moses Mendelssohn (1729-1786). – Kant rejeita o convite do governo para assumir uma cátedra de Arte Poética.

1765. Obtém o primeiro emprego público fixo como vice-bibliotecário na biblioteca real do castelo de Königsberg.

1769. Rejeita convites para professor titular em Erlangen e Jena, na expectativa de obter uma cátedra em Königsberg.

1770. Torna-se professor titular regular de Metafísica e Lógica na Universidade de Königsberg, mediante a apresentação em disputa pública da dissertação *Sobre as formas e princípios do mundo sensível e inteligível.*

1772. Kant abandona as atividades de bibliotecário. Expõe pela primeira vez, em carta a Marcus Herz, as linhas fundamentais de sua concepção da *Crítica da razão pura.*

1775. Publica: *Das diversas raças dos homens.*

1781. *Crítica da razão pura.*
Prolegômenos a toda metafísica futura que possa apresentar-se como ciência.

1784. *Ideia de uma história universal de um ponto de vista cosmopolita.*

1785. *Fundamentação da metafísica dos costumes.*

1786. Kant é escolhido Reitor da Universidade. Nestas condições, depois da morte de Frederico o Grande, presta as homenagens da Universidade ao novo rei Frederico Guilherme II, que lhe confere uma condecoração especial. Publica: *Primeiros princípios metafísicos da Ciência Natural*, bem como *Início presumível da história humana*, e ainda *Que significa orientar-se no pensamento?* É eleito membro da Academia de Ciências de Berlim.

1787. Adquire uma casa própria em Königsberg. Segunda edição da *Crítica da razão pura.*

1788. Segunda gestão como Reitor. Publicação da *Crítica da razão prática*, bem como *Sobre o uso de princípios teleológicos na Filosofia.*

1789. O escritor russo Nikolai Karamsin (1766-1826) faz uma visita imprevista a Kant, que o acolhe afavelmente por três horas.

1790. *Crítica da faculdade do juízo.*

1791. Fichte visita Kant pela primeira vez.

1793. *A religião nos limites da simples razão.* Publica ainda *Sobre a expressão corrente: "Isto pode ser correto na teoria, mas nada vale na prática".*

1794. Conflito com o serviço de censura da Prússia. Redução progressiva da atividade docente. Kant torna-se membro da Academia Imperial-Russa de Ciências de São Petersburgo.

1795. *À paz perpétua.*

1796. Abandono da atividade docente. Última aula em 23 de junho.

1797. *Metafísica dos costumes*, com duas partes: Primeiros princípios metafísicos da doutrina do direito, e Primeiros princípios metafísicos da doutrina da virtude.

1798. *Antropologia de um ponto de vista pragmático.* Publicação também de *O conflito das faculdades.* Kant torna-se membro da Academia de Ciências, Literatura e Arte de Siena.

1799. Declaração contra Fichte.

1800. Debilitamento físico. O aluno e diácono Wasianski assume os seus cuidados. Outros alunos começam a organizar a publicação de suas lições. Jäsche edita a *Lógica* de Kant.

1802. Rink edita a *Geografia física* de Kant.

1803. 9 de abril: última carta de Kant. Outubro: primeiro adoecimento grave. Rink edita as lições *Sobre Pedagogia.*

1804. 12 de fevereiro, 11 horas: morte de Kant. Sepultamento em 28 de fevereiro. Rink edita *Quais são os verdadeiros progressos da Metafísica desde os tempos de Leibniz e Wolff?*

Setembro: Wasianski, a quem Kant presenteara com seu exemplar pessoal da *Crítica da razão prática*, publica: *Immanuel Kant em seus últimos anos de vida. Uma contribuição para o conhecimento de seu caráter e vida familiar a partir da convivência diária com ele.*

CRÍTICA DA RAZÃO PRÁTICA

[3] *Prefácio*

O presente tratado esclarece suficientemente por que esta Crítica não é intitulada *Crítica da razão prática pura*[1] mas simplesmente *Crítica da razão prática* em geral, ainda que o seu paralelismo com a crítica da razão especulativa pareça requerer o primeiro título. Ela deve meramente demonstrar **que há uma razão prática pura** e, em vista disso, critica toda a sua **faculdade prática**. Se ela o consegue, não precisa criticar a **própria faculdade pura** para ver se a razão não se **excede**, com uma tal faculdade pura, numa vã presunção (como certamente ocorre com a razão especulativa). Pois, se ela, enquanto razão pura, é efetivamente prática, prova sua realidade e a de seus conceitos pelo ato[2] e toda a arguição dessa possibilidade é vã.

1. Sobre a questão da tradução da expressão *reine praktische Vernunft* e sua justificação, cf. ROHDEN, V. Razão prática pura. *Dissertatio*, Pelotas, n. 6, pp. 69-98, verão de 1997.

2. O termo *Tat* provém do verbo *tun*, traduzindo-se preferentemente por "ato", com o significado de feito ou de resultado de uma ação. Mas Lewis White Beck o traduziu para o inglês por *action*: *It will show its reality and that of its concepts in action* (cf. KANT, I. *Critic of Practical Reason*. New York: Macmillan, 1993, p. 3). Na *Metafísica dos costumes* (cit. *MS*) o termo *Tat* é definido como ação produtora de um efeito, conscientemente praticada por uma pessoa, e em que tanto o efeito como a ação podem ser-lhe

[4] Com esta faculdade fica doravante estabelecida também a **liberdade** transcendental e, em verdade, naquele sentido absoluto em que a razão especulativa, no uso do conceito de causalidade, a necessitava para salvar-se da antinomia em que inevitavelmente cai ao querer pensar, na série da conexão causal, o **incondicionado**; conceito esse que ela, porém, podia fornecer só problematicamente, como não impensável, sem lhe assegurar a respectiva realidade objetiva, unicamente para não ser contestada em sua essência, mediante pretensa impossibilidade do que ela tem de considerar válido, pelo menos enquanto pensável, e não ser precipitada num abismo de ceticismo.

Ora, o conceito de liberdade, na medida em que sua realidade é provada por uma lei apodíctica da razão prática, constitui o **fecho de abóbada** de todo o edifício de um sistema da razão pura, mesmo da razão especulativa, e todos os demais conceitos (os de Deus e de imortalidade), que permanecem sem sustentação nesta <última> como simples ideias, seguem-se agora a ele e obtêm com ele e através dele consistência e realidade objetiva, isto é, a **[5]** **possibilidade** dos mesmos é **provada** pelo fato de que a liberdade efetivamente existe; pois esta ideia manifesta-se pela lei moral.

imputados (cf. *MS* AB 22). Kant mesmo usa aí, para *Tat*, o termo *Akt* (noutras vezes *actus*). Mais expressivamente ainda ele escreve pouco depois: "Imputação em sentido moral é o **juízo**, pelo qual alguém é considerado causa (*causa libera*) de uma ação, que então se chama ato (*factum*) e está subordinada a leis" (*MS* AB 29). Sobre a relação entre *Tat* e *factum* cf. ALMEIDA, G. Kant e o "facto da razão": "cognitivismo" ou "decisionismo" moral? *Studia Kantiana*, Rio de Janeiro, v. 1, n. 1, pp. 58 s., set. 1998.

Mas a liberdade é também a única entre todas as ideias da razão especulativa de cuja possibilidade **sabemos** *a priori*, sem, contudo, ter perspiciência[3] dela, porque ela

3. No original: *ohne sie doch einzusehen*. Reelaboro aqui o que já observara sobre o termo *Einsicht* e seu correspondente latino *perspicientia* em KANT, I. *Crítica da faculdade do juízo* 2ª ed. Trad. Valerio Rohden e António Marques. Rio de Janeiro: Forense Universitária, 1995, pp. 65-7. – 1) O termo *perspicientia* foi empregado filosoficamente por Cícero no sentido de um conhecimento completo de algo. Cf. CÍCERO, *De officiis* I, 15 (trad. bras. *Dos deveres*, Martins Fontes, São Paulo, 1999.) Cf. também GEORGES, K. E. *Ausführliches Lateinisch-Deutsches Handwörterbuch*. Darmstadt: Wissenschaftliche Buchgesellschaft, 1988, v. 2, p. 1644. Segundo Georges, no domínio literário o verbo *perspicere* foi usado por PLAUTO, *Curc.* 144 G. *Perspicuitas*, no sentido de clareza, foi usado por PLÍNIO 37, 79. – 2) Kant empregou o termo predominantemente no sentido de Cícero – que o vinculara praticamente a prudência e sabedoria – ao distinguir, na Reflexão 426, entre *perceptio*, *cognitio*, *scientia*, *intellectio*, *perspicientia* e *compreensio*. Ao termo *perspicientia* Kant acrescentou: *Einsehen (durch Vernunft)* [perspiciência (pela razão)]. Na reflexão 437 distinguiu entre os princípios do *Einsehen* e do *Verstehen* (compreender), observando: "A faculdade de julgar *a priori* (concluir) é a razão. *Einsehen*." (Cf. KANT'S *Gesammelte Schriften*. Berlin: Walter de Gruyter, 1923, v. XV, pp. 170 e 180, respectivamente; cf. também KANT, I. *Lógica*. Trad. de Guido de Almeida. RJ: Tempo Brasileiro, 1992, p. 82, Ak 65; ou: *Manual dos cursos de lógica geral*. Trad. Fausto Castilho. Campinas/Uberlândia: IFCH-UNICAMP/EDUFU, 1998, p. 111). Num esboço de carta do verão de 1792 ao príncipe A. von Beloselsky, Kant observou: "A esfera da *perspicacité* é a da perspiciência <*Einsicht*> sistemática da interconexão da razão dos conceitos em um sistema" (cf. KANT'S *Gesammelte Schriften*, v. XI: *Briefwechsel* v. II, p. 346. Cf. a respeito também KANT, I., *Opus postumum*. Tradução, apresentação e notas de François Marty. Paris: PUF, 1986, p. 234). – 3) A língua alemã utiliza como equivalente de *perspicientia* / *Einsicht* o termo *Durschauung* / *durchschauen* = ver através de, ter uma visão perspicaz, penetrante, interna, portanto desveladora, p. ex., daquilo que normalmente se oculta, ou esclarecer-se sobre algo, ter clareza. Para *durchschauen* possui ainda os equivalentes *durchsehen*, *durchblicken*, *durchlesen*.–4) Correspondentemente, talvez pudéssemos adotar em português, para *Einsicht* / *einsehen*, ver com perspicácia, ter uma visão penetrante ou perspicaz,

é a condição[4] da lei moral, que conhecemos <*wissen*>. As ideias de **Deus** e de **imortalidade**, contudo, não são condições da lei moral mas somente condições do objeto [6] necessário de uma vontade determinada por essa lei, isto é, do uso meramente prático de nossa razão pura; portanto não podemos tampouco afirmar acerca daquelas ideias, não quero simplesmente dizer a efetividade mas sequer a possibilidade de **conhecê**-las e **ter perspiciência** delas. Apesar disso, elas são as condições da aplicação da vontade moralmente determinada a seu objeto, que lhe foi dado *a priori* (o sumo bem). Consequentemente, sob este aspecto prático a sua possibilidade pode e tem que ser **ad-**

evidência. Mas, por outro lado, talvez pudéssemos incorporar "perspiciência" como um termo técnico para expressar uma forma de conhecimento racional. Contaríamos com o antecedente do tradutor latino de Kant, Born, que, na tradução da *Crítica da razão prática*, empregou para *Einsicht* o termo latino *perspicientia* e, para *einsehen*, *perspicere*, p. ex., na seguinte passagem: *Nun est aber alle menschliche* ***Einsicht*** *zu Ende* (*KpV* A 81): *Atqui omnis humana* ***perspicientia*** *haeret* (cf. IMMANUELIS KANTII. *Critica rationis practicae*. Trad. lat. Fredericus Gottlob Born. Lipsiae: Engelhard Benjamin Schwickerti, MDCCLXXXXVII, p. 39. Confesso alguma hesitação na adoção de um termo alheio ao uso comum, feita, no entanto, na esperança de que o leitor possa vir a oferecer sua própria contribuição a respeito. Para tanto convém ler a resposta de Kant, neste Prefácio, à crítica de que ele pretendesse introduzir uma "nova linguagem" na Moral (cf. *KpV* A 19 s.).

4. Para que não se imagine encontrar aqui **inconsequências**, quando agora denomino a liberdade condição da lei moral e depois, no tratado, afirmo que a lei moral seja a condição sob a qual primeiramente podemos **tornar**-nos **conscientes** da liberdade, quero apenas lembrar que a liberdade é sem dúvida a *ratio essendi* da lei moral, mas que a lei moral é a *ratio cognoscendi* da liberdade. Pois, se a lei moral não fosse pensada **antes** claramente em nossa razão, jamais nos consideraríamos autorizados a **admitir** algo como a liberdade (ainda que esta não se contradiga). Mas, se não existisse liberdade alguma, a lei moral **não** seria de modo algum **encontrável** em nós. (K)

mitida, sem que se a conheça e se tenha dela uma perspiciência teórica. Para a última exigência basta, de um ponto de vista prático, que ela não contenha nenhuma impossibilidade interna (contradição). Ora, aqui se encontra, em comparação com a razão especulativa, um fundamento meramente **subjetivo** do assentimento, que, todavia, é **objetivamente** válido para uma razão igualmente pura mas prática, com o que e mediante o conceito de liberdade é proporcionada realidade objetiva às ideias de Deus e de imortalidade e <é proporcionada> a faculdade, antes, a necessidade subjetiva (carência da razão pura) de admiti-las, sem que com isso, todavia, a razão seja ampliada no conhecimento teórico, mas que apenas a possibilidade, que antes não passava de **problema** e aqui [7] se torna **asserção**, seja dada, e assim o uso prático da razão é conectado com os elementos do uso teórico. E esta carência não é, por assim dizer, uma necessidade hipotética de um objetivo **qualquer** da especulação – de que se tenha de admitir algo caso se **queira** elevar-se à completude do uso da razão na especulação – mas é uma necessidade **legal** de admitir algo, sem a qual não pode ocorrer o que se **deve** pôr incessantemente como objetivo de sua conduta.

Seria certamente mais satisfatório para nossa razão especulativa resolver aqueles problemas por si e sem estes rodeios, reservando sua perspiciência para o uso prático; só que as coisas não se passam tão bem assim com a nossa faculdade especulativa. Aqueles que se vangloriam de tais conhecimentos elevados não deveriam abster-se <deles> mas apresentá-los publicamente para exame e apreciação. Eles querem **provar**; muito bem!, eles podem prová-los e a crítica deporá a seus pés, como vencedores, todas as suas armas. *Quid statis? Nolint. Atqui li-*

cet esse beatis[5]. – Portanto, já que de fato não o querem, presumivelmente porque não o [8] podem, temos que retomar em mãos aquelas armas para procurar e fundar no uso moral da razão os conceitos de **Deus**, **liberdade** e **imortalidade**, de cuja **possibilidade** a especulação não encontra suficiente garantia.

Aqui também se esclarece, antes de mais nada, o enigma da Crítica, de como se possa contestar realidade objetiva ao **uso** suprassensível das **categorias** e contudo **conceder**-lhes[6] essa **realidade** com respeito aos objetos da razão

5. HORÁCIO, *Sátiras* I, 1, 19. A frase de Horácio situa-se no contexto de uma descrição da insatisfação de cada um com a própria sorte, imaginando sempre mais feliz o outro do que a si próprio: o velho guerreiro considera mais feliz o comerciante, e este ao soldado, o agricultor considera mais feliz o advogado, e assim inversa e indefinidamente. O Poeta imagina então que um deus, satisfazendo esses desejos, diga: muito bem, troquem os papéis! Ao que se seguem, na citação de Kant, as três últimas palavras de Júpiter, com o comentário de Horácio: "'Então, por que hesitais?' Eles renegariam o desejo; e contudo poderiam tornar-se agora tão felizes!" (cf. HORAZ. *Sämtliche Werke*. Lateinisch und deutsch. Darmstadt: Wissenschaftliche Buchgesellschaft, 1993, pp. 254-5). Conforme se pode verificar nesse texto e, comparativamente, em outras edições da *KpV*, a edição de Vorländer transcreve *nolunt* em vez de *nolint*, que aliás consta em todos os manuscritos, com exceção do Bernensis 363, onde se lê *nolent* (segundo carta de Eckhard Lefèvre ao Tradutor; cf. também KANT, I. *Kritik der praktischen Vernunft*. Ed. Karl Vorländer. Hamburg: Felix Meiner, 1993, p. 5). Em sua determinação do conceito de sátira em Horácio, E. Lefèvre cita uma definição recente de Gustav A. Seeck: ela é "uma tentativa de desacreditar, que envolve indignação e/ou mofa, bem como uma espécie e forma de apresentação como meio sugestivo para alcançar o assentimento do leitor" (*apud* LEFÈVRE, E. *Horaz: Dichter im augusteischen Rom*. München: Beck, 1993, p. 87). As sátiras de Horácio têm um sentido predominantemente moral: expressam o modo de vida correto, chamado entre os romanos *vita beata* e entre os gregos *eudaimonia*, mas sob uma forma argumentativa negativa, de insatisfação com o destino em decorrência da cupidez.

6. Erdmann propõe *ihm* (a ele), referindo-o a uso.

prática pura: pois de início, enquanto se conhece um tal uso prático só pelo nome, isto necessariamente tem de parecer **inconsequente**. Mas, se agora, por uma análise completa da razão prática[7], se compreende que a mencionada realidade não culmina aqui de modo algum numa **determinação** teórica **das categorias** e numa extensão do conhecimento ao suprassensível, mas que com isso somente se quis dizer que, sob este aspecto, em toda parte convém a elas **um objeto**; assim, quer porque elas estão contidas *a priori* na necessária determinação da vontade, quer porque estão inseparavelmente ligadas ao objeto dessa determinação, [9] aquela inconsequência desaparece; pois se faz daqueles conceitos um uso diverso do que a razão especulativa necessita. Contrariamente se manifesta agora uma confirmação, sequer esperável antes e muito satisfatória, do **modo de pensar consequente** da crítica especulativa, no seguinte fato: visto que esta recomendava expressamente considerar os objetos da experiência enquanto tais, e entre eles inclusive o nosso próprio sujeito, como válidos somente enquanto **fenômenos**, todavia recomendava pôr-lhes como fundamento coisas em si mesmas, portanto não considerar todo o supra-sensível como ficção e seu conceito como vazio de conteúdo: a razão prática obtém agora por si mesma, e sem ter acertado um compromisso com a razão especulativa, realidade para um objeto suprassensível da categoria de causalidade, a saber, da **liberdade** (embora, como conceito prático, também só para o uso prático), portanto confir-

7. "Razão prática" consta aí para ***der*** *letzteren*, que a Ak, baseada em Adickes, substituiu para ***des*** *letzteren* (do último), significando então "do uso prático da razão".

ma mediante um *factum*[8] o que lá meramente podia ser **pensado**. Ora, com isso a afirmação ao mesmo tempo estranha, embora indiscutível, da crítica especulativa – de que até o **sujeito pensante seja para si mesmo, na intuição interna, simplesmente fenômeno** – alcança agora na *Crítica da razão prática* também a sua plena confirmação, a ponto de **[10]** se ter de chegar a ela mesmo que a Crítica anterior não tivesse também provado de modo algum esta proposição[9].

Deste modo compreendo também por que as objeções até agora mais graves que me apareceram contra a Crítica giram precisamente em torno destes dois eixos: ou seja, **por um lado**, da realidade objetiva das categorias aplicadas aos *noumena*[10], negada no conhecimento teórico e afirmada no conhecimento prático, e, **por outro**, da exigência paradoxal de, enquanto sujeito da liberdade, considerar-se *noumenon*, ao mesmo tempo, porém, com

....

8. Emprega-se, como o fez Kant – excepcionalmente com letra maiúscula na *KpV* –, a forma latina *factum*, para distingui-la de *Tatsache*, "fato" em seu sentido empírico. A forma germanizada *Faktum*, adotada posteriormente, não é de Kant. Cf. adiante também o Corolário ao § 7, *KpV* A 56, e A 96, e ainda as Reflexões 6809 e 7131, Ak v. XIX, pp. 168 e 255, respectivamente, etc. Constata-se também em textos de J. Derrida o uso do termo latino *factum*.

9. A união da causalidade, enquanto liberdade, com a causalidade enquanto mecanismo da natureza, sendo a primeira estabelecida pela lei moral e a segunda pela lei natural e, na verdade, em um e mesmo sujeito, o homem, é impossível sem representar a este, em relação com a lei moral, como ente em si mesmo, e em relação com a lei natural, porém como fenômeno, aquele na consciência **pura** e este na consciência **empírica**. Sem isto a contradição da razão consigo mesma é inevitável. (K)

10. Em relação aos termos singular e plural *noumenon* / *noumena*, adota-se a sua forma grega, como Kant em geral também o fez; cf., p. ex., *KrV* B 294/A 235.

vistas à natureza considerar-se fenômeno em sua própria consciência empírica. Pois enquanto não se formava ainda nenhum conceito determinado de moralidade e liberdade não se podia [11] supor que coisa por um lado se queria pôr, enquanto *noumenon*, como fundamento do pretenso fenômeno, e, por outro lado, se em geral também é possível formar ainda um conceito dele, quando antes se haviam consagrado todos os conceitos do entendimento puro, no uso teórico, exclusivamente aos simples fenômenos. Somente uma crítica minuciosa da razão prática pode remediar toda esta má interpretação e pôr em clara luz a maneira de pensar consequente[11], que justamente constitui a sua máxima prerrogativa.

Basta isto para justificar por que, nesta obra, os conceitos e proposições fundamentais <*Grundsätze*>[12] da razão especulativa pura, que já sofreram sua crítica particular, são aqui às vezes submetidos de novo à prova, o que, aliás, não convém muito ao curso sistemático de uma ciência a ser constituída (já que coisas ajuizadas, justamente, só têm que ser referidas e não ser de novo discutidas), o que, porém, **aqui** era permitido e mesmo necessário; porque com aqueles conceitos a razão é considerada em trânsito para um uso totalmente diferente do que ela **lá** fez deles. Semelhante [12] trânsito, porém, torna necessária uma comparação do uso antigo com o novo para distinguir bem a nova via da anterior e, ao mesmo tempo, permitir observar a sua interconexão. Portanto considerações dessa espécie, entre outras aquelas que foram novamente dirigidas ao conceito de liberdade mas no uso

11. Cf., no mesmo sentido, KANT, I. *Crítica da faculdade do juízo*. Trad., p. 141, B 158.

12. Cf. a nota do tradutor em A 26.

prático da razão pura, não serão vistas como obstáculos que porventura só devem servir para preencher lacunas do sistema crítico da razão especulativa (pois este é completo em seu objetivo) e[13], como sói acontecer em uma construção precipitada, para depois ainda colocar estacas e contrafortes, mas serão vistas como verdadeiros membros que tornam observável a interconexão do sistema e permitem ter agora em sua real apresentação a perspiciência[14] de conceitos que lá puderam ser representados só problematicamente. Esta advertência concerne principalmente ao conceito de liberdade, acerca do qual se tem que observar com estranheza que ainda tantos se vangloriam de sua[15] perfeita perspiciência e de serem capazes de explicar a possibilidade da mesma[16], na medida em que consideram o conceito simplesmente sob o aspecto psicológico, enquanto, se antes o tivessem considerado exatamente sob o aspecto transcendental, [13] teriam que ter conhecido tanto a sua **indispensabilidade**, como conceito problemático no uso completo da razão especulativa, bem como a total **incompreensibilidade** do mesmo e, quando depois se dirigissem com ele ao uso prático, justamente teriam que ter chegado por si à referida determinação do último relativamente a suas proposições fundamentais, acerca de cuja determinação eles, aliás, querem tão a contragosto entender-se. O conceito de liberdade é a pedra de escândalo para todos os **empiristas** mas tam-

13. Hartenstein corrige *und* (e), substituindo-o por *um* (para).

14. Hartenstein com razão elimina o *zu* (para).

15. Kant: *ihn*, referido a conceito.

16. Na 1ª e da 4ª à 6ª edições constou *derselben* (da mesma), referido à liberdade, e na 2ª, *desselben* (do mesmo), referido ao conceito. Cf. também a nota em A 30.

bém a chave das mais sublimes proposições fundamentais práticas para moralistas **críticos**, que com isso têm a perspiciência de que precisam proceder de modo necessariamente **racional**. Por causa disso advirto o leitor a não reparar com olhos fugidios o que na conclusão da Analítica é dito sobre esse conceito.

Tenho que deixar aos versados em semelhante trabalho ajuizar se um tal sistema, como o que aqui é desenvolvido sobre a razão prática pura a partir da crítica da razão, envolveu muito ou pouco esforço, principalmente para não falhar o ponto de vista exato desde o qual o todo da mesma pode ser corretamente traçado. O que, **[14]** na verdade, pressupõe a *Fundamentação da metafísica dos costumes*, mas só na medida em que esta chega a conhecer provisoriamente o princípio do dever e indica e justifica uma fórmula determinada deste[17]; afora isso um

17. Um crítico*, que queria expressar algo em desabono dessa publicação, teve melhor sorte do que ele mesmo possa ter imaginado, ao dizer que nela não foi apresentado nenhum princípio novo da moralidade mas somente uma **nova fórmula**. Mas quem é que queria introduzir também uma nova proposição fundamental de toda a moralidade e como que inventá-la pela primeira vez? Quem, porém, sabe o que significa para o matemático uma **fórmula**, a qual para executar uma tarefa determina bem exatamente e não deixa malograr o que deve ser feito, não considerará uma fórmula, que faz isto com vistas a todo o dever em geral, como algo insignificante e dispensável. (K)

* O crítico ao qual Kant se refere nessa nota chamou-se Gottlob August Tittel (1739-1816), conselheiro eclesiástico em Karlsruhe, adversário da ética de Kant e adepto do eudaimonismo, como o seu mestre J. G. H. Feder (1740-1821), conhecido por uma polêmica recensão da *Crítica da razão pura*, atacada por Kant no Apêndice aos *Prolegomena* (cf. mais a respeito na carta de C. Garve a Kant, de 13.7.1783). O texto aqui em questão foi: TITTEL, G. A. *Über Herrn Kants Moralreform*. Frankfurt e Leipzig: bey den Gebrüdern Pfähler, 1786. Kant pretendeu responder-lhe, de acordo com carta de J. E. Biester, de 11.6.1786 (cf. KANT, I. *Briefwechsel*. Hamburgo: Felix Meiner, 1986, pp. 299 s., 304, 308 e 846).

tal sistema subsiste por si próprio. Um argumento válido, pelo qual a **divisão** de todas as ciências práticas com vistas à **completude** não foi anexada, como o fez a crítica da razão especulativa, pode encontrar-se também na natureza desta faculdade racional prática. Pois a determinação específica dos deveres como deveres [15] humanos, para dividi-los, somente é possível se antes o sujeito dessa determinação (o homem) for conhecido segundo a natureza que ele efetivamente detém, embora apenas na medida em que é necessário com relação ao dever em geral; tal determinação, porém, não pertence a uma *Crítica da razão prática* em geral, que só deve indicar completamente os princípios de sua possibilidade, de seu âmbito e limites, sem referência particular à natureza humana. Portanto a divisão pertence aqui ao sistema da ciência e não ao sistema da crítica.

Espero ter satisfeito, no segundo capítulo da Analítica, a um certo crítico[18], amante da verdade e arguto, nisso portanto sempre digno de respeito, em sua objeção à *Fundamentação da metafísica dos costumes*, **de que nela o conceito de bom não foi estabelecido antes do princípio moral** (como, de acordo com sua opinião, [16] teria sido neces-

18. Este crítico chamou-se Hermann Andreas Pistorius (1730-1798), pastor na ilha de Rügen e prior na ilha de Fehmarn, ambas no mar Báltico, que escreveu duas recensões anônimas, a primeira, aqui referida: PISTORIUS, H. A. Rezension von Kant's "Grundlegung zur Metaphysik der Sitten". *Allgemeine Deutsche Bibliothek*, v. 66, pp. 447-63, 1786 (cf. sobre a autoria do texto a carta de D. Jenisch a Kant, de 14.6.1787. KANT, I. *Briefwechsel*, p. 316); e a segunda: PISTORIUS, H. A. Rezension der 'Kritik der praktischen Vernunft'. *Allgemeine Deutsche Bibliothek*, v. 117, pp. 78-105, 1794. Os textos podem ser lidos em BITTNER, R. / CRAMER, K. (Ed.). *Materialien zu Kants "Kritik der praktischen Vernunft"*. Frankfurt: Suhrkamp, 1975, pp. 144-60 e pp. 161-78, respectivamente.

sário)[19]; do mesmo modo tomei em consideração várias outras objeções, que [17] me chegaram às mãos de parte de pessoas que deixam ver que a investigação da verdade lhes é cara (pois aqueles que só têm [18] ante os olhos

19. Poder-se-ia ainda replicar-me por que também não elucidei antes o conceito de **faculdade de apetição** ou de **sentimento de prazer**; se bem que esta objeção seria injusta, porque tal elucidação, do modo como é fornecida na Psicologia, justamente deveria poder ser pressuposta. Mas certamente aí mesmo a definição poderia ser estabelecida de modo tal que o sentimento de prazer fosse colocado como fundamento da determinação da faculdade de apetição (como também efetiva e geralmente costuma acontecer), pelo que porém o princípio supremo da filosofia prática necessariamente teria de acabar sendo **empírico**, o que contudo tem de ser decidido em primeiro lugar e é refutado completamente nesta Crítica. Por isso quero fornecer esta elucidação aqui do modo como ela tem de ser, para, como é justo, deixar este ponto controverso inicialmente pendente. – **Vida** é a faculdade de um ente de agir segundo leis da faculdade de apetição. A **faculdade de apetição** é a faculdade do mesmo ente de ser, mediante suas representações, causa da efetividade dos objetos destas representações. **Prazer** é a representação da concordância do objeto ou da ação com as condições **subjetivas** da vida, isto é, com a faculdade da causalidade de uma representação com vistas à efetividade de seu objeto (ou da determinação das forças do sujeito à ação de produzi-lo). Mais eu não necessito, com vistas à crítica de conceitos que são pedidos emprestados à Psicologia; do resto desincumbe-se a própria crítica. Nota-se [17] facilmente que a questão, se o prazer tem de ser posto sempre como fundamento da faculdade de apetição, ou se também sob certas condições ele somente se segue à determinação dela, fica mediante esta elucidação pendente; pois ela se compõe de meras características do entendimento puro, isto é, de categorias, que não contêm nada empírico. Uma tal cautela é muito recomendável em toda a Filosofia e, não obstante, é frequentemente descurada, ou seja, de não se antecipar em seus juízos, mediante temerária definição, antes da completa análise do conceito, que frequentemente é alcançada só muito tardiamente. Também se observará, durante todo o curso da Crítica (tanto da razão teórica como da prática), que nele se encontra um múltiplo ensejo para completar algumas deficiências no antigo curso dogmático da Filosofia e corrigir erros que não são notados antes, como quando se faz com conceitos um uso da razão **que concerne ao todo dela**. (K)

o seu antigo sistema, e entre os quais já se decidiu de antemão o que deve ser aprovado ou desaprovado, não reivindicam nenhuma discussão que pudesse contrariar seu objetivo privado); e assim continuarei procedendo.

Se o que importa é a determinação de uma faculdade particular da alma humana segundo suas fontes, conteúdos e limites, então, de acordo com a natureza do conhecimento humano, não[20] se pode começar de outro modo que das **partes** dela[21], de sua exata e completa apresentação (na medida do que seja possível, segundo a situação atual de nossos elementos[22] já adquiridos da mesma). Mas há ainda um segundo cuidado, que é mais filosófico e **arquitetônico**, a saber, de compreender corretamente a **ideia do todo** e a partir dela abarcar com a vista, em uma faculdade racional pura, todas aquelas partes na sua relação recíproca mediante a derivação das mesmas do conceito daquele todo. Este exame e [19] garantia somente é possível pela mais íntima familiaridade com o sistema, e aqueles que se aborreceram com a primeira investigação – portanto não consideraram que a aquisição dessa familiaridade valesse a pena – não alcançam o segundo degrau, a saber, a visão geral, que é um retorno sintético ao que antes foi dado analiticamente, e não é nenhum milagre se encontram por toda a parte inconsequências, ainda que as lacunas que estas deixam presumir

20. Na 2ª edição original constou *nichts* (nada).

21. Kant: *derselben* (da mesma, dela), pronome feminino, gramaticalmente só poderia corresponder aos femininos *Bestimmung* (determinação), *Seele* (alma) ou *Erkenntnis* (conhecimento), e não ao masculino *Vermögen* (faculdade), como o pretenderam as traduções francesa (Ferry/Wismann) e portuguesa (Morão).

22. Vorländer: conhecimento?

não se achem no sistema mesmo mas apenas em sua própria incoerente ordem de ideias.

Não me preocupa minimamente a objeção, a respeito deste tratado, de querer introduzir uma **nova linguagem**[23], porque o modo de conhecimento aproxima-se aqui, por si, da popularidade. Esta objeção não podia tampouco ocorrer, acerca da primeira Crítica, a alguém que não a folheou simplesmente mas a examinou a fundo. Produzir artificialmente novas palavras, quando a linguagem já não tem nenhuma carência de expressões [20] para conceitos dados, é um esforço pueril para distinguir-se entre a multidão, quando não mediante pensamentos novos e verdadeiros, mediante um trapo novo sobre a veste antiga. Se, pois, os leitores daquela obra conhecerem expressões mais populares, que, contudo, sejam tão adequadas ao pensamento como aquelas me parecem ser, ou porventura se atreverem a provar a nulidade destes próprios pensamentos, por conseguinte ao mesmo tempo de cada expressão que o designa, eles com isso me tornariam muito devedor por aquele primeiro aspecto, pois eu quero apenas ser entendido, porém em relação ao segundo aspecto tornar-se-iam benemerentes da Filosofia. Mas, enquanto aqueles pensamentos ainda estiverem de pé, duvido muito que pudessem encontrar-se para eles expressões adequadas e contudo mais correntes[24].

....

23. Objeção de G. A. Tittel, v. também a nota em A 14.

24. Aqui às vezes me preocupa mais (do que aquela falta de entendimento <*Unverständlichkeit*>) a falsa interpretação de algumas expressões, que escolhi com o máximo cuidado para não deixar fracassar o conceito a que elas remetem. Assim, na tábua das categorias da razão **prática**, sob o título da modalidade, o **lícito** e **ilícito** [21] (o prático-objetivamente possível e impossível) têm no uso linguístico comum quase o mesmo sentido que a categoria subsequente do **dever** e do **contrário ao dever**.

[21] Deste modo os princípios *a priori* de duas faculdades do ânimo – da [22] faculdade de conhecer e da faculdade de apetição – estariam doravante descobertos e

....

Aqui, porém, o **primeiro** deve significar aquilo que está de acordo ou colide com uma prescrição prática meramente **possível** (como aproximadamente a resolução de todos os problemas da Geometria e da Mecânica); o **segundo** deve significar o que se encontra em tal referência a uma lei que jaz **efetivamente** na razão em geral. E essa diferença de significado não é inteiramente estranha também, se bem que um tanto inabitual, ao uso linguístico comum. Assim, por exemplo, a um orador enquanto tal **não é lícito** forjar novas palavras ou junções de palavras; ao poeta isso em certa medida é **lícito**. Em nenhum dos dois casos cogita-se aqui de dever. Pois, se alguém quer perder sua reputação de orador, ninguém pode impedi-lo. Aqui se trata somente da distinção dos **imperativos** sob fundamentos determinantes **problemáticos, assertóricos e apodícticos**. Do mesmo modo naquela nota em que comparei as ideias morais de perfeição prática em diversas escolas filosóficas, distingui a ideia de **sabedoria** da de **santidade**, embora eu mesmo as tenha declarado, no fundo e objetivamente, como idênticas. Todavia neste lugar entendo por sabedoria somente aquela que o homem (o estóico) se arroga, portanto atribuída **subjetivamente** ao homem, como propriedade. (Talvez a expressão **virtude**, que o estóico também alardeava, pudesse designar melhor o traço característico de sua escola.) Mas a expressão **postulado** da razão prática pura é a que mais ainda podia* ensejar uma falsa interpretação, quando se confundia com ela o significado que os postulados da matemática pura possuem, e os quais comportam certeza apodíctica. Mas estes postulam a **possibilidade de uma ação**, cujo objeto se conheceu teoricamente antes, *a priori*, com plena certeza como **possível**. Aquele, porém, postula a possibilidade de um **objeto** mesmo (de Deus e da imortalidade da alma) a partir de leis **práticas** apodícticas, portanto somente para o fim de uma razão prática; pois, com efeito, esta certeza da possibilidade postulada não é de modo algum teórica, tampouco apodíctica, isto é, uma necessidade conhecida com vistas ao objeto, mas uma suposição necessária em vista do sujeito para a observância de suas leis objetivas, porém práticas, por conseguinte é apenas uma hipótese necessária. Não consegui encontrar nenhuma expressão melhor para esta necessidade subjetiva, contudo verdadeira e incondicionada, da razão. (K)

* Hartenstein: *könnte* (poderia)?

determinados, segundo as condições, a extensão e os [23] limites de seu uso; e com isso, porém, estaria assentado o fundamento seguro para uma filosofia sistemática, tanto teórica quanto prática, como ciência.

Mas nada pior poderia suceder a estes esforços do que se alguém fizesse a descoberta inopinada de que não há nem pode haver em parte alguma um conhecimento *a priori*. Este perigo, todavia, inexiste. Seria como se alguém quisesse provar pela razão que não há razão alguma. Pois apenas dizemos que conhecemos algo pela razão se estamos conscientes de que também teríamos podido conhecê-lo, mesmo que não nos tivesse ocorrido assim na [24] experiência; por conseguinte conhecimento da razão e conhecimento *a priori* são o mesmo. Querer extorquir necessidade de uma proposição da experiência (*ex pumice aquam*)[25] e querer obter com esta também verdadeira universalidade para um juízo (sem a qual não há raciocínio algum, por conseguinte tampouco conclusão a partir da analogia, a qual é pelo menos uma presumida universalidade e necessidade objetiva e, portanto, sempre pressupõe a esta), é uma franca contradição. Substituir a necessidade objetiva, que só se encontra em juízos *a priori*, pela necessidade subjetiva, isto é, o hábito, significa negar à razão a faculdade de julgar sobre o objeto, isto é, de conhecer a ele e ao que lhe compete e significa, por exemplo, não dizer, acerca daquilo que frequentemente e sempre seguia de um certo estado precedente, que se possa **concluir** deste àquele (pois isto significaria necessidade objetiva e conceito de uma vinculação *a prio-*

25. "Tirar água de pedra-pomes" (querer o impossível). Cf. PLAUTUS, T. M. (c. 251-184 a.C.). *Persa* I 1,41.

ri) mas que só se permite esperar casos semelhantes (de como se passa com os animais), isto é, rejeitar o conceito de causa, no fundo, como falso e [25] como simples pensamento enganoso. Querer remediar esta falta de validade objetiva e de validade universal, dela resultante, mediante o fato de que em verdade não se veja nenhum fundamento para atribuir a outros entes racionais um modo diverso de representação, se isto fornecesse uma conclusão válida, então nossa ignorância contribuiria, mais do que toda a reflexão, para a ampliação de nosso conhecimento. Pois, pelo simples fato de que não conhecemos outros entes racionais além do homem, teríamos direito de admiti-los como constituídos do modo como nos conhecemos, isto é, nós os conheceríamos efetivamente. Não menciono aqui uma única vez que não é a universalidade do assentimento que prova a validade objetiva de um juízo (isto é, a sua validade como conhecimento), mas que, mesmo que aquela casualmente estivesse certa, este ainda não poderia fornecer uma prova da concordância com o objeto; que, muito antes, só a validade objetiva constitui o fundamento de uma concordância universal necessária.

[26] **Hume** também se sentiria muito bem neste sistema do **empirismo universal** em proposições fundamentais <*Grundsätzen*>[26]; pois ele, como se sabe, não exigia

26. Este é um caso visível – nem sempre o é – em que, num mesmo parágrafo, os termos *Grundsatz* e *Prinzip* são tomados como sinônimos. Não obstante, para salvaguardar a índole do texto de Kant em geral e tornar viável em outros casos a própria tradução, os dois termos serão em geral traduzidos por "proposição fundamental" e "princípio", respectivamente. Veja-se, por exemplo, a seguinte passagem: "Esta justificação dos princípios <*Prinzipien*> morais como proposições fundamentais <*Grundsätze*> de uma razão pura..." (*KpV* A 164; cf. também A 57, A 72 e A 82). Na *Crítica da razão pura* encontramos uma diferenciação análoga: "A **propo-**

nada mais do que, em vez de toda a significação objetiva da necessidade no conceito de causa, fosse admitida uma significação meramente subjetiva, a saber, o hábito, para negar à razão todo o juízo sobre Deus, liberdade e imortalidade; e ele soube certamente muito bem, quando se lhe concederam somente os princípios <*Prinzipien*>, inferir daí conclusões com toda a concisão lógica. Mas tão

....

sição fundamental <*Grundsatz*> da unidade sintética da apercepção é o **princípio** <*Prinzip*> supremo de todo o uso do entendimento" (*KrV* B 136, trad. 3. ed. 1987, p. 82). Mais expressiva ainda é a passagem: *Einige wenige **Grundsätze**, welche die Geometer voraussetzen... dienen... nicht als **Prinzipien*** (algumas poucas proposições fundamentais [aqui no sentido de axiomas] pressupostas pelos geômetras... não servem como princípios. (*KrV* B 16, trad. 3. ed. 1987, p. 31). Peter Rohs, em suas considerações teóricas sobre a *KrV*, acentuou o caráter proposicional dos *Grundsätze*: "*Daß gewisse Sätze (die Grundsätze)*... – que certas proposições (as proposições fundamentais)... antes, formulam condições sob as quais unicamente tornam-se possíveis leis de experiência objetivamente válidas" (ROHS, P. *Transzendentale Logik*. Meisenheim: Anton Hain, 1976, p. 214). O termo *Grundsatz* foi introduzido na Filosofia e na linguagem científica por Christian Wolff (*Mathematisches Lexicon*, 1716) como tradução de "axioma" (cf. RITTER, J. [Ed.]. *Historisches Wörterbuch der Philosophie*. Darmstadt: Wissenschaftliche Buchgesellschaft, 1974, v. 3, p. 923). Kant empregou-o nesse sentido em *KpV* A 167, embora no sentido de axioma, segundo ele, o termo diga respeito apenas à parte dos princípios intuitivos, com exclusão dos princípios discursivos. J. G. Schottel, segundo H. Paul, deu-lhe antes (1641) um sentido gramatical de *lex vel regula fundamentalis*. A propósito, Kant utilizou numa mesma frase, na *KpV* A 110, como três expressões diferentes, *Prinzip*, *Grundsatz* e *Grundregel* (regra fundamental). Pela mesma época, segundo J. e W. Grimm, *Grundsatz* passou a ser usado no sentido de princípio prático: "ein man von grundsätzen" (um homem de princípios). Kant entendeu o princípio como *uma espécie* de proposição fundamental, reservando-lhe um sentido preferentemente objetivo: *Maxime heißt ein subjektiver Grundsatz. Ein objektiver heißt Prinzip. Eine Regel, die das Subjekt sich zum Prinzip macht, heißt Maxime* (Máxima significa uma proposição fundamental subjetiva. Uma proposição fundamental objetiva chama-se princípio. Uma regra, que o sujeito estabelece para si como princípio, chama-se máxima. KANT, I. *Logik Dohna-Wundlacken*. Ak v. XXIV.2, 1966, p. 738).

universal nem mesmo **Hume** fez o empirismo, a ponto de incluir nele também a Matemática. Ele considerou as proposições dela analíticas e, na medida em que isso fosse correto, elas de fato seriam também apodícticas, ainda que não possa ser tirada daí nenhuma conclusão – acerca de uma faculdade da razão – de também na Filosofia proferir juízos apodícticos, a saber, juízos que fossem sintéticos (como a proposição da causalidade). Mas, se se admitisse **universalmente** o empirismo dos princípios, então também a Matemática seria incluída nele.

[27] Ora, se esta entra em desacordo com aquela razão que só admite proposições fundamentais empíricas, como é inevitável na antinomia, já que a Matemática prova irrefutavelmente a divisibilidade infinita do espaço, coisa que o empirismo não pode, porém, conceder: então a máxima evidência possível da demonstração está em manifesta contradição com as pretensas conclusões a partir de princípios da experiência, e então se tem que perguntar, como o cego de **Cheselden**[27]: que é que me engana, a vista ou o sentimento? (Pois o empirismo funda-se sobre uma necessidade **sentida**; o racionalismo porém sobre uma necessidade da qual se **tem perspiciência**.) E assim o empirismo universal revela-se como o autêntico **ceticismo**, que falsamente se atribuiu a **Hume** num sentido tão ilimitado[28], uma vez que ele pelo menos deixou, [28] na Ma-

27. CHESELDEN, W., anatomista inglês – citado também por Goethe e autor de *Osteografia* e de *Anatomia do corpo humano* (esta traduzida para o alemão em 1790) –, narrou em *Phil. Transactions*, 1728, XXXV 447 a operação de um cego, de cuja descrição, segundo Natorp, Kant teria tomado conhecimento numa tradução de Abraham Gotthelf Kästner (1719-1800) da obra inglesa de Ótica: SMITH, R. *Vollständiger Lehrbegriff der Optik* (1755).

28. Nomes que designam o adepto de uma seita envolveram em todos os tempos muita rabulice; mais ou menos como se alguém dissesse:

temática, uma segura pedra de toque da experiência, enquanto aquele não permite absolutamente nenhuma pedra de toque da mesma (e que sempre só pode ser encontrada em princípios *a priori*), embora a experiência não conste de simples sentimentos mas também de juízos.

Com efeito, já que nesta época filosófica e crítica dificilmente se pode tomar aquele empirismo a sério, e ele presumivelmente é proposto somente para o exercício da faculdade de julgar e para, mediante contraste, colocar em mais clara luz a necessidade de princípios racionais *a priori*: assim se pode sempre ser grato àqueles que queiram empenhar-se por este trabalho, que afora isso não é propriamente instrutivo.

....

N. é um idealista. Pois, embora ele não apenas admita enfaticamente mas insista que a nossas representações de coisas externas correspondam objetos efetivos de coisas externas, ele contudo quer que a forma da intuição das mesmas não seja inerente a elas mas somente ao ânimo humano. (K)

[29] *Introdução*

Da ideia de uma crítica da razão prática

O uso teórico da razão ocupava-se com objetos da simples faculdade de conhecer, e uma crítica da mesma com vistas a este uso concernia propriamente só à faculdade de conhecer **pura**, porque esta provocava a suspeita, que depois também se confirmava, de que ela facilmente se perde, acima de seus limites, entre objetos inalcançáveis ou entre conceitos reciprocamente discordantes. Com o uso prático da razão já se passa diferentemente. Neste a razão ocupa-se com fundamentos determinantes da vontade, a qual é uma faculdade ou de produzir objetos correspondentes às representações, ou de então determinar a si própria para a efetuação dos mesmos (quer a faculdade física seja suficiente [30] ou não), isto é, de determinar a sua causalidade. Pois neste caso a razão pode pelo menos bastar para a determinação da vontade e, na medida em que se trata somente do querer, possui sempre realidade objetiva. Aqui, portanto, a primeira questão é se a razão pura basta por si só para a determinação da vontade ou se somente enquanto razão empiricamente condicionada ela pode ser um fundamento determinante da mesma[29]. Ora, aqui se

29. No exemplar original de Erlangen consta a correção de Vogel: *desselben* (do mesmo), que neste caso remete ao termo masculino *Wille* (vontade). A edição da Academia manteve a forma original *derselben* (da

apresenta um conceito de causalidade, a saber, de **liberdade**, justificado pela *Crítica da razão pura*, embora incapaz de uma exibição empírica; e se doravante pudermos encontrar razões para provar que esta propriedade de fato convém à vontade humana (e assim também à vontade de todos os entes racionais), então é com isso provado não apenas que a razão pura pode ser prática, mas que unicamente ela e não a razão limitada empiricamente é incondicionalmente prática. Consequentemente teremos que elaborar não uma crítica da razão **prática pura**, mas somente da razão **prática** em geral. Pois a razão pura, se antes de mais nada tiver sido provado que uma tal razão existe, não precisa de nenhuma crítica. É ela própria que contém a norma para a crítica de todo o seu uso. Portanto **[31]** a *Crítica da razão prática* em geral tem a obrigação de deter a presunção da razão empiricamente condicionada de querer, ela só e exclusivamente, fornecer o fundamento determinante da vontade. O uso da razão pura, se se concluir que uma tal razão existe, é unicamente imanente; o uso empiricamente condicionado, que se arroga ao domínio absoluto, é, ao contrário, transcendente e manifesta-se em pretensões e mandamentos que excedem totalmente seu domínio, que consiste precisamente na relação inversa do que podia ter sido dito sobre a razão pura no uso especulativo.

Todavia, visto que se trata sempre ainda da razão pura, cujo conhecimento se encontra aqui à base do uso prá-

mesma), que neste caso como em Kant remete ao termo feminino *Vernunft* (razão). Por uma sucessão de equívocos, Kellermann (1914) atribuiu a autoria da correção a Vorländer (1906), que por sua vez a atribuiu a Hartenstein (1838, 1867), onde contudo em ambas as edições não consta correção alguma mas a versão original de Kant: *derselben*. Em português, pelo fato de "vontade" e "razão" serem ambos femininos, a explicitação daquela diferenciação vai depender de interpretação filosófica. Cf. também as notas A 12 e A 142.

tico, a divisão de uma *Crítica da razão prática* terá de ser disposta, segundo o plano geral, conformemente à crítica da razão especulativa. Teremos de contar, pois, com uma **doutrina dos elementos**[30] e uma **doutrina do método** da mesma, e naquela, como primeira parte, com uma **analítica** enquanto regra da verdade, e uma **dialética** enquanto apresentação e resolução da ilusão em juízos da razão prática. Só que a ordem na subdivisão [32] da Analítica será, por sua vez, a inversa da que se encontra na crítica da razão especulativa pura. Pois na presente, partindo de **proposições fundamentais**, passaremos a **conceitos** e apenas destes, se possível, aos sentidos; quando, ao contrário, na razão especulativa começávamos dos sentidos e tínhamos que terminar nas proposições fundamentais. A razão disso se encontra, por sua vez, no fato de que agora tratamos de uma vontade e temos de considerar a razão não em relação com objetos, mas com esta vontade e sua causalidade, já que as proposições fundamentais da causalidade não condicionada empiricamente têm que constituir o ponto de partida, segundo o qual pode ser feita a tentativa de pela primeira vez estabelecer nossos conceitos do fundamento determinante de uma tal vontade, de sua[31] aplicação a objetos e por fim ao sujeito e sua sensibilidade. A lei da causalidade a partir da liberdade, isto é, qualquer proposição fundamental prática pura, constitui aqui inevitavelmente o começo e determina os objetos aos quais esta proposição unicamente pode ser referida.

30. No original: *Elementarlehre*, literalmente "doutrina elementar", mas que Kant entendeu como uma investigação de elementos (das regras de verdade e da ilusão em juízos da razão prática pura). Mais adiante Kant expressar-se-á em termos de *praktische Elementarbegriffe* (conceitos elementares práticos; cf. *KpV* A 116).

31. Kant: *ihrer* (de sua), Adickes Vorländer: *ihre* (sua). Natorp: *und ihre* (e sua).

[33] # Primeira Parte

Doutrina dos elementos da razão prática pura

[35] ***Primeiro Livro***

Analítica da razão prática pura

Primeiro Capítulo

Das proposições fundamentais da razão prática pura

∫ 1. Definição

Proposições fundamentais práticas são proposições que contêm uma determinação universal[32] da vontade, <deter-

....

32. A opção de traduzir *allgemein* por "universal" e não por "geral", como o fez a maioria das traduções, com exceção da latina de F. G. Born, leva em conta a distinção estabelecida por Kant entre o "geral" em sentido "comparativo", relativo e empírico, próprio do conhecimento *a posteriori*, e o "universal" em sentido estrito ou *a priori*, próprio do conhecimento de princípios ou leis (cf. *KpV* A 63). Mas a pretensão de estender este sentido de universalidade às máximas pode parecer problemática. Todavia, se a máxima consiste num princípio de ações e se o procedimento segundo princípios é racional, toda razão implica algum tipo de universalidade e a questão torna-se: que tipo de universalidade envolve a máxima como um princípio prático? A máxima kantiana não se enquadra nem numa generalidade obtida indutivamente, nem numa universalidade quantitativa da lei prática (cf., desde este ponto de vista, *Grundlegung* BA 58 e *KpV* A 35 e A 63), extensiva à vontade de todos os entes racionais. Enquanto princípio subjetivo, ela tampouco se identifica com a universalidade subjetiva *a priori*

minação> que tem sob si[33] diversas regras práticas. Essas proposições são subjetivas ou **máximas**, se a condição for considerada pelo sujeito como válida somente para a vontade dele; mas elas são objetivas ou **leis** práticas, se a condição for conhecida como objetiva, isto é, como válida para a vontade de todo ente racional.

....

dos juízos estéticos, extensiva intersubjetivamente a toda a esfera dos que julgam (cf. *KU* B 24 e B 157, trad. bras. pp. 59 e 140, respectivamente, e ainda *KpV* A 211). Nem por isso a subjetividade da máxima, enquanto princípio de agir de um indivíduo, tem o sentido de uma limitação contingente, própria do "propósito" (*Vorsatz*), e sim o sentido de *pôr para si* uma regra, adotando-a como sua, o que significa adoção de um princípio (cf. em A 26 a nota sobre *Grundsatz*). Uma argumentação ainda mais forte na mesma direção partiria da liberdade de arbítrio, conforme a *Religion* BA 105. A Reflexão 5237, que distingue regra, lei e máxima, confirma esta interpretação: "A *regra* concerne somente ao modo como aquilo que se quer deve acontecer; a *lei* contém o imperativo do que deve acontecer (do fim); a máxima é a lei subjetiva, isto é, aquilo que a gente propôs universalmente a si mesmo de fazer (*die Maxime ist das subjective Gesetz, d.i. das, was man sich selbst allgemein zu thun vorgesetzt hat.*" Ak v. XVIII, pp. 127-8). A *Allgemeinheit* da máxima concerne então a uma vontade que quer agir sempre, não apenas hoje, de uma determinada maneira, direcionando sua vida como um todo e definindo o tipo de homem que quer ser. Como uma autodeterminação ainda não necessariamente moral, a partir de uma experiência de mundo, a máxima adquire a universalidade de uma regra que se escolhe para toda a vida, embora com a possibilidade de revogá-la ou infringi-la. A vontade, no caso da máxima, é racional porque a universalidade, pela qual ela se determina e projeta uma forma de vida, é uma totalidade. Sobre essa concepção da máxima cf. sobretudo BITTNER, R. Maximen. In: FUNKE, G. (Ed.). *Akten des 4. Internationalen Kant-Kongresses: Kant-Studien,* Sonderheft II, 2, pp. 485-98, 1974.

33. Kant: *eine allgemeine Bestimmung..., die* (uma determinação universal..., que). As traduções não logram deixar clara a referência a *Bestimmung* (determinação), evidente em alemão, do pronome relativo feminino *die* (que), que se segue a *Wille* (vontade), o qual em alemão é masculino. A expressão *unter sich haben* (ter sob si) significa, segundo o dicionário Wahrig, "ser responsável por". Enfim, para ser exato, é a determinação e não a vontade que é responsável por diversas regras práticas.

Anotação[34]

Se se admite que a razão **pura** possa conter um fundamento praticamente suficiente para a determinação [36] da vontade[35], então existem leis práticas; do contrário todas as proposições fundamentais práticas tornam-se simples máximas. Numa vontade de um ente racional, patologicamente afetada, pode encontrar-se um conflito das máximas com as leis práticas conhecidas por ele próprio. Por exemplo, alguém pode tomar por máxima não tolerar impunemente nenhum insulto, e ao mesmo tempo ter a perspiciência de que isso não constitui nenhuma lei prática mas somente sua máxima, e que, contrariamente, enquanto regra para a vontade de todo ente racional, não pode concordar consigo própria em uma e mesma máxima. No conhecimento natural os princípios do que acontece (por exemplo, o princípio da igualdade de ação e reação na comunicação do movimento) são ao mesmo tempo leis da natureza; pois o uso da razão é aí teórico e determinado pela natureza do objeto. No

34. A tradução segue aqui a diferenciação de J. e W. Grimm, para os quais *anmerken, annotare* significa *notam apponere*, isto é, apor notas a um texto prévio, enquanto *bemerken* não pressupõe nenhum texto. Todavia *anmerken* também pode ser usado neste segundo sentido. H. Paul chamou a atenção de que especialmente nos séculos XVII e XVIII *Anmerkung* era utilizada no sentido de *Bemerkung, observatio.* As traduções costumam adotar, para *Anmerkung*, "escólio". Curiosamente, porém, Kant na *Lógica*, ao tratar dos escólios (*Scholien*), acrescentou-lhes a título de comentário uma *Anmerkung* (cf. *Logik Jäsche* A 176 Ak 112). O tradutor agradece a Marcos Lutz Müller a advertência sobre a tradução de *Anmerkung*.

35. O texto original é mais sutil: *Wenn man annimmt, daß reine Vernunft einen praktisch, d. i. zur Willensbestimmung hinreichenden Grund in sich enthalten könne.* Um fundamento "prático" liga-se à determinação da vontade, mas, apresentado de um modo adverbial, liga-se a "suficiente": "praticamente-suficiente", enquanto uma determinação da razão pura. Cf. adiante a repetição dessa forma de expressão: *Diese Idee praktisch-, d. i. für die Maxime unseres vernünftigen Verhaltens, hinreichend zu bestimmen...* (*KpV* A 194).

conhecimento prático, isto é, naquele que tem a ver simplesmente com fundamentos determinantes da vontade, as proposições fundamentais que formamos não são ainda leis, às quais inevitavelmente nos submetemos, porque no que é prático a razão tem a ver com o sujeito, ou seja, com a faculdade de apetição, com cuja natureza particular a regra pode conformar-se de múltiplos modos. – A regra prática é sempre um produto da razão, porque ela prescreve como visada a ação enquanto meio para um efeito. Mas para um ente, cuja razão não é total e exclusivamente o fundamento determinante da vontade, essa regra constitui um **imperativo**, isto é, uma regra que é caracterizada por um dever-ser, o qual expressa a necessitação objetiva da[36] ação e significa que, se a razão determinasse totalmente a vontade, a ação ocorreria inevitavelmente segundo essa regra. Portanto os imperativos valem objetivamente [37] e diferem totalmente das máximas, enquanto proposições fundamentais subjetivas. Mas aqueles ou determinam as condições da causalidade do ente racional, enquanto causa operante, simplesmente com vistas ao efeito e ao que é suficiente para o mesmo, ou determinam somente a vontade, quer ela seja suficiente ou não para o efeito. Os primeiros seriam imperativos hipotéticos e conteriam simples preceitos de habilidade; os segundos, ao contrário, seriam imperativos categóricos e, unicamente eles, leis práticas. Portanto máximas, em verdade, são **proposições fundamentais** mas não **imperativos**. Os imperativos mesmos, se são condicionados – isto é, não determinam a vontade simplesmente enquanto vontade mas somente com vistas a um efeito apetecido, isto é, são imperativos hipotéticos –, em verdade são **preceitos** práticos mas não **leis**. As últimas têm que determinar a vontade enquanto vontade, ainda antes que eu pergunte se realmente tenho a faculdade requerida para um efeito apetecido ou que coisa me importa fazer para

36. Adickes propõe *zur* (à). Mais adiante encontraremos expressa justamente esta variante: *Nötigung... zu einer Handlung* (necessitação a uma ação. Cf. *KpV* A 57).

produzi-lo; por conseguinte elas têm de ser categóricas, do contrário não são leis; porque lhes falta a necessidade que, se deve ser prática, tem que ser independente de condições patológicas, por conseguinte, de condições contingentemente aderentes à vontade. Se, por exemplo, dizeis a alguém que ele tem de trabalhar e economizar na juventude para não sofrer privações na velhice, então este é um preceito prático correto, e ao mesmo tempo importante, da vontade. Mas se vê facilmente que aqui a vontade é remetida a algo **diverso**, do qual se pressupõe que ela o apeteça, e esta apetição tem que ser deixada aos cuidados do próprio agente, quer ele preveja ainda outros recursos além dos bens adquiridos por ele mesmo, quer ele não espere tornar-se velho, quer ele pense de algum dia, em caso de necessidade, mal poder socorrer-se. A razão, da qual unicamente [38] pode surgir toda a regra que deva conter necessidade, em verdade põe necessidade também neste seu preceito (pois sem isso ele não seria nenhum imperativo), mas esta é uma necessidade apenas subjetivamente condicionada e não se pode pressupô-la em todos os sujeitos no mesmo grau. Mas para a sua legislação requer-se que ela necessite pressupor-se simplesmente **a si mesma**, porque a regra só é objetiva e universalmente válida se vale independentemente de condições subjetivas e contingentes, que distinguem um ente racional de outro. Ora, se dizeis a alguém que ele jamais deve prometer algo enganosamente, então esta é uma regra que concerne meramente à sua vontade; os objetivos que o homem possa ter podem tanto ser alcançados por ele ou não; o simples querer é que deve ser determinado de modo completamente *a priori* por aquela regra. Agora, se se considera que esta regra seja praticamente correta, então ela é uma lei, porque ela é um imperativo categórico. Portanto leis práticas referem-se unicamente à vontade, sem consideração do que é realizado através da causalidade da mesma, e pode-se abstrair desta última (enquanto pertencente ao mundo sensorial) para as ter como puras.

∫ 2. *Teorema*[37] *I*

Todos os princípios práticos, que pressupõem um **objeto** (matéria) da faculdade de apetição como fundamento determinante da vontade, são no seu conjunto empíricos e não podem fornecer nenhuma lei prática.

Entendo por matéria da faculdade de apetição um objeto, cuja efetividade é apetecida. Ora, se o apetite por esse objeto [39] antecede a regra prática e é a condição para[38] fazer dela um princípio próprio, neste caso digo (**em primeiro lugar**): este princípio é então sempre empírico. Pois o fundamento determinante do arbítrio é neste caso a representação de um objeto, e é aquela relação dessa representação com o sujeito pela qual a faculdade de apetição é determinada à efetivação do mesmo. Mas uma tal relação com o sujeito chama-se **prazer** na efetividade de um objeto. Portanto este prazer teria que ser pressuposto como condição da possibilidade da determinação do arbítrio. Mas não se pode conhecer *a priori* de

37. O termo *Lehrsatz* foi introduzido na Filosofia por WOLFF, C. *Mathematisches Lexicon*, 1716, como tradução alemã de "teorema" (cf. RITTER (Ed.). *Historisches Wörterbuch der Philosophie*, 1980, v. 5, p. 174). Significou também tese, embora em Kant o teorema, como um dos elementos principais de um sistema (*Logik Politz*. Ak v. XXIV. 2, 1966, p. 582), inclua tese e demonstração (cf. tb. *Logik Jäsche*. A 176 Ak 112). Devido às sucessivas menções, nestas notas, das contribuições terminológicas de Christian Wolff, convém acrescentar que ele, como seguidor de Christian Thomasius (1655-1728), decidiu lecionar e escrever parte de suas obras em alemão, em vez do latim então em voga, tornando-se com isso o fundador da terminologia filosófica alemã (cf. METZLER, J. B. *Metzler-Philosophen-Lexikon*. Stuttgart: Metzler, 1989, p. 824).

38. *zu* (para) é acréscimo de Grillo, introduzido também por Vogel no exemplar de Erlangen e igualmente adotado por Hartenstein, Rosenkranz e demais edições.

nenhuma representação de qualquer objeto, seja ela qual for, se ela se vinculará ao **prazer** ou **desprazer** ou se será **indiferente** a ele. Portanto em tal caso o fundamento determinante do arbítrio, e por conseguinte também o princípio material prático que o pressupunha como condição, tem que ser sempre empírico.

Ora, visto que (**em segundo lugar**) um princípio que se funda somente sobre a condição subjetiva da receptividade de um prazer ou desprazer (que sempre só pode ser conhecido empiricamente e não pode ser válido igualmente para todos os entes racionais) em verdade pode servir, para o sujeito que possui essa condição, como sua[39] **máxima**, mas não servir a esta mesma como **lei** (porque lhe falta necessidade [40] objetiva, que tem de ser conhecida *a priori*), um tal princípio jamais pode fornecer uma lei prática.

§ 3. Teorema II

Todos os princípios práticos materiais são, enquanto tais, no seu conjunto de uma e mesma espécie e incluem-se no princípio geral do amor de si ou da felicidade própria.

O prazer decorrente da representação da existência de uma coisa, na medida em que deve ser um fundamento determinante do apetite por essa coisa, funda-se sobre a **receptividade** do sujeito, porque ele **depende** da existência de um objeto; por conseguinte ele pertence ao sentido (sentimento) e não ao entendimento, que expressa uma referência da representação **a um objeto** segundo concei-

39. Natorp, em concordância com Grillo, pondera a substituição de *ihrer-diese* por *seiner-dieses*, referindo-se neste caso explicitamente a "sujeito".

tos, mas não ao sujeito segundo sentimentos. Portanto ele é prático somente na medida em que a sensação de agrado que o sujeito espera da efetividade do objeto determina a faculdade de apetição. Ora, a consciência que um ente racional tem do agrado da vida e que acompanha ininterruptamente toda a sua existência é, porém, a **felicidade**; e o princípio de tornar esta o fundamento determinante supremo do arbítrio é o princípio do amor de si. Logo todos os princípios materiais, que põem o fundamento determinante [41] do arbítrio no prazer ou desprazer a ser sensorialmente sentido a partir da efetividade de qualquer objeto, são totalmente da **mesma espécie**, na medida em que pertencem no seu conjunto ao princípio do amor de si ou da felicidade própria.

Corolário

Todas as regras práticas **materiais** põem o fundamento determinante da vontade na **faculdade de apetição inferior** e, se não houvesse nenhuma lei **meramente formal** da vontade, que a determinasse suficientemente, não poderia tampouco ser admitida **uma faculdade de apetição superior**.

Anotação I

Temos de surpreender-nos de como homens, afora isso perspicazes, possam crer encontrar uma diferença entre a **faculdade de apetição inferior** e a **faculdade de apetição superior** com base na origem que as **representações**, vinculadas ao sentimento de prazer, tenham nos **sentidos** ou no **entendimento**. Pois, se nos perguntamos pelos fundamentos determinantes da apetição e os colocamos em um esperado agrado de algo qualquer, não nos interessa de onde a **representação** desse objeto deleitante provém mas somente de quanto ela **deleita**. Se uma representação, mesmo tendo sua sede e origem no entendimento, só pode determinar o arbítrio pelo fato de pressupor um sentimento de prazer no sujeito, então o fato de ela ser um fundamento determinante do arbítrio é totalmente dependente da natureza do sentido interno, ou seja, de que este pode ser afetado por ela com agrado. Além disso, [42] quer as representações dos objetos sejam heterogêneas, quer elas sejam representações do entendimento e mesmo da razão em oposição às representações dos sentidos, apesar disso o sentimento de prazer, pelo qual única e propriamente aquelas constituem o fundamento determinante da vontade (o agrado, o deleite que disso se espera e impele à atividade para a produção do objeto), não somente é da mesma espécie, na medida em que sempre só pode ser conhecido empiricamente, mas também na medida em que ele[40] afeta uma e idêntica força vital que se exterioriza na faculdade de apetição, e sob este aspecto não pode ser diferente, senão em grau, de outro fundamento determinante. Do contrário, como se poderia fazer uma comparação de **magnitude** entre dois fundamentos determinantes totalmente diversos quanto ao modo de representação, para preferir aquele que mais afeta a faculdade de apetição? Um mesmo homem pode restituir, sem ter lido, um livro instrutivo que só uma vez lhe cai às mãos, para não perder a caçada, ir embora em meio a um belo discurso para não chegar tarde demais à refeição, abandonar uma conversação racional, que ele afora isso aprecia muito, para sentar-se à mesa de jogo, e até despedir um pobre, em cuja ajuda ele afora isso sente prazer, porque justamente agora não tem no bolso mais dinheiro do que precisa para pagar

40. Na 1ª, 4ª-6ª edições constou *er* ("ele", pronome pessoal masculino singular), na 2ª edição *es* (forma neutra do pronome), concordando então com *Gefühl* (sentimento); adotado também por Hartenstein e Ak.

o ingresso para o teatro. Se a determinação da vontade depende do sentimento de agrado ou desagrado que ele por algum motivo espera, então lhe é inteiramente indiferente através de que modo de representação é afetado. Para decidir-se pela escolha só lhe importa quão forte, quão duradouro, quão facilmente adquirido e quão frequentemente repetido seja esse agrado. Do mesmo modo como [43] àquele que necessita ouro para pôr em circulação é totalmente indiferente se a sua matéria, o ouro, foi escavada da montanha ou se surgiu da areia, contanto que por toda parte seja aceita pelo mesmo valor, assim nenhum homem pergunta, quando apenas o agrado da vida o interessa, se se trata de representações do entendimento ou do sentido mas somente **quanto e quão grande deleite** elas pelo máximo de tempo lhe proporcionam. Somente aqueles que querem contestar à razão a faculdade de determinar a vontade sem pressuposição de nenhum sentimento podem desviar-se do rumo de sua própria definição, declarando como inteiramente indiferente aquilo que eles mesmos antes reduziram a um e mesmo princípio. Assim se considera, por exemplo, que também no simples **exercício de força física**, na consciência da sua fortaleza de alma para a superação dos obstáculos que se contrapõem a nosso propósito, na cultura dos talentos do espírito, etc. possa encontrar-se deleite, e nós com direito chamamos isto de satisfações e regozijos mais **finos**, porque estão mais em nosso poder que outros, não se desgastam, antes, fortalecem o sentimento para um gozo ainda maior dos mesmos e, enquanto regozijam, ao mesmo tempo cultivam. Todavia fazê-los passar por um modo diverso de determinação da vontade do que simplesmente pelo sentido, pelo fato de pressuporem, para a possibilidade daqueles deleites, um sentimento estabelecido em nós para isso como condição primeira dessa complacência, é exatamente como se ignorantes que gostam de meter-se na Metafísica pensassem a matéria tão finamente, tão requintadamente, que eles mesmos gostariam de sentir vertigens sobre ela, e então cressem ter desse modo inventado um ente

espiritual e, contudo, extenso. Se com **Epicuro**, para determinar a vontade, expomo-nos na virtude [44] ao simples deleite que ela promete, não podemos depois censurá-lo pelo fato de considerar este deleite totalmente homogêneo aos mais rudes sentidos: pois não se tem absolutamente razão para imputar-lhe que tivesse atribuído as representações, pelas quais este sentimento seria suscitado em nós, meramente aos sentidos corporais. Ele, tanto quanto se pode supor, procurou a fonte de muitas dessas representações igualmente no uso da faculdade de conhecer superior; mas isto não o impediu e tampouco podia impedi-lo de, segundo o mencionado princípio, considerar como totalmente homogêneo o próprio deleite, que aquelas representações porventura intelectuais nos outorgam, e mediante o qual elas unicamente podem ser fundamentos determinantes da vontade. Ser **consequente** é a maior obrigação de um filósofo e é, contudo, o que mais raramente se encontra. As antigas escolas gregas dão-nos disso mais exemplos do que encontramos em nossa época **sincretista**, em que é forjado um certo **sistema de coligação** de proposições fundamentais contraditórias, repleto de improbidade e superficialidade, porque ele se recomenda melhor a um público que se contenta em saber de tudo um pouco e em suma nada, e ser com isso apto em tudo. O princípio da felicidade própria, por mais entendimento e razão que se possa usar nele, não compreenderia mesmo assim nenhum outro fundamento determinante da vontade além dos que convêm à faculdade de apetição **inferior** e, portanto, ou não existe nenhuma faculdade de apetição <superior>[41], ou a **razão pura** tem que ser por si só prática, isto é, tem que poder determinar a vontade pela simples forma da regra prática, sem pressuposição de nenhum sentimento, por conseguinte sem representações do agradável ou desagradável enquanto matéria da facul-

41. Kant, na 1ª edição: *kein Begehrungsvermögen*. No seu *Handexemplar* consta a intercalação manuscrita *oberes* (superior), ficando: "nenhuma faculdade de apetição superior".

dade de apetição, que sempre é uma [45] condição empírica dos princípios. Só então a razão, na medida em que determina por si mesma a vontade (não está a serviço das inclinações), é uma verdadeira faculdade de apetição **superior**, à qual a faculdade de apetição, determinável patologicamente, está subordinada, e é efetivamente, até **especificamente** distinta desta, a ponto de a mínima mescla dos impulsos da última prejudicar-lhe a força e excelência, do mesmo modo como o mínimo de empírico, como condição em uma demonstração matemática, reduz e aniquila sua dignidade e importância. A razão em uma lei prática determina imediatamente a vontade, não mediante um sentimento de prazer e desprazer imiscuído nela ou mesmo nessa lei, e somente o fato de ela como razão pura poder ser prática possibilita-lhe ser legislativa.

Anotação II

Ser feliz é necessariamente a aspiração de todo ente racional, porém finito e, portanto, um inevitável fundamento determinante de sua faculdade de apetição. Pois o contentamento com toda a sua existência não é obra de uma posse originária e uma bem-aventurança, que pressuporia uma consciência de sua autossuficiência independente, mas um problema imposto a ele por sua própria natureza finita, porque ele é carente e esta carência concerne à matéria de sua faculdade de apetição, isto é, a algo referente a um sentimento de prazer e desprazer que jaz subjetivamente à sua base, mediante o qual é determinado aquilo que ele necessita para o contentamento com o seu estado. Mas, justamente porque esse fundamento determinante material pode ser conhecido pelo sujeito apenas de modo empírico, é impossível considerar essa tarefa uma lei, porque esta enquanto objetiva teria de conter, em todos os casos e para [46] todos os entes racionais, **exatamente o mesmo fundamento determinante** da vontade. Pois, embora o conceito de felicidade se encontre **por toda a parte** como fundamento da relação prática dos **objetos** com a faculdade de apetição, ele contudo é somente o título geral dos fundamentos determinantes subjetivos e não determina nada especificamente, e é disto que todavia e unicamente se trata nesta questão prática e sem cuja determinação ela não pode absolutamente ser resolvida. Ou seja, aquilo em que cada um costuma colocar sua felicidade tem a ver com o seu sentimento particular de prazer e desprazer e, até num e mesmo sujeito, com a carência diversa de mudanças desse sentimento; e portanto uma lei **subjetivamente necessária** (enquanto lei natural) é **objetivamente** um princípio prático muito **contingente**, que em sujeitos diversos pode e tem que variar muito, por conseguinte jamais pode fornecer uma lei, porque o apetite de felicidade não tem a ver com a forma da conformidade à lei, mas unicamente com a matéria, ou seja, se e com quanto deleite posso contar na observância da lei. Princípios do amor de si na verdade podem conter regras gerais de habilidade (de encontrar meios para objetivos), mas em tal caso são meros princípios teóricos[42] (por exemplo, de como [47] aquele que gosta de comer pão tem que inventar um moinho). Mas preceitos práticos que se fundam sobre eles não podem ser nunca universais, pois o fundamento determinante da faculdade de apetição funda-se sobre o sentimento de prazer e desprazer, que jamais pode ser admitido como dirigido universalmente aos mesmos objetos.

Mas, posto que entes racionais finitos pensassem geralmente de modo uniforme também sobre o que tivessem de admitir como objetos de seus sentimentos de deleite e dor e mesmo so-

42. Proposições que na Matemática ou na Ciência Natural são denominadas **práticas** deveriam propriamente chamar-se **técnicas**. Pois essas ciências não têm nada a ver com a determinação da vontade; elas indicam somente o múltiplo da ação possível, o qual basta para produzir um determinado efeito, e são, portanto, tão teóricas como todas as proposições que afirmam a conexão de uma causa com um efeito. Ora, se alguém deseja o último, também tem que admitir a primeira. (K)

bre os meios de que têm de servir-se para alcançar os primeiros e impedir os demais, ainda assim eles não poderiam de modo algum fazer o **princípio do amor de si** passar por **uma lei prática**; pois essa unanimidade seria ela mesma, apesar disso, somente contingente. O fundamento determinante continuaria valendo só subjetivamente e sendo simplesmente empírico, e não teria aquela necessidade que é pensada em cada lei, ou seja, a necessidade objetiva a partir de fundamentos *a priori*; pois de modo algum se teria de considerar essa necessidade como prática, mas meramente como física, a saber, que a ação seria coagida tão inevitavelmente por nossa inclinação como o bocejo ao vermos outros bocejar. Poder-se-ia, antes, afirmar que não existe absolutamente lei prática alguma mas só **recomendações** com vistas a nossos apetites, do que <afirmar que> princípios meramente subjetivos se elevassem à categoria de leis práticas, que possuem perfeitamente necessidade objetiva e não meramente subjetiva, e que têm de ser conhecidas *a priori* pela razão e não pela experiência (por mais empiricamente geral que esta também possa ser). Mesmo as regras de fenômenos concordantes somente são denominadas leis naturais (por exemplo, as mecânicas) se as conhecemos efetivamente *a priori*, ou [48] se admitimos (como nas leis químicas) que elas seriam conhecidas *a priori* a partir de fundamentos objetivos, caso a nossa perspiciência avançasse mais profundamente. Todavia, no caso de princípios práticos meramente subjetivos, é tomado expressamente como condição que em sua base tenham de encontrar-se, não condições objetivas, mas condições subjetivas do arbítrio; por conseguinte, que só podem ser representadas sempre como simples máximas, jamais porém como leis práticas. Esta última Anotação parece ser à primeira vista um simples verbalismo; <ela é>[43], contudo, a determinação verbal da mais importante diferença que pode ser considerada em investigações práticas.

43. "Ela é" (*sie ist*) faltou e foi acrescido por Kant em seu *Handexemplar*.

§ 4. *Teorema III*

Se um ente racional deve representar suas máximas como leis universais práticas, então ele somente pode representá-las como princípios que contêm o fundamento determinante da vontade não segundo a matéria, mas simplesmente segundo a forma.

A matéria de um princípio prático é o objeto da vontade. Este objeto ou é o fundamento determinante da vontade, ou não o é. Se ele é o fundamento determinante da mesma, então a regra da vontade estaria submetida a uma condição empírica (à relação da representação determinante com o sentimento de prazer e desprazer), consequentemente não seria nenhuma lei prática. Ora, se se separa de uma lei toda a matéria, isto é, todo objeto da vontade (enquanto fundamento determinante), dela não resta [49] senão a simples **forma** de uma legislação universal. Logo, um ente racional ou não pode absolutamente representar **seus** princípios prático-subjetivos, isto é, suas máximas, ao mesmo tempo como leis universais, ou tem de admitir que a simples forma dos mesmos, segundo a qual eles **convêm à legislação universal**, torna-os por si só uma lei prática.

Anotação

Sem instrução o entendimento comum não pode distinguir qual forma na máxima presta-se, e qual não, a uma legislação universal. Por exemplo, adotei como máxima aumentar a minha fortuna através de todos os meios seguros. Agora se encontra em minhas mãos um depósito, cujo proprietário faleceu e não deixou nenhuma manifestação escrita a respeito. Naturalmente este é o caso de minha máxima. Quero saber agora somente se aquela máxima pode valer também como lei prática universal. Aplico-a, pois, ao caso presente e pergunto se ela poderia admitir a forma de uma lei, por conseguinte, se eu mediante minha máxima poderia fornecer ao mesmo tempo uma tal lei: que seja permitido a qualquer um negar um depósito, cujo assentamento ninguém pode provar-lhe. Dou-me conta imediatamente de que um tal princípio enquanto lei destruir-se-ia a si mesmo, porque faria com que não existisse absolutamente depósito algum. Uma lei prática, que eu reconheça como tal, tem que qualificar-se a uma legislação universal; esta é uma proposição idêntica e, pois, por si clara. Ora, se digo: minha vontade está sob uma lei prática, então não posso apresentar minha inclinação (por exemplo, no presente caso, minha cobiça) como o fundamento determinante de minha vontade apto a uma [50] lei prática universal; pois essa inclinação, completamente equivocada no sentido de que devesse prestar-se a uma legislação universal, tem que, muito antes, sob a forma de uma legislação universal, destruir-se a si mesma.

Por isso é estranho – uma vez que o apetite à felicidade é geral e que, por conseguinte, geral é também a **máxima** pela qual cada um põe a felicidade como fundamento determinante de sua vontade – que tenha podido ocorrer a homens sensatos fazer isso[44] passar por uma **lei prática** universal. Pois, visto que, contrariamente, uma lei natural universal torna tudo unânime, neste caso, se se quisesse dar à máxima a universalidade de uma lei, seguir-se-ia aqui o extremo reverso da unanimidade, o pior conflito e o inteiro aniquilamento da própria máxima e de seu objetivo. Pois a vontade de todos não tem então um e mesmo objeto, mas cada um tem o seu (seu bem-estar próprio), que em verdade pode até casualmente compatibilizar-se com os objetivos de outros, que eles igualmente reportam a si mesmos, mas a longo prazo não é suficiente para uma

44. Kant: *es* (neutro), Adickes, considerando *es* (isso) incompreensível, propõe *sie* (ela), então referindo-se a "máxima".

lei, porque as exceções que eventualmente se é facultado a fazer são intermináveis e não podem absolutamente ser abrangidas de modo determinado em uma regra geral. Desse modo descobre-se uma harmonia que é semelhante àquela, que uma certa sátira retrata, da concórdia de almas de dois cônjuges prestes a arruinar-se: **Ó prodigiosa harmonia, o que ele quer, também ela o quer** etc., ou o que é narrado acerca do comprometimento do rei **Francisco I** com o imperador **Carlos V**: o que meu irmão Carlos quer ter (Milão), também eu quero tê-lo. Fundamentos determinantes empíricos não se prestam a nenhuma legislação externa universal, tampouco à interna; pois cada um[45] funda [51] a inclinação sobre seu[46] sujeito, mas um outro indivíduo funda-a sobre outro sujeito e, em cada sujeito mesmo, ora uma inclinação, ora outra tem a influência preponderante. Encontrar uma lei que sob essas condições as regesse globalmente, a saber, com uma unanimidade de todas as partes, é simplesmente impossível.

§ 5. Problema[47] I

Na suposição de que unicamente a simples forma legislativa das máximas seja o fundamento determinante su-

45. Kant: *jeder*, Hartenstein *Jener* (aquele).

46. Nas edições 4.ª a 6.ª constou *ein* (um).

47. Kant: *Aufgabe*. A tendência seria de traduzir esse termo por "tarefa", não fosse o fato de a partir de WOLFF, C. *Mathematisches Lexicon*, 1716, ter-se tornado corrente o seu uso no sentido de "problema" a ser resolvido teoricamente. Assim Kant, p. ex., nos *Progressos da Metafísica*, pôs como título de seção: *Auflösung der akademischen **Aufgabe***...: Resolução do **problema** acadêmico (cf. *Fortschritte* A 109, negrito do tradutor). Em *À paz perpétua* encontram-se explícitas, num sentido prático, as expressões alemãs e latinas *Kunstaufgabe* (*problema technicum*) e *sittliche Aufgabe* (*problema morale*) (cf. EF B 88). Mas diversamente se lê, p. ex., a expressão *eine Aufgabe zu befolgen* como "executar uma tarefa" (cf. *KpV* A 14n.).

ficiente de uma vontade: encontrar a natureza daquela vontade que somente é determinável através dela.

Já que a simples forma da lei pode ser representada exclusivamente pela razão e, por conseguinte, não é nenhum objeto dos sentidos, consequentemente tampouco faz parte dos fenômenos, assim a representação dessa forma como fundamento determinante da vontade é diversa de todos os fundamentos determinantes dos eventos na natureza segundo a lei da causalidade, porque nestes os próprios fundamentos determinantes têm que ser fenômenos. Mas, se nenhum outro fundamento determinante da vontade, a não ser meramente aquela forma legislativa universal, pode servir a esta como lei, então uma tal vontade tem que ser pensada como totalmente independente da lei natural dos fenômenos, a saber, da lei da causalidade em suas relações sucessivas[48]. Uma tal independência, porém, chama-se **liberdade** no sentido mais estrito, isto é, transcendental. Logo [52] uma vontade, à qual unicamente a simples forma legislativa da máxima pode servir de lei, é uma vontade livre.

∫ 6. Problema II

Na suposição de que uma vontade seja livre, encontrar a lei que unicamente se presta para determiná-la necessariamente.

Já que a matéria da lei prática, isto é, um objeto da máxima, jamais pode ser dada senão empiricamente, mas a vontade livre tem que ser independente de condições em-

48. Adickes considera que "em suas relações sucessivas" viria melhor depois de "fenômenos".

píricas (isto é, pertencentes ao mundo sensorial) e, contudo, determinável, assim uma vontade livre tem que encontrar, independentemente da **matéria** da lei, um fundamento determinante na lei. Nesta, todavia, não está contido, além da matéria da lei, nada mais que a forma legislativa. Logo a forma legislativa, na medida em que está contida na máxima, é a única coisa que pode constituir um fundamento determinante da vontade[49].

Anotação

Portanto liberdade e lei prática incondicionada referem-se reciprocamente. Ora, aqui eu não pergunto se elas também de fato são diversas e se, muito antes, uma lei incondicionada não é simplesmente a consciência de si de uma razão prática pura, mas esta totalmente idêntica ao conceito positivo de liberdade; e sim <pergunto> onde **começa** o nosso **conhecimento** do incondicionalmente prático, se pela [53] liberdade ou pela lei prática. Pela liberdade ele[50] não pode começar; pois nem podemos tornar-nos imediatamente conscientes dela, porque seu[51] primeiro conceito é negativo, nem podemos inferi-la da experiência, pois a experiência só nos dá a conhecer a lei dos fenômenos, por conseguinte o mecanismo da natureza, o exato oposto da liberdade. Logo é a **lei moral**, da qual nos tornamos imediatamente conscientes (tão logo projetamos para nós máximas da vontade), que se oferece **primeiramente** a nós e que, na

49. Vorländer alega que Hartenstein alterou *des Willens* (da vontade) para: *des freien Willens* (da vontade livre). Mas a sua 1ª edição de 1838, p. 129, reproduziu fielmente Kant. A proposta de alteração ocorreu somente na edição de 1867.

50. Kant: *es* (pronome neutro), corrigido por Vorländer para *sise* (pronome pessoal feminino), para concordar com o termo feminino *Erkenntnis* (conhecimento).

51. Kant: *sein*, Ak: *ihr* (dela).

medida em que a razão a apresenta como um fundamento determinante sem nenhuma condição sensível preponderante, antes, totalmente independente delas, conduz diretamente ao conceito de liberdade. Mas como é possível também a consciência daquela lei moral? Podemos tornar-nos conscientes de leis práticas puras do mesmo modo como somos conscientes de proposições fundamentais teóricas puras, na medida em que prestamos atenção à necessidade com que a razão as prescreve a nós[52] e à eliminação de todas as condições empíricas, à qual aquela nos remete. O conceito de vontade pura surge das primeiras, assim como a consciência de um entendimento puro, do último[53]. Que esta seja a verdadeira subordinação de nossos conceitos e que a moralidade descubra-nos primeiro o conceito de liberdade, que, por conseguinte, a **razão prática** seja a primeira a colocar à razão especulativa com esse conceito o mais insolúvel problema, para mediante o mesmo conceito pô-la no máximo embaraço, aclara-se já pelo seguinte: visto que a partir do conceito de liberdade nada pode ser explicado nos fenômenos mas que aqui o mecanismo natural sempre tem que constituir o fio condutor, que além disso também a antinomia da razão pura, se ela quiser elevar-se ao incondicionado na série das causas, tanto num caso como no outro enreda-se em representações [54] inconcebíveis, enquanto o último (mecanismo) pelo menos possui utilidade na explicação dos fenômenos, assim jamais se teria chegado à façanha de introduzir a liberdade na ciência, se a lei moral, e com ela a razão prática, não tivesse sobrevindo e impingido a nós esse conceito. Mas também a experiência confirma essa ordem dos conceitos em nós. Supondo que alguém alegue que sua voluptuosa inclina-

52. A tradução segue Adickes, segundo o qual, ao invés de "*womit sie uns die Vernunft vorschreibt*", é melhor "*womit die Vernunft sie uns vorschreibt*".

53. Kant: *aus dem letzteren* (do último). Natorp propõe *aus den letzteren* (das últimas), para concordar com "proposições fundamentais teóricas puras".

ção seja-lhe totalmente irresistível no momento em que o objeto querido e a ocasião correspondente lhe ocorram, perguntar-lhe se, no caso em que se erguesse perante a casa em que ele encontra essa ocasião uma forca para suspendê-lo logo após a gozada volúpia, ele então não dominaria sua inclinação. Não se precisa de muito tempo para adivinhar o que ele responderia. Perguntai-lhe, porém, se, no caso em que seu governante sob ameaça da mesma inadiada pena de morte lhe exigisse prestar um falso testemunho contra um homem honrado, que ele sob pretextos especiosos gostaria de arruinar, se ele então, por maior que possa ser seu amor à vida, considera possível vencê-lo. Se ele o faria ou não, talvez ele não se atreva a assegurá-lo; mas que isso lhe seja possível, tem que admiti-lo sem hesitação. Portanto ele julga que pode algo pelo fato de ter a consciência de que o deve, e reconhece em si a liberdade, que do contrário, sem a lei moral, ter-lhe-ia permanecido desconhecida.

§ 7. Lei fundamental da razão prática pura

Age de tal modo que a máxima de tua vontade possa sempre valer ao mesmo tempo como princípio de uma legislação universal.

[55] Anotação

A Geometria pura tem postulados como proposições práticas que, porém, nada contêm além da pressuposição de que se **pode** fazer algo se porventura fosse exigido que se **deva** fazê-lo, e estas são suas únicas proposições que concernem a um ser existente. Trata-se, pois, de regras práticas sob uma condição problemática da vontade. Mas aqui a regra diz: deve-se simplesmente proceder de certa maneira. Logo a regra prática é incondicionada, por conseguinte representada *a priori* como proposição categoricamente prática, pela qual a vontade é absolutamente e imediatamente determinada (pela própria regra prática, que portanto aqui é lei). Pois uma <razão> pura, **em si razão prática**[54], é aqui imediatamente legislativa. A vontade é pensada como independente de condições empíricas, por conseguinte como vontade pura[55], determinada **pela simples forma da lei**, e este fundamento determinante é considerado a condição suprema de todas as máximas. A coisa é bastante estranha e não tem equivalente em todo o restante conhecimento prático. Pois o pensamento *a priori* de uma possível legislação universal, que, portanto, é meramente problemático, é ordenado incondicionalmente como lei, sem tomar algo emprestado da experiência ou de qualquer vontade exterior. Mas não se trata tampouco de um preceito, segundo o qual deve ocorrer uma ação pela qual um efeito apetecido é possível (pois então a regra seria sempre condicionada fisicamente) e sim de uma regra que determina *a priori* meramente a vontade com respeito à forma de suas máximas; e neste caso não é impossível pelo menos pensar uma lei – a qual serve meramente à forma **subjetiva** das proposições fundamentais – como fundamento determinante mediante a forma **objetiva** de uma lei em geral. Pode-se denominar [56] a consciência desta lei fundamental um *factum* da razão, porque não se pode sutilmente inferi-la de dados antecedentes da razão, por exemplo, da consciência da liberdade (pois esta consciência não nos é dada previamente), mas porque ela se impõe por si mesma a nós como uma proposição sintética *a priori*, que não é fundada sobre nenhuma intuição, seja pura ou empírica, se bem que ela seria analítica se se pressupusesse a liberdade da vontade, para o

54. No original, "reine, **an sich praktische Vernunft**". A tradução reproduz com menos elegância a ênfase dada pelo texto à expressão "em si razão prática". A ed. Ak, em desacordo com a edição original e sem o justificar, grifou também o adjetivo *reine* (pura).

55. Segundo Adickes, em vez de "vontade pura" tem que ser aí "vontade livre".

que porém se requereria como conceito positivo uma intuição intelectual, que aqui de modo algum se pode admitir. Contudo, para considerar esta lei como inequivocamente **dada**, precisa-se observar que ela não é nenhum fato empírico mas o único *factum* da razão pura, que deste modo se proclama como originariamente legislativa (*sic volo, sic jubeo*)[56].

Corolário

A razão pura é por si só prática e dá (ao homem) uma lei universal, que chamamos de **lei moral**.

Anotação

O *factum* antes mencionado é inegável. Basta desmembrar o juízo que os homens proferem sobre a conformidade de suas ações a leis: então se descobrirá sempre que, seja o que for que a inclinação entrementes possa também expressar, a sua razão contudo, íntegra e coagida por si própria, atém sempre a máxima da vontade, em uma ação, à vontade pura, isto é, a si própria, na medida em que ela se considera como *a priori* prática. Ora, este princípio da moralidade, devido justamente à universalidade da legislação que o torna o supremo fundamento determinante formal da vontade sem consideração de todas as diferenças[57] subjetivas [57] da mesma, esclarece a razão ao mesmo tempo como uma lei para todos os entes racionais, na medida em que de modo geral tenham uma vontade, isto é, uma faculdade de determinar a sua causalidade pela representação

56. O verso completo é: *Hoc volo, sic iubeo, sit pro ratione voluntas* ("É isto que eu quero, é assim que ordeno: por razão baste a minha vontade." JUVENAL [poeta romano, 60-127 d.C.]. *Sátiras* VI, 223. A tradução da frase é de Guido de Almeida).

57. Na 6.ª ed. constou no singular *Verschiedenheit* (diferença).

de regras, por conseguinte, na medida em que são capazes de ações segundo proposições fundamentais, por conseguinte também segundo princípios práticos *a priori* (pois só estes têm aquela necessidade que a razão exige para a proposição fundamental). Esse princípio, portanto, não se restringe meramente a homens mas concerne a todos os entes finitos que têm razão e vontade, antes, compreende até o ente infinito enquanto inteligência suprema. No primeiro caso, porém, a lei tem a forma de um imperativo, porque naquela, em verdade enquanto ente racional, pode pressupor-se uma vontade **pura**[58], mas, enquanto um ente afetado por carências e causas motoras sensíveis, nenhuma vontade **santa**, isto é, uma vontade que não fosse capaz de nenhuma máxima conflitante com a lei moral. Por conseguinte a lei moral é naqueles um **imperativo** que ordena categoricamente, porque a lei é incondicionada; a relação de uma tal vontade com esta lei é uma **dependência** sob o nome de obrigação, porque significa uma **necessitação** – ainda que pela simples razão e sua[59] lei objetiva – a uma ação que por isso se chama **dever**, porque um arbítrio afetado patologicamente (embora não determinado pela afecção, por conseguinte também sempre livre) comporta um desejo que emerge de causas **subjetivas** e por isso também pode contrapor-se frequentemente ao fundamento determinante objetivo puro; logo, precisa de uma resistência da razão prática, enquanto necessitação moral, que pode ser denominada coerção interior, mas intelectual. Na Inteligência sumamente suficiente, o arbítrio é com razão representado como incapaz de uma máxima que não pudesse[60] ser ao mesmo tempo objetivamente **[58]** lei, e o conceito de **santidade**, que por isso lhe convém, na verdade não a sobrepõe a todas

58. Segundo Adickes, também aqui se deve ler "livre" em vez de "pura".

59. Kant: *dessen*, corrigido inicialmente por Vogel, no exemplar de Erlangen, para *deren* (fem.), para concordar com *Vernunft* (razão); seguido por Hartenstein, Vorländer e Kellermann.

60. Kant: *konnte* (podia), Ak: *könnte* (pudesse).

as leis práticas mas a todas as leis praticamente restritivas, por conseguinte à obrigação e ao dever. Esta santidade da vontade é, todavia, uma ideia prática que necessariamente tem de servir como **arquétipo**, cuja aproximação infinita é a única coisa que compete a todos os entes racionais finitos e que a lei moral pura, que por isso mesmo se chama santa, lhes mantém constante e corretamente ante os olhos. Estar seguro do progresso até o infinito de suas máximas e de sua imutabilidade com vistas ao desenvolvimento constante, isto é, a virtude, é a coisa mais elevada que uma razão prática finita pode conseguir; a qual, por sua vez, pelo menos como faculdade naturalmente adquirida, jamais pode estar acabada, porque a segurança em tal caso não se converte nunca em certeza apodíctica, e como persuasão é muito perigosa.

§ 8. Teorema IV

A **autonomia** da vontade é o único princípio de todas as leis morais e dos deveres conformes a elas: contrariamente, toda a **heteronomia** do arbítrio não só não funda obrigação alguma mas, antes, contraria o princípio da mesma e da moralidade da vontade. Ou seja, o único princípio da moralidade consiste na independência de toda a matéria da lei (a saber, de um objeto apetecido) e, pois, ao mesmo tempo na determinação do arbítrio pela simples forma legislativa universal, da qual uma máxima tem que ser capaz. Mas aquela **independência** [59] é liberdade em sentido **negativo**, porém esta **legislação própria** da razão pura e, enquanto tal, razão prática, é liberdade em sentido **positivo**. Portanto a lei moral não expressa senão a **autonomia** da razão prática pura, isto é, da[61] liberdade,

61. Natorp sugere *die* (a).

e esta é ela mesma a condição formal de todas as máximas, sob a qual elas unicamente podem concordar com a lei prática suprema. Se por isso a matéria do querer, a qual não pode ser senão o objeto de um apetite ligado à lei, entra na lei prática **como condição de possibilidade da mesma**, decorrerá daí uma heteronomia do arbítrio, ou seja, uma dependência da lei natural de seguir um impulso ou inclinação qualquer, e a vontade não se dá ela mesma a lei mas somente o preceito para a persecução racional de leis patológicas; a máxima, porém, que desse modo jamais pode conter a forma universal-legislativa, não só não institui desse modo nenhuma obrigação mas contraria ela mesma o princípio de uma razão prática **pura** e com isso, portanto, também a disposição moral, ainda que a ação que deriva dela devesse ser conforme à lei.

Anotação I

Portanto jamais se pode computar como lei prática um preceito prático, que comporta uma condição material (por [60] conseguinte, empírica). Pois a lei da vontade pura, que é livre, põe esta numa esfera inteiramente diversa da empírica, e a necessidade que ela expressa, já que não deve ser nenhuma necessidade natural, tem que consistir, portanto, meramente em condições formais da possibilidade de uma lei em geral. Toda a matéria de regras práticas depende sempre de condições subjetivas, que não lhe[62] proporcionam nenhuma universalidade para entes racionais, a não ser a condicionada (no caso de que me **apeteça** isto ou aquilo, que tenho de então fazer para torná-lo efetivo), e que giram globalmente em torno do princípio **da felicidade própria**. Ora, certamente é inegável que todo o que-

62. Natorp sugere *ihnen* (lhes).

rer tenha de possuir também um objeto, por conseguinte uma matéria; mas esta nem por isso é o fundamento determinante e a condição da máxima; pois, se o é, então esta não se deixa apresentar em uma forma universalmente legislativa, porque neste caso a expectativa da existência do objeto seria a causa determinante do arbítrio e a dependência da faculdade de apetição da existência de uma coisa qualquer teria de ser posta então como fundamento do querer, dependência que sempre só pode ser procurada em condições empíricas, não podendo por isso jamais fornecer o fundamento para uma regra necessária e universal. Assim a felicidade de outros poderá ser o objeto da vontade de um ente racional. Mas, se ela fosse o fundamento determinante da máxima, ter-se-ia de pressupor que encontramos não apenas um deleite natural no bem-estar de outros, mas que também temos necessidade dele, como no caso da índole simpatética entre os homens. Mas não posso pressupor esta carência em todo ente racional (em Deus, de modo algum). Logo, a matéria da máxima pode em verdade permanecer, mas ela não **[61]** tem que ser sua condição, pois do contrário esta não se prestaria a uma lei. Portanto a simples forma de uma lei, que[63] limita a matéria, tem que ser ao mesmo tempo uma razão para acrescentar esta matéria à vontade mas não para[64] pressupô-la. Seja a matéria, por exemplo, minha felicidade própria. Se atribuo esta a cada um (como no caso de entes finitos, de fato, me é permitido fazer), ela somente pode tornar-se uma lei prática **objetiva** se incluo na mesma a felicidade de outros. Logo, a lei de promover a felicidade de outros não surge da pressuposição de que aquela[65] seja um objeto para o arbítrio de cada um, mas simplesmente do fato de que a forma da universalidade, que a razão necessita como condição

63. Vorländer corrige *welches* para *welche*, remetendo com isso a "forma" em vez de "lei".

64. Natorp sugere a supressão de *zu* (para).

65. Kant: *dieses*, neutro, remete a "lei". Vorländer aventa *diese* (esta), para remeter a "felicidade".

para dar a uma máxima do amor de si a validade objetiva de uma lei, torna-se o fundamento determinante da vontade; e portanto não era o objeto (a felicidade de outros) o fundamento determinante e, sim, a simples forma legal, pela qual eu limitava minha máxima fundada sobre a inclinação para propiciar-lhe a universalidade de uma lei e deste modo torná-la adequada à razão prática pura, a partir de cuja limitação, então, e não a partir do acréscimo de um motivo exterior, o conceito de **obrigação**, de estender a máxima do meu amor de si[66] também à felicidade de outros, unicamente poderia[67] surgir.

Anotação II

O exato oposto do princípio da moralidade é tornar o princípio da felicidade **própria** fundamento determinante da vontade, para o que, como mostrei acima, tem que se computar em geral tudo o que põe o fundamento determinante, que deve servir de lei, em qualquer outra coisa que na forma legislativa da máxima. Mas este [62] desacordo <*Widerstreit*> não é simplesmente lógico, como o entre regras empiricamente condicionadas que, não obstante, se queria elevar a princípios de conhecimento necessários, mas prático; e, se a voz da razão em relação à vontade não fosse tão clara, tão intransferível, tão perceptível mesmo ao homem mais comum, ele arruinaria completamente a moralidade; como tal, porém, ele só pode ainda manter-se nas especulações desconcertantes das escolas, que são suficientemente atrevidas para fazer-se surdas àquela voz celeste, com o fim de manter uma teoria que não custa nenhuma preocupação.

Se um familiar de tua estima presumisse justificar-se junto a ti pelo proferimento de um falso testemunho, alegando em

66. Tradução literal de *meiner Selbstliebe* (cf. adiante, em A 129, a nota do tradutor sobre os empregos diversos dos termos *Selbstliebe* [amor de si] e *Eigenliebe* [amor-próprio]).

67. A ed. Ak, seguindo Natorp, corrige *könnte* para *konnte* (podia).

primeiro lugar o dever sagrado da felicidade própria, e enumerasse a seguir todas as vantagens que obteve por esse meio, mencionando a prudência que observou para assegurar-se de não ser descoberto, mesmo por ti, a quem revela o segredo unicamente para poder negá-lo sempre; então, porém, com a maior seriedade afirmasse que praticou um verdadeiro dever de humanidade: nesse momento ou lhe ririas na cara ou recuarias com repulsa, ainda que, no caso de alguém que tenha dirigido suas proposições fundamentais meramente para as vantagens próprias, não tivesses nada a objetar contra essa regra de proceder. Ou, supondo que alguém vos recomende como caseiro uma pessoa a quem pudésseis confiar cegamente todos os vossos negócios e, para inspirar-vos confiança, louvasse-o como um homem prudente, que entende magistralmente do interesse próprio, e também como uma pessoa infatigavelmente ativa, que não deixava passar nenhuma oportunidade sem aproveitá-la para isso; finalmente, para [63] que não se interpusessem apreensões devidas a um interesse privado grosseiro, louvasse-o de como sabia viver refinadamente, procurando o seu deleite não na acumulação de dinheiro ou na voluptuosidade brutal e, sim, na ampliação de seus conhecimentos, em uma bem selecionada e instrutiva convivência, que procurava deleite mesmo no atendimento dos necessitados, mas que de resto não fosse escrupuloso quanto aos meios (que, aliás, tomam o seu valor ou desvalor somente do fim), procedendo com dinheiro e haveres estranhos como se fossem seus tão logo soubesse que podia fazê-lo sem ser descoberto e impedido: então ou acreditaríeis que o recomendante está zombando de vós ou que ele perdeu o juízo. – Tão clara e nitidamente estão separados os limites da moralidade e do amor de si, que mesmo o olho mais comum não pode deixar de distinguir se algo pertence a um ou a outro. As poucas observações que se seguem podem certamente parecer supérfluas no caso de uma verdade tão evidente, contudo servem ao menos para propiciar maior clareza ao juízo da razão humana comum.

O princípio da felicidade pode, sem dúvida, fornecer máximas mas jamais aquelas que se prestassem para leis da vontade, mesmo que se tomasse a felicidade **geral** como objeto. Pois, visto que o conhecimento desta assenta sobre meros dados de experiência, uma vez que cada juízo a respeito depende muito da opinião de cada um, que além disso é ainda muito mutável, assim pode bem haver regras **gerais** mas jamais **universais**, isto é, regras que na média são muito frequentemente certas mas não que sempre e necessariamente têm que ser válidas; por conseguinte nenhuma **lei** prática pode fundar-se sobre elas. Justamente porque aqui um objeto do arbítrio tem que <ser>[68] posto como fundamento [64] da sua regra e, pois, precedê-la, esta não pode referir-se senão ao que se recomenda[69] e, portanto, à experiência, fundando-se sobre ela, e então a diversidade do juízo tem que ser interminável. Logo, este princípio não prescreve as mesmas regras práticas a todos os entes racionais, embora elas na verdade se situem sob um título comum, a saber, o da felicidade. A lei moral, porém, só é pensada como objetiva e necessária, porque deve valer para qualquer um que tem razão e vontade.

A máxima do amor de si (prudência) apenas **aconselha**; a lei da moralidade **ordena**. Há, porém, uma grande diferença entre aquilo que se nos **aconselha** e aquilo para o qual somos **obrigados**.

Aquilo que deve ser feito segundo o princípio da autonomia do arbítrio deve considerar-se, para o entendimento mais comum, como fácil e totalmente livre de hesitação; aquilo que deve fazer-se sob a pressuposição da heteronomia do mesmo deve considerar-se difícil e requer conhecimento do mundo; isto é, aquilo que é **dever** apresenta-se por si mesmo a qualquer um; mas o que traz verdadeira e duradoura vantagem, se esta

68. Segundo Vorländer (o único a incluir a alteração) ficou subentendido *werden*. Mas se trata originalmente de um acréscimo manuscrito de Vogel no exemplar de Erlangen.

69. Hartenstein propõe, em vez de *empfiehlt*, *empfindet* (sente).

deve estender-se a toda a existência, está sempre envolto em obscuridade impenetrável e requer muita prudência para adaptar a regra prática correspondente[70], através de hábeis exceções e ainda assim de um modo apenas sofrível, aos fins da vida. A lei moral, entretanto, ordena a cada um a mais estrita observância. Logo, para o ajuizamento do que segundo ela precisa ser feito não tem que haver tanta dificuldade, a ponto de que até o entendimento mais comum e menos exercitado, mesmo sem experiência do mundo, não soubesse lidar com ele.

Satisfazer ao mandamento categórico da moralidade está todo o tempo em poder de cada um; satisfazer ao preceito empiricamente condicionado [65] da felicidade, raramente, e nem de longe é possível a qualquer um, sequer com vistas a um único objetivo. A causa <disso> é que no primeiro caso só importa a máxima, que tem de ser genuína e pura, enquanto no segundo importam também as forças e a faculdade física de tornar efetivo um objeto apetecido. Um mandamento de que cada um devesse procurar tornar-se feliz seria tolo; pois nunca se ordena a alguém aquilo que ele já por si inevitavelmente quer. Ter-se-ia que simplesmente ordenar-lhe ou, antes, oferecer-lhe regras de procedimento, porque ele não pode tudo o que quer. Porém ordenar a moralidade sob o nome de dever é totalmente racional; pois, em primeiro lugar, ninguém quer de bom grado obedecer a seu preceito se ele repugna às inclinações, e as regras de procedimento quanto à maneira de alguém poder seguir essa lei não precisam ser aqui ensinadas; pois aquilo que ele em relação a ela quer[71], ele também o pode.

Aquele que **perdeu** no jogo pode perfeitamente **aborrecer-se** consigo mesmo e com sua imprudência, mas, se ele está consciente de que no jogo **enganou** (embora tenha ganho com ele), tem que **desprezar-se** a si mesmo tão logo ele se compare com a lei moral. Portanto esta tem que ser algo diverso do princípio da felicidade própria. Pois ter de dizer a si mesmo: eu sou

70. Na 6.ª ed. *bestimmte* (determinada).

71. Na 2.ª ed. *tun will* (quer fazer).

uma **pessoa indigna**, conquanto tenha enchido minha carteira, tem que ter um outro padrão de medida do juízo que aplaudir a si próprio e dizer: eu sou um homem **prudente**, pois enriqueci o meu cofre.

Finalmente, na ideia de nossa razão prática há ainda algo que acompanha a transgressão de uma lei moral, a saber, a sua **punibilidade**. Ora, ao conceito [66] de pena enquanto tal não se pode de modo algum vincular a participação da felicidade. Pois, embora aquele que castiga possa perfeitamente ter ao mesmo tempo a boa intenção de dirigir a punição também para esse fim, todavia enquanto punição, isto é, como simples mal <*Übel*>, tem que antes justificar-se por si mesma, de modo que o punido, se ficasse nisso e ele tampouco visasse algum favor oculto por trás desse rigor, tem que ele mesmo reconhecer que isso lhe ocorreu de modo justo e que sua sorte corresponde perfeitamente a sua conduta. Toda punição enquanto tal tem que conter, em primeiro lugar, justiça, e esta constitui o essencial desse conceito. A ela, na verdade, pode ligar-se também bondade, mas o punível, depois de seu procedimento, não tem a mínima razão para contar com ela. Portanto a punição é um mal <*Übel*> físico, o qual, mesmo que enquanto consequência **natural** não se vinculasse ao moralmente mau <*Bösen*>, todavia, enquanto consequência segundo princípios de uma legislação moral teria de estar vinculado a ele. Se, pois, todo o crime, mesmo sem considerar as consequências físicas para o agente, é por si punível, isto é, arruína (pelo menos em parte) a felicidade, então seria manifestamente absurdo dizer: o crime consistiu precisamente em que ele incorreu numa punição enquanto prejudicou sua felicidade própria (o que, segundo o princípio do amor de si, teria que ser o verdadeiro conceito de todo o crime). Deste modo a punição tornar-se-ia a razão para denominar algo um crime e a justiça teria que consistir, muito antes, em abster-se de toda a punição e em impedir mesmo a punição natural; pois então não haveria na ação mais nada mau, porque os males, que do contrário se seguissem a ele e em virtude dos quais, unicamente, a ação chamar-se-ia má, seriam doravante [67] contidos. Querer, porém, depois disso considerar toda a punição e recompensa somente como uma engrenagem mecânica na mão de um poder superior, que desse modo devesse servir unicamente para pôr em ação os entes racionais com vistas a seu objetivo final (a felicidade), é um mecanismo demasiado visivelmente supressor de toda a liberdade de sua vontade, para que fosse necessário deter-nos nisso.

Mais sutil ainda, embora tão igualmente inverídica, é a alegação daqueles que admitem um certo sentido peculiar moral – o qual, e não a razão, determinasse a lei moral e segundo o qual a consciência da virtude vincular-se-ia imediatamente a contentamento e deleite, a do vício, porém, à dor – e que assim submetem tudo à aspiração da felicidade própria. Sem retomar aqui o que foi dito acima, quero somente assinalar a ilusão que ocorre nisso. Para representar o faltoso como atormentado, mediante a consciência de suas faltas, pela perturbação de ânimo, eles têm que representá-lo já antes, de acordo com a mais elevada base de seu caráter, como moralmente bom, pelo menos em algum grau, bem como representar já antes como virtuoso aquele que se regozija com a consciência de ações conformes ao dever. Logo, o conceito de moralidade e de dever tinha de preceder toda a consideração deste contentamento e não pode ser de modo algum derivado do mesmo. Ora, se tem que avaliar antes a importância do que chamamos dever, a autoridade da lei moral e o valor imediato que a sua observância dá à pessoa, a seus próprios olhos, para sentir aquele contentamento na consciência de sua conformidade ao mesmo[72] e a amarga censura, se é que se pode censurar, por sua transgressão. Logo, não se [68] pode sentir este contentamento ou a perturbação[73] de alma antes do conhecimento da obrigação e torná-los fundamento da última. Já se tem de estar pelo menos a

72. Vorländer corrige *derselben*, que supostamente remete ao feminino *Pflicht* (dever), para *demselben*, que então remeteria ao neutro *Gesetz* (lei).

73. Da 2ª à 6ª ed. *Seelenruhe* (quietude de alma), em vez de *Seelenunruhe* (perturbação de alma), restabelecido por Natorp e mantido pela ed. Ak.

meio caminho de um homem honesto para fazer-se uma simples representação daquelas sensações. De resto não nego que, assim como graças à liberdade a vontade humana é imediatamente determinável pela lei moral, também a prática mais frequente conforme a esse fundamento determinante pode enfim produzir subjetivamente um sentimento de contentamento consigo mesmo; muito antes, pertence ao próprio dever cultivar e fundar aquilo que de modo próprio merece unicamente chamar-se sentimento moral; mas o conceito de dever não pode ser deduzido dele, do contrário teríamos de imaginar um sentimento de uma lei enquanto tal[74] e tornar objeto da sensação aquilo que somente pode ser pensado pela razão, o que, mesmo não devendo ser uma trivial contradição, suprimiria inteiramente todo o conceito de dever e colocaria simplesmente em seu lugar um jogo mecânico de inclinações mais refinadas, que às vezes cairia em desavença com as inclinações mais grosseiras.

Se agora comparamos a nossa suprema proposição fundamental **formal** da razão prática pura (como uma autonomia da vontade) com todos os princípios **materiais** da moralidade <admitidos> até aqui, podemos representar-nos todos os princípios restantes enquanto tais em um quadro, através do qual são efetiva e simultaneamente esgotados todos os demais casos, com exceção de um único caso formal[75], e assim visivelmente comprovar que é vão procurar um outro princípio além do que foi agora apresentado. – Ou seja, todos os fundamentos determinantes possíveis da vontade são ou meramente **subjetivos** e, pois, empíricos, ou também **objetivos** e racionais; ambos, porém, **externos** ou **internos**.

74. Kant: *als eines solchen* (enquanto tal). Adickes considera necessário substituir esta expressão por *statt eines solchen*, ficando então: "sentimento de uma lei, ao invés de uma tal [lei]".

75. Natorp, apoiado por Vorländer, considera insatisfatória a construção da frase kantiana. Segundo ele, "formal" deveria vincular-se a "princípio", e não a "caso".

[69] *Fundamentos determinantes materiais práticos no princípio da moralidade*

Subjetivos

externos		internos	
Educação (segundo Montaigne)	Constituição civil (segundo Mandeville)	Sentimento físico (segundo Epicuro)	Sentimento moral (segundo Hutcheson)

Objetivos

internos	externos
Perfeição (segundo Wolff e os estoicos)	Vontade de Deus (segundo Crusius e outros moralistas teológicos)[76]

76. As obras aqui consideradas são, respectivamente, de MANDEVILLE, B. *Inquiry into Moral Virtue*, 1723; HUTCHESON, F. *Inquiry Concerning the Original of our Ideas of Virtue or Moral Goodness*, 1725; WOLFF, C. *Ontologia*, § 128; CRUSIUS, C. A. *Anweisung, vernünftig zu leben*, 1744 (cf. a respeito a tradução inglesa, de L. W. Beck, da *Critic of Practical Reason*, p. 41. Cf. complementarmente a tradução francesa, de L. Ferry e H. Wismann, da *Critique de la raison pratique*, p. 1492).

[70] Os fundamentos determinantes que se situam no primeiro grupo são, no seu conjunto, empíricos e obviamente não se prestam de modo algum ao princípio universal da moralidade. Mas os do segundo grupo fundam-se sobre a razão (pois a perfeição enquanto **qualidade** das coisas e a perfeição suprema representada em **substância**, isto é, Deus, são ambas pensáveis somente através de conceitos racionais). Porém o primeiro conceito, ou seja, o de **perfeição**, pode ser tomado ou em sentido **teórico**, e então não significa senão a completude de cada coisa em sua espécie (perfeição transcendental) ou de uma coisa simplesmente enquanto coisa em geral (perfeição metafísica), e disso não pode tratar-se aqui. Mas o conceito de perfeição em sentido **prático** é a aptidão ou suficiência de uma coisa para toda sorte de fins. Esta perfeição como **qualidade** do homem, consequentemente interna, não é senão **talento** e, o que o fortalece ou completa, **habilidade**. A perfeição suprema em **substância**, isto é, Deus, consequentemente externa (considerada de um ponto de vista prático), é a suficiência deste ente para todos os fins em geral. Se, pois, tiverem de ser-nos dados antes fins, em relação aos quais o conceito de **perfeição** (de uma perfeição interna em nós próprios ou de uma externa em Deus) pode unicamente tornar-se fundamento determinante da vontade, todavia um fim enquanto **objeto**, que tem de preceder a determinação da vontade mediante uma regra prática e conter o fundamento da possibilidade de uma tal determinação, por conseguinte a **matéria** da vontade tomada como fundamento determinante desta é sempre empírica, por conseguinte pode servir ao princípio **epicurista** da doutrina da felicidade, jamais porém ao princípio racional puro da doutrina da moralidade e do dever (do mesmo modo como talentos e sua promoção, [71] somente porque contribuem para as vantagens da vida, ou a vontade de Deus, se a concordância com ela foi tomada como objeto da vontade sem um precedente princípio prático independente de sua ideia, somente pela **felicidade** que disso esperamos podem tornar-se causa motriz

da vontade); assim segue-se, **primeiro**, que todos os princípios aqui estabelecidos são **materiais**, **segundo**, que eles compreendem todos os princípios materiais possíveis, e disso, finalmente, a conclusão: visto que princípios materiais são inteiramente impróprios para a lei moral suprema (como ficou provado), o **princípio prático formal** da razão pura, segundo o qual a simples forma de uma legislação universal possível através de nossas máximas tem que constituir o fundamento determinante supremo e imediato da vontade, é o **único princípio possível** que é apto para imperativos categóricos, isto é, para leis práticas (que tornam ações um dever), e em geral para o princípio da moralidade, tanto no ajuizamento como também na aplicação à vontade humana, na determinação da mesma.

I
[72] *Da dedução das proposições fundamentais da razão prática pura*

Esta Analítica demonstra que a razão pura pode ser prática – isto é, pode determinar por si a vontade independentemente de todo o empírico –, e isto na verdade mediante um *factum*, no qual a razão pura deveras se prova em nós praticamente, a saber, a autonomia[77] na proposição fundamental da moralidade, pela qual ela determina a vontade ao ato. – Ela mostra ao mesmo tempo que este *factum* vincula-se indissoluvelmente à consciência da liberdade da vontade, antes, é idêntico a ela; e mediante a qual a vontade de um ente racional, que como pertencente ao mundo sensorial se reconhece, do mes-

77. Tradução literal; melhor seria: "a saber, o da autonomia" (cf., por analogia, a nota a A 159).

mo modo que outras causas eficientes, como necessariamente submetido às leis da causalidade, contudo no domínio prático, por outro lado, a saber, enquanto ente em si mesmo é ao mesmo tempo consciente de sua existência determinável em uma ordem inteligível das coisas, na verdade não de acordo com uma intuição particular de si mesmo e sim de acordo com certas leis dinâmicas que podem determinar a causalidade do mesmo ente no mundo sensorial; pois foi provado suficientemente em outro lugar[78] que a liberdade, se ela nos é atribuída, transporta-nos a uma ordem inteligível das coisas.

[73] Ora, se comparamos com isso a parte analítica da crítica da razão especulativa pura, mostra-se um notável contraste entre ambas. Nesta não são proposições fundamentais mas uma **intuição** sensível pura (espaço e tempo) o primeiro dado que tornou possível um conhecimento *a priori* e, em verdade, somente para objetos dos sentidos. – Proposições fundamentais sintéticas a partir de simples conceitos e sem intuição eram impossíveis, muito antes, só podiam ocorrer em referência àquela intuição que era sensível, por conseguinte também só em referência a objetos da experiência possível, porque unicamente os conceitos do entendimento vinculados a essa intuição tornam possível aquele conhecimento que chamamos experiência. – Para além dos objetos de experiência, portanto de coisas enquanto *noumena*, foi com pleno direito negado à razão especulativa todo o positivo de um **conhecimento**. – Esta, contudo, conseguiu tanto resultado, que salvaguardou o conceito de *noumena*, isto é, a possibilidade, antes a necessidade, de pensá-los e, por exem-

78. Na *Fundamentação da metafísica dos costumes*, segundo nota de Vorländer.

plo, salvou contra todas as objeções a admissibilidade da liberdade, considerada negativamente, como totalmente compatível com aquelas proposições fundamentais e limitações da razão teórica pura, sem com isso dar a conhecer algo determinado e que se estendesse a tais objetos, na medida em que, muito antes, cortou totalmente qualquer perspectiva nesse sentido.

[74] Contrariamente a lei moral fornece, ainda que nenhuma **perspectiva**, contudo um *factum* absolutamente inexplicável a partir de todos os dados do mundo sensorial e de todo o âmbito de nosso uso teórico da razão. Esse *factum* oferece indícios de um mundo inteligível puro e até o **determina positivamente**, permitindo-nos conhecer algo dele, a saber, uma lei.

Essa lei deve propiciar ao mundo sensorial, enquanto **natureza sensível** (no que concerne aos entes racionais), a forma de um mundo inteligível, isto é, de uma **natureza suprassensível**, sem com isso romper seu[79] mecanismo. Ora, a natureza é, no sentido mais universal, a existência das coisas sob leis. A natureza sensível de entes racionais em geral é a existência das mesmas sob leis empiricamente condicionadas, por conseguinte é **heteronomia** para a razão. A natureza suprassensível dos mesmos entes é, ao contrário, a sua existência segundo leis que são independentes de toda a condição empírica, que, por conseguinte, pertencem à **autonomia** da razão pura. E visto que as leis, segundo as quais a existência das coisas depende do conhecimento, são práticas, a natureza suprassensível, na medida em que podemos formar um conceito dela, não é senão **uma natureza sob a autonomia da**

79. Vogel, no exemplar de Erlangen, é o único a corrigir *jener ihrem* para *jener in ihrem*.

razão prática pura. Mas a lei dessa autonomia é a lei moral, que é, portanto, a lei fundamental de uma natureza suprassensível e de um mundo inteligível [75] puro, cujo equivalente deve existir no mundo sensível, mas sem ao mesmo tempo violar as leis do mesmo. Poder-se-ia chamar aquela de natureza **arquétipa** <*urbildliche*> (*natura archetypa*), que conhecemos apenas na razão, esta porém de natureza éctipa <*nachgebildete*> (*natura ectypa*), porque contém o efeito possível da ideia da primeira enquanto fundamento determinante da vontade. Pois a lei moral efetivamente nos transporta, em ideia, a uma natureza em que a razão pura, se fosse acompanhada da sua correspondente faculdade física, produziria o sumo bem, e ela determina nossa vontade a conferir ao mundo sensorial a forma de um todo de entes racionais.

Que esta ideia efetivamente se encontre, por assim dizer, sob a forma de esboço como modelo para as determinações na nossa vontade, confirma-o a mais comum observação de si mesmo.

Se a máxima de acordo com a qual tenho intenção de prestar um testemunho for examinada pela razão prática, vejo sempre como ela seria se valesse como uma lei universal da natureza. Sob tal forma, obviamente, qualquer um seria coagido à veracidade. Pois não é compatível com a universalidade de uma lei natural admitir asserções como probatórias e, não obstante, como deliberadamente falsas. Do mesmo modo a máxima que adoto [76] acerca da livre disposição sobre minha vida é imediatamente determinada, se me pergunto como ela teria de ser para que uma natureza se mantenha segundo uma lei da mesma. Em uma tal natureza obviamente ninguém poderia **arbitrariamente** pôr fim à sua vida, pois tal disposição não constituiria nenhuma ordem natural duradoura, e o mesmo se daria em todos os demais casos. Ora, na natureza efetiva, do modo como ela é um objeto da experiência, a vontade livre não é, porém, determinada espontaneamente àquelas máximas que por si mesmas pudessem fundar uma natureza segundo leis universais, ou que também por si conviessem a uma natureza ordenada de acordo com elas; muito antes, são as inclinações privadas que em verdade constituem um todo natural segundo leis patológicas (físicas) mas não uma natureza que unicamente fosse possível mediante nossa vontade segundo leis práticas puras. Não obstante, pela razão somos conscientes de uma lei à qual todas as máximas são submetidas, como se uma ordem natural tivesse que surgir ao mesmo tempo de nossa vontade. Logo, essa lei tem que ser a ideia de uma natureza não dada empiricamente e, contudo, possível pela liberdade, por conseguinte de uma natureza suprassensível à qual conferimos realidade objetiva pelo menos numa perspectiva prática, porque enquanto entes racionais puros a consideramos objeto de nossa vontade.

[77] Portanto a diferença entre as leis de uma natureza à qual **a vontade está submetida**, e as de uma **natureza que** está submetida **a uma vontade** (com vistas ao que dela tem relação com ações livres), depende de que naquela os objetos têm que ser causas das representações que determinam a vontade, enquanto nesta a vontade deve ser causa dos objetos, de modo que a sua causalidade colocou o seu fundamento determinante meramente na faculdade racional pura, a qual por isso também pode ser chamada de razão prática pura.

Logo, são muito diversos os dois problemas: como a razão pura pode, **por um lado, conhecer** *a priori* objetos e, **por outro**, como ela pode ser imediatamente um fundamento determinante da vontade, isto é, da causalidade do ente racional com vistas à efetividade dos objetos (simplesmente mediante o pensamento da validade universal de suas próprias máximas, enquanto lei[80]).

O primeiro problema, enquanto pertencente à crítica da razão especulativa pura, requer que se explique antes como são possíveis *a priori* intuições, sem as quais nenhum objeto pode em parte alguma ser-nos dado e, portanto, tampouco ser conhecido sinteticamente; e sua solução consiste em que elas todas são somente sensíveis, por isso tampouco concedem a possibilidade de um conhecimento especulativo que avance além do que alcança a experiência possível **[78]** e que, pois, todas as proposições fundamentais daquela razão prática[81] pura não conseguem mais do que tornar possível a experiência de objetos dados ou daqueles que podem ser dados ao infinito, mas jamais são dados completamente.

O segundo problema, enquanto pertencente à *Crítica da razão prática*, não exige explicação de como os objetos da faculdade de apetição são possíveis, pois isso fica, enquanto problema do conhecimento natural teórico, aos cuidados da crítica da razão especulativa, mas somente de como a razão pode determinar a máxima da vontade: se isto ocorre somente mediante representações empíricas[82] como fundamentos determinantes, ou se também a razão pura seria prática e uma lei de uma possível

80. Vorländer propôs *Gesetze* (leis).

81. Kant: *praktische*, corrigido por Grillo para *spekulative* (especulativa).

82. Kant: *empirischer Vorstellung* (representação empírica), corrigido por Hartenstein, só na ed. de 1867, não na de 1838, cf. p. 150. Natorp (Ak) desconsidera as diferenças entre ambas as edições de Hartenstein.

ordem natural, não cognoscível de modo algum empiricamente. A possibilidade de uma tal natureza suprassensível, cujo conceito possa ser simultaneamente o fundamento da efetividade da mesma mediante a nossa vontade livre, não precisa de nenhuma intuição *a priori* (de um mundo inteligível), que neste caso, enquanto suprassensível, teria de ser impossível também para nós. Pois o que importa é somente o fundamento determinante do querer nas suas máximas, se aquele é empírico ou é um conceito da razão pura (da sua conformidade a leis em geral) e como ele pode ser este último. Se a causalidade da vontade basta ou não para a efetividade dos objetos, é algo que fica ao critério do ajuizamento dos princípios [79] teóricos da razão enquanto investigação da possibilidade dos objetos do querer, cuja intuição, portanto, na questão prática não constitui de modo algum um momento da mesma. Trata-se aqui não do sucesso mas somente da determinação da vontade e do fundamento determinante da máxima da mesma enquanto vontade livre. Pois, se somente ante[83] a razão pura a **vontade** é conforme às leis, então seja como for a execução da sua **faculdade**, quer ela surja ou não efetivamente segundo essas máximas da legislação de uma natureza possível, disso não se ocupa absolutamente a Crítica, que investiga aí se e como a razão pura pode ser prática, isto é, imediatamente determinante da vontade.

Neste assunto, portanto, ela pode sem objeção começar, e tem de fazê-lo, a partir de leis práticas puras e de sua efetividade. Mas, em vez da intuição, põe-lhes como fundamento o conceito de sua existência no mundo in-

83. Kant: *für* (para), que segundo Adickes tem que ser substituído hoje por *vor* (ante).

teligível, ou seja, da liberdade. Pois este conceito não significa outra coisa, e aquelas leis somente são possíveis em relação à liberdade da vontade, mas sob a pressuposição dela são necessárias, ou inversamente: a liberdade é necessária porque aquelas leis como postulados práticos são necessárias. Ora, não se pode explicar ulteriormente como é possível esta consciência das leis morais ou, o que é a mesma coisa, como é possível a [80] consciência da liberdade; na crítica teórica somente se pode defender a sua admissibilidade.

A **exposição** da proposição fundamental suprema da razão prática acaba de ocorrer, mostrando-se primeiramente o que ela contém, que ela subsiste por si totalmente *a priori* e independentemente de princípios empíricos e, então, no que ela se distingue de todas as demais proposições fundamentais práticas. Com a **dedução**, isto é, com a justificação de sua validade objetiva e universal e com a perspiciência da possibilidade de uma tal proposição sintética *a priori*, não se pode esperar avançar tão bem como se deu com as proposições fundamentais do entendimento teórico puro. Pois estas se referiam a objetos de experiência possível, a saber, a fenômenos, e podia-se provar que somente pelo fato de que estes fenômenos são submetidos às categorias em conformidade com aquelas leis, podem ser **conhecidos** como objetos da experiência, por conseguinte que toda a experiência tem de ser conforme a essas leis. Com a dedução da lei moral não posso, porém, tomar um tal caminho. Pois não se trata do conhecimento da natureza dos objetos, que de qualquer modo podem ser dados alhures à razão, mas de um conhecimento na medida em que ele pode ser o fundamento da existência dos próprios objetos e na medida em que a razão, através da [81] mesma[84], possui causalidade em um ente racional, isto é, se trata da razão pura que pode ser considerada uma faculdade que determina imediatamente a vontade.

Ora, toda a perspiciência humana termina tão logo tenhamos alcançado as forças fundamentais ou faculdades fundamentais; pois sua possibilidade não pode ser concebida por nada, tampouco pode ser também forjada e admitida arbitrariamente. Por isso no uso teórico da razão só a experiência pode conceder-nos o direito de admiti-la. Este sucedâneo, de aduzir provas empíricas em vez de uma dedução a partir de fontes cognitivas *a priori*, foi-nos, porém, tirado também aqui relativamente à faculdade da razão prática pura. Pois aquilo que precisa ir buscar na experiência o argumento de sua possibilidade tem que, de acordo com os fundamentos de sua possibilidade, ser dependente de princípios da experiência, mas é impossível considerar como tal, já em virtude de seu conceito, a razão pura e contudo prática. Também a lei moral é dada quase como um *factum* da razão pura, do qual somos conscientes *a priori* e que é apodicticamente certo, na suposição de

84. Kant: *das Erkenntnis... / ein Erkenntnis* (neutro acus.: o conhecimento... / um conhecimento), *...durch dieselbe* (fem. acus.: pela mesma). Como a diferenciação entre *die Erkenntnis* (fem.: conhecimento) e *das Erkenntnis* (neutro: sentença judicial) só se estabeleceu a partir do século XVIII (Pfeifer), portanto desconsiderada no presente caso, *dieselbe*, como feminino, só poderia referir-se a "existência" e não a "conhecimento", como, aliás, o fizeram as traduções, sem consideração de concordância. Desde este ponto de vista, Hartenstein e Vorländer corrigiram o referido pronome para *dasselbe* (neutro), que então concordou com "conhecimento". Mas a Ak, embora advertindo que Kant em A 52 empregou *Erkenntnis* no feminino e que essa troca pode ocorrer nele, prudentemente, como Weischedel, manteve o texto original, que também é seguido na presente tradução.

que também na experiência não se podia[85] descobrir nenhum exemplo em que ela fosse exatamente seguida. Logo a realidade objetiva da lei moral não pode ser provada por nenhuma dedução, por nenhum[86] esforço da razão teórica, especulativa ou empiricamente apoiada, e, [82] pois, ainda que se quisesse renunciar à certeza apodíctica, <nem> ser confirmada pela[87] experiência e deste modo ser provada *a posteriori* e, contudo, é por si mesma certa.

Mas algo diverso e inteiramente paradoxal <*Widersinnisches*>[88] substitui esta inutilmente procurada dedução do princípio moral, a saber, que ele mesmo serve, inversamente, como princípio da dedução de uma imperscrutável faculdade que nenhuma experiência tinha de[89] provar, mas que a razão especulativa (para encontrar entre as suas ideias cosmológicas, segundo sua causalidade, o incondicionado e assim não contradizer a si mesma) tinha de admitir pelo menos como possível, ou seja, a da liberdade, da qual a lei moral, que não necessita ela mesma de nenhum fundamento que a justifique, prova não apenas a possibilidade mas a efetividade em entes que reconhecem essa lei como obrigatória para eles. De fato a lei moral é uma lei da causalidade mediante liberdade e, portanto, da possibilidade de uma natureza supra-sensível, assim como a lei metafísica dos eventos no mundo senso-

85. Na 1ª e da 4ª à 6ª edições, *konnte* (podia); na 2ª, *könnte* (pudesse), adotado por Vorländer e pela Ak.

86. Kant: *alle Anstrengung*, mas de acordo com Adickes devendo entender-se como *keine Anstrengung* (nenhum esforço) e a seguir, ao invés de *durch Erfahrung* (por experiência), *auch durch Erfahrung nicht* (tampouco por experiência), aliás, no sentido de Grillo (cf. nota abaixo).

87. Grillo propõe *durch keine* (por nenhuma).

88. Na 2ª, 5ª e 6ª edições constou *Widersinniges*.

89. Natorp conjetura "pode" ou "podia".

rial era uma lei da causalidade da natureza sensível; logo aquela determina aquilo que a filosofia especulativa tinha de deixar indeterminado, a saber, a lei para uma causalidade cujo conceito na última era só negativo e, portanto, proporciona a este, pela primeira vez, realidade objetiva.

[83] Esta espécie de credencial da lei moral – visto que ela mesma é estabelecida como um princípio da dedução da liberdade enquanto uma causalidade da razão pura, uma vez que a razão teórica era coagida **a admitir** pelo menos a possibilidade de uma liberdade – é, em vez de toda a justificação *a priori*, plenamente suficiente à suplementação de uma carência da liberdade. Pois a lei moral prova satisfatoriamente sua realidade também para a crítica da razão especulativa, pelo fato de que ela acrescenta a uma causalidade pensada só negativamente, cuja possibilidade era para aquela inconcebível e, contudo, necessário admitir, uma determinação positiva, a saber, o conceito de uma razão imediatamente determinante da vontade (mediante a condição de uma forma legal universal de suas máximas), e assim consegue dar à razão, que se excedia com suas ideias sempre que queria proceder especulativamente, pela primeira vez realidade objetiva, embora apenas prática, e converte o seu uso **transcendente** em um uso **imanente** (de ser ela mesma uma causa atuante[90] no campo da experiência mediante ideias).

A determinação da causalidade dos entes no mundo sensorial jamais podia ser, enquanto tal, incondicionada e, não obstante, para toda a série das condições necessariamente tem que haver algo incondicionado, por conseguinte também uma causalidade que se determine in-

90. Kant: *wirkende Ursachen* (causas atuantes), correção atribuída a Hartenstein, mas que originalmente é de Vogel, no exemplar de Erlangen.

teiramente por [84] si. Por isso a ideia de liberdade, como uma faculdade de absoluta espontaneidade, não era uma carência mas, **no que concerne a sua possibilidade**, uma proposição fundamental analítica da razão especulativa pura. Todavia, visto que é absolutamente impossível fornecer em qualquer experiência um exemplo adequado a ela, porque não pode encontrar-se entre as causas das coisas como fenômenos nenhuma determinação da causalidade que fosse absolutamente incondicionada, assim podíamos **defender** somente o **pensamento** de uma causa agente livre enquanto aplicamos este a um ente no mundo sensorial, contanto que ele por outro lado seja também considerado como *noumenon*; <isto> na medida em que mostrávamos que não é contraditório considerar todas as suas ações como fisicamente condicionadas, contanto que elas sejam fenômenos, e considerar ao mesmo tempo a causalidade das mesmas como fisicamente incondicionadas, contanto que o ente agente seja um ente inteligível, e assim tornar o conceito de liberdade um princípio regulativo da razão; mediante o que, na verdade, não conheço o que seja o objeto ao qual semelhante causalidade é atribuída mas removo o obstáculo enquanto, por um lado, na explicação dos acontecimentos do mundo, por conseguinte também das ações de entes racionais, faço justiça ao mecanismo da necessidade natural, de retroceder do condicionado à condição até o infinito, por outro lado, porém, mantenho aberto à [85] razão especulativa o lugar vazio para ela, ou seja, o inteligível, para transferir a ele o incondicionado. Mas eu não podia **realizar** este **pensamento**, isto é, transformá-lo, sequer segundo sua possibilidade, em **conhecimento** de um ente agindo desse modo. Ora, esse lugar vazio é preenchido pela razão prática pura através de uma determinada lei da causalidade em um mundo inteligível (mediante liberdade), ou seja, pela lei moral. Com isso, na verdade, em nada é incrementada a razão especulativa com vistas a sua perspiciência, mas com vistas ao **asseguramento** de seu problemático conceito de liberdade, para o qual é obtida aqui **realidade objetiva** e, se bem que somente prática, todavia indubitável. Mesmo o conceito de causalidade, cuja aplicação e, por conseguinte, também a significação propriamente só se verifica em referência a fenômenos para conectá-los a experiências (como a *Crítica da razão pura* o prova), não é por ela ampliado de modo que estenda seu uso para além dos limites mencionados. Pois, se ela tivesse isso em vista, então teria de querer mostrar como a relação lógica de razão e consequência pode ser usada sinteticamente em uma espécie de intuição diversa da sensível, isto é, como uma ***causa noumenon*** é possível; o que ela não pode absolutamente efetuar e como razão prática tampouco toma em consideração, na medida em que ela apenas põe o **fundamento determinante** da causalidade [86] do homem enquanto ente sensorial (que é dado) **na razão pura** (que por isso se chama prática) e, portanto, não utiliza o próprio conceito de causa, de cuja aplicação a objetos para fins do conhecimento teórico ela aqui pode abstrair totalmente (porque esse conceito é encontrado sempre *a priori* no entendimento, independentemente mesmo de toda a intuição), não para conhecer objetos e sim para determinar em geral a causalidade em vista dos mesmos, logo sob nenhum outro ponto de vista prático; e por isso pode transferir o fundamento determinante da vontade para a ordem inteligível das coisas, na medida em que ela ao mesmo tempo e de bom grado confessa não entender que tipo de determinação o conceito de causa possa ter para o conhecimento destas coisas. Certamente ela tem que conhecer de um modo determinado a causalidade com vistas às ações da vontade no mundo sensorial, pois do contrário a razão prática não poderia produzir efetivamente nenhum ato. Mas o conceito que ela faz de sua própria causalidade como *noumenon* ela não precisa determiná-lo teoricamente para o fim do conhecimento de sua existência suprassensível e assim, pois, poder conferir-lhe significado. Pois significado ela obtém sem isso, embora só para o uso prático, a saber, pela lei moral. Também do ponto de vista teórico esse conceito permanece sempre um puro conceito de entendimento, dado *a priori*, que pode [87] ser aplicado a objetos, quer eles sejam dados sensivelmente ou não sensivelmente; se bem que, no último caso, ele não tenha nenhum significado e aplicação teórica determinada mas é simplesmente um pensamento formal, contudo essencial, do entendimento acerca de um objeto em geral. O significado que a razão lhe proporciona pela lei moral é meramente prático, já que a própria ideia da lei de uma causalidade (da vontade) tem causalidade ou é seu fundamento determinante.

II
Da faculdade[91] de a razão pura ter no uso prático uma ampliação que no uso especulativo não lhe é por si possível

No princípio moral estabelecemos uma lei da causalidade que ultrapassa o fundamento determinante desta

91. Na Introdução à *Metafísica dos costumes* Kant definiu *Befugnis* (*facultas moralis*), em relação com o conceito de lícito, como "a liberda-

última para além de todas as condições do mundo sensível e **pensamos** a vontade segundo o modo como ela é determinável enquanto pertencente a um mundo inteligível, por conseguinte, o sujeito dessa vontade (o homem) não simplesmente enquanto pertencente a um puro mundo do entendimento, embora, sob este aspecto, como desconhecido a nós (como podia ocorrer [88] segundo a crítica da razão especulativa pura), mas também **determinamos** a vontade com vistas à sua causalidade mediante uma lei que não pode ser computada entre nenhuma lei natural

....

de que não é limitada por nenhum imperativo oposto a ela" (*MS* AB 21). O termo *Befugnis*, atualmente feminino e usado por Kant como masculino, costumeiramente traduzido por "direito", é aqui traduzido por "faculdade", de acordo com a sugestão latina de Kant e sobretudo porque *Befugnis* pertence propriamente à exposição do conceito de direito, inclusive de moral: "A todo o dever corresponde um direito <*Recht*>, considerado como faculdade <*Befugnis*> (*facultas moralis generatim*), mas a nem todo o dever correspondem direitos <*Rechte*> de um outro (*facultas juridica*) de coagir alguém; esses, porém, se chamam particularmente *deveres jurídicos* (*MS/T* A 8, Ak 383). Mais clara fica essa diferença quando Kant, na Introdução à *Doutrina do direito*, estabelece que todo direito *vincula-se* a uma faculdade <*Befugnis*> de coagir: se uma coerção é justa, então "com o direito <*Rechte*> conecta-se ao mesmo tempo, de acordo com o princípio de contradição, uma faculdade <*Befugnis*> de coagir" (*MS/R* B 35, Ak 231). Mesmo que Kant afirme a seguir que o direito não se constitui de dois elementos, da *Verbindlichkeit* (obrigatoriedade) e da *Befugnis* (faculdade) de coagir, sem a distinção desses termos não se poderia sequer traduzir Kant quando afirma: "*Recht und Befugnis zu zwingen bedeuten einerlei*" (direito e faculdade de coagir significam o mesmo. *MS/R* AB 36, Ak 232). Igualmente perderiam sentido uma expressão como *rechtliche Befugnis* (faculdade jurídica) e a definição, no caso não tautológica, de liberdade jurídica, apresentada em *À paz perpétua*: "Liberdade externa (jurídica) é a faculdade <*Befugnis*> de não obedecer a nenhuma lei externa à qual eu não tenha podido dar meu assentimento" (*EF* B 21). Sobre a tradução de *Befugnis* por "legitimidade" cf. a *Crítica da faculdade do juízo*, B 363, trad. bras., p. 256. Cf. tb. a *Crítica da razão pura*, trad. bras. 3ª ed., 1987, p. 74, B 116.

do mundo sensorial, portanto **estendemos** o nosso conhecimento para além dos limites do[92] último, cuja pretensão, aliás, a **Crítica da razão pura** declarou em toda a especulação como nula. Ora, como é possível unificar aqui o uso prático da razão pura com o uso teórico da mesma com vistas à determinação do limite de sua faculdade?

David Hume, do qual se pode dizer que iniciou toda a contestação[93] dos direitos de uma razão pura que tornavam necessária uma investigação completa da mesma, concluiu: o conceito de **causa** é um conceito que contém a **necessidade** da conexão da existência do diverso e, em verdade, na medida em que é diverso, de modo que, se A é posto, conheço algo inteiramente diverso dele, B, que também tem que necessariamente existir. Mas a necessidade só pode ser atribuída a uma conexão enquanto ela é conhecida *a priori*; pois a experiência só daria a conhecer, acerca de uma vinculação, que ela existe mas não que ela necessariamente exista desse modo. Ora, diz ele, é impossível conhecer *a priori* e como necessária a vinculação entre uma coisa e **outra** [89] (ou entre uma determinação e outra inteiramente diversa dela), se não são dadas na percepção. Logo, o próprio conceito de causa é mentiroso e enganador e é, para dizê-lo do modo mais brando, uma ilusão ainda desculpável, na medida em que o **hábito** (uma necessidade **subjetiva**) de perceber como associadas, segundo sua existência, certas coisas ou suas determinações

92. Kant: *des* (genit. neutro), correção de Hartenstein para *der* (genit. feminino), referindo-o a *Sinnenwelt* (mundo sensorial).

93. Vorländer, seguido pela Ak, consideraria melhor o plural *Anfechtungen* (contestações), para concordar com *machten* (tornaram). O texto de Kant, em vez disso, leva a uma vinculação entre *Rechte* (direitos) e *machten*.

mais frequentemente colaterais ou sucessivas imperceptivelmente, é tomado por uma necessidade **objetiva** de pôr nos próprios objetos uma tal conexão, e assim o conceito de causa é adquirido furtivamente e não legitimamente, antes, tampouco pode ser alguma vez adquirido ou abonado, porque ele exige uma conexão em si nula, quimérica, não sustentável por nenhuma razão, e à qual jamais pode corresponder algum objeto. – Assim, pois, primeiramente com vistas a todo o conhecimento que concerne à existência das coisas (portanto com exclusão ainda da Matemática), o **empirismo** foi introduzido como a única fonte dos princípios, mas com ele, ao mesmo tempo, o próprio **ceticismo** mais implacável com vistas a toda a ciência natural (enquanto filosofia). Pois, de acordo com tais proposições fundamentais, jamais podemos **inferir** de determinações dadas das coisas, segundo sua existência, uma consequência (pois para isso requerer-se-ia o conceito de causa, que contém a necessidade de uma [90] tal conexão) mas somente esperar, de acordo com a regra da faculdade da imaginação e como de costume, casos semelhantes, expectativa essa que, porém, jamais é segura, por mais frequentemente que ela se realize. De fato de nenhum acontecimento poder-se-ia dizer: **tem de** ter-lhe antecedido algo a que ele **necessariamente** seguia, isto é, ele tem de possuir uma **causa**; e, portanto, por mais frequentes casos que se conhecessem, em que algo semelhante ocorreu, a ponto de que se tivesse podido deduzir disso uma regra, nem por isso se poderia admiti-lo como sempre e necessariamente ocorrido desse modo, e assim se tem que também deixar seu direito entregue ao puro acaso, no qual cessa todo o uso da razão; o que, pois, estabelece solidamente e torna irrefutável o ceticismo relativamente às conclusões que se elevam de efeitos a causas.

A Matemática saiu-se bem ainda por tanto tempo, porque **Hume** achou que suas proposições fossem todas analíticas, isto é, que progredissem de uma determinação a outra por identidade, por conseguinte segundo o princípio de contradição (o que, porém, é falso, posto que elas, antes, são todas sintéticas e conquanto, por exemplo, a Geometria não tenha a ver com a existência das coisas mas somente com a sua determinação *a priori* em uma intuição possível, ela todavia passa, como que também mediante conceitos causais, de uma determinação A a uma determinação totalmente diversa B, mas [91] como necessariamente conectada com aquela). Porém aquela ciência, tão enaltecida pela sua certeza apodíctica, tem que finalmente sucumbir também ao **empirismo em proposições fundamentais**, pela mesma razão por que **Hume** pôs o hábito em vez da necessidade objetiva no conceito de causa, e tem que, independentemente da admissão de todo o seu orgulho, moderar suas ousadas pretensões de exigir *a priori* a aquiescência, bem como esperar[94] o aplauso, para a validade universal de suas proposições, do favor dos observadores, que como testemunhas não recusariam confessar que aquilo que o geômetra expõe como princípios eles sempre também o tivessem percebido desse modo, consequentemente, embora não fosse necessário, doravante permitiriam esperá-lo assim. Deste modo o empirismo **humiano** nas proposições fundamentais conduz também inevitavelmente ao ceticismo, mesmo em relação à Matemática, consequentemente em todo o uso teórico **científico** da razão (pois este pertence ou à Filosofia ou à Matemática). Se o uso comum da razão (em um tão ter-

94. Kant: *erwarten*, Natorp: *zu erwarten*.

rível soçobramento, como o que se vê suceder aos mentores do conhecimento) se sairá melhor e, muito antes, não se enredará ainda mais irreparavelmente precisamente nesta destruição de todo o saber, se, por conseguinte, das mesmas proposições fundamentais não tem de resultar um ceticismo [92] **universal** (que certamente porém só atingiria os eruditos), é o que <eu>[95] quero deixar ao próprio ajuizamento de cada um.

Ora, no que concerne à minha elaboração na *Crítica da razão pura*, que na verdade foi propiciada por aquela doutrina humiana da dúvida e que, contudo, avançou muito mais, abrangendo todo o campo da razão teórica pura no uso sintético, por conseguinte também daquilo que se chama metafísica em geral, procedi do seguinte modo em relação à dúvida do filósofo escocês concernente ao conceito de causalidade. **Hume** procedia de modo perfeitamente correto, quando (como, aliás, também acontece quase por toda parte), ao tomar os objetos da experiência por **coisas em si mesmas**, declarava o conceito de causa como uma enganosa e falsa fantasmagoria; pois acerca de coisas em si mesmas e de suas determinações enquanto tais não se pode ter nenhuma perspiciência de como, pelo fato de algo A ser posto, algo diverso B também necessariamente tenha de ser posto e, portanto, ele não podia de modo algum admitir um tal conhecimento *a priori* de coisas em si mesmas. O perspicaz senhor podia, ainda menos, permitir uma origem empírica desse conceito, pois ela justamente contradiz a necessidade da conexão que constitui o essencial do conceito de causalidade; por conseguinte o conceito foi pros-

95. 2ª ed., seguida por Hartenstein, acrescenta *ich*: "*ich Jedem*".

crito e em seu lugar entrou o hábito no observar o curso das percepções.

[93] De minhas investigações, porém, resultou que os objetos, com os quais temos a ver na experiência, não são de modo algum coisas em si mesmas mas somente fenômenos, e que – conquanto com coisas em si mesmas não se possa absolutamente prever, antes, é impossível ter a perspiciência de como, se A for posto, deva ser **contraditório** que B, que é totalmente diverso de A, não seja posto (a necessidade da conexão entre A como causa e B como efeito) – pode-se muito bem pensar que os objetos enquanto fenômenos têm que necessariamente vincular-se de algum modo **em uma experiência** (por exemplo, com respeito às relações de tempo) e não podem ser separados sem **contradizer** aquela vinculação, pela qual é possível essa experiência, na qual eles são objetos e na qual são cognoscíveis apenas a nós. E assim se passou também de fato; de modo que não só pude provar o conceito de causa segundo sua realidade, mas também **deduzi-lo** como conceito *a priori* em virtude da necessidade de conexão que ele comporta, isto é, demonstrar a sua possibilidade a partir do entendimento puro, independentemente de fontes empíricas e assim, após a eliminação da fonte do empirismo, anular em sua raiz a sua inevitável consequência, a saber, o ceticismo, primeiro em relação à Ciência Natural e então também, devido ao que se segue perfeitamente das [94] mesmas razões, em relação à Matemática, duas ciências que são referidas a objetos da experiência possível; e com isso pude desfazer cabalmente a dúvida total em tudo aquilo de que a razão teórica afirma ter perspiciência.

Mas que se passará com a aplicação desta categoria da causalidade (e[96] assim também de todas as demais, pois sem elas não se pode levar a cabo nenhum conhecimento do que existe) a coisas que não são objetos de experiência possível, mas se encontram além dos limites desta? Pois eu somente pude deduzir a realidade objetiva destes conceitos em relação aos **objetos da experiência possível**. Mas precisamente este fato, de que apenas neste caso os salvei, de que provei que através deles podem, contudo, **pensar-se** objetos, embora não se possam determiná-los *a priori*: é isto que lhes dá um lugar no entendimento puro, pelo qual eles são referidos a objetos em geral (sensíveis ou não sensíveis). Se alguma coisa ainda falta, então se trata da condição da **aplicação** destas categorias, e sobretudo da causalidade, a objetos, a saber, a intuição, que, se não é dada, torna impossível a aplicação para **fim do conhecimento teórico** do objeto enquanto *noumenon*. Portanto, se alguém a tenta (como também ocorreu na *Crítica da razão pura*), é totalmente impedido; não obstante, o fato de [95] que a realidade objetiva do conceito sempre se mantém pode ser usado em relação aos *noumena* mas sem poder minimamente determinar teoricamente esse conceito e desse modo produzir um conhecimento. Pois, que esse conceito também em referência a um objeto não contém nada impossível, foi provado pelo fato de que lhe estava assegurada a sede no entendimento puro para toda a aplicação a objetos dos sentidos; e se bem que, referido a seguir a coisas em si mesmas (que não podem ser objetos da experiência), ele não seja suscetível de ne-

96. A 1ª ed. esqueceu-se do parêntese inicial: "(", corrigida por Grillo e também por Vogel no exemplar de Erlangen.

nhuma determinação para a representação **de um objeto determinado** para o fim de um conhecimento teórico, mesmo assim ele podia sempre ainda ser suscetível de uma determinação para sua aplicação a algum outro fim qualquer (talvez prático), o que não ocorreria se, de acordo com **Hume**, esse conceito de causalidade contivesse algo impossível de pensar-se em parte alguma.

Ora, para encontrar esta condição da aplicação do mencionado conceito de *noumenon*, basta que nos lembremos **por que não estamos satisfeitos com sua aplicação a objetos de experiência** mas gostaríamos de aplicá-lo também a coisas em si mesmas. Pois então se mostra logo que não é um fim teórico e sim prático que torna isso uma necessidade. Para a especulação, mesmo que [96] tivéssemos sucesso nela, não faríamos nenhuma verdadeira aquisição no conhecimento da natureza e, em geral, em relação aos objetos que porventura nos possam ser dados, mas quando muito daríamos um grande passo do sensivelmente condicionado (onde já nos ocupa suficientemente permanecer junto a ele e percorrer diligentemente a cadeia das causas) ao suprassensível, para[97] completar e limitar nosso conhecimento do lado das razões, embora sempre restasse não preenchido um infinito abismo entre aquele limite e o que conhecemos e tivéssemos dado mais atenção a uma vaidosa mania de questionamento do que a um sólido desejo de saber.

Mas, além da relação em que se encontra com objetos (no conhecimento teórico), **o entendimento** possui também uma relação com a faculdade de apetição, que por

97. Kant: *und* (e); na 2ª ed. substituído por *um* (para), não mantido da 4ª à 6ª ed., incluído na reimpressão de 1796 e na correção manuscrita de Vogel, depois amplamente incorporado.

isso se chama vontade, e chama-se vontade pura na medida em que o entendimento puro (que em tal caso chama-se razão) é prático mediante a simples representação de uma lei. A realidade objetiva de uma vontade pura ou, o que é a mesma coisa, de uma razão prática pura, é dada *a priori* na lei moral como que mediante um *factum*; pois é assim que se pode denominar uma determinação da vontade que é inevitável, embora não dependa de princípios empíricos. No conceito de vontade, porém, já está contido o conceito de causalidade, por conseguinte no de uma vontade pura o conceito [97] de uma causalidade com liberdade, isto é, não determinável segundo leis da natureza, consequentemente incapaz de uma intuição empírica como prova de sua[98] realidade, todavia justifica perfeitamente, na lei prática pura *a priori*, a sua realidade objetiva, porém (como se pode facilmente vê-lo) não para o fim do uso teórico e sim do uso prático da razão. Ora, o conceito de um ente que possui vontade livre é o conceito de uma *causa noumenon*; e, de que este conceito não se contradiga, está já assegurado pelo fato de que o conceito de uma causa – enquanto surgido totalmente do entendimento puro, assegurado ao mesmo tempo, pela dedução, de sua realidade objetiva com vistas aos objetos em geral e com isso independente, segundo sua origem, de todas as condições sensíveis, portanto não limitado a fenômenos (a não ser no caso em que se quisesse[99] fazer um determinado uso teórico[100] deles) – <que

98. *seiner* (genit. masc.), referido a *eines reinen Willens* (de uma vontade pura; cf. Vorländer).

99. Natorp aventa *sollte* (devesse).

100. Kant: *ein theoretischer bestimmter Gebrauch* (um uso determinado teórico); melhor seria: *ein bestimmter theoretischer Gebrauch* (um uso teórico determinado. Cf. Vorländer).

esse conceito> com certeza pode[101] ser aplicado a coisas enquanto puros entes de razão. Visto, porém, que a essa aplicação não pode atribuir-se nenhuma intuição, a qual sempre só pode ser sensível, assim a *causa noumenon* é, em relação ao uso teórico da razão, um conceito, ainda que possível e pensável, todavia vazio. Ora, com isso tampouco reivindico **conhecer teoricamente** a natureza de um ente **na medida** em que possui uma vontade **pura**; basta-me [98] com isso apenas qualificá-lo como um tal ente, por conseguinte apenas vincular o conceito de causalidade com o de liberdade (e, o que lhe é inseparável, com a lei moral enquanto fundamento determinante da mesma), cuja faculdade efetivamente me compete graças à origem pura e não empírica do conceito de causa, enquanto não me considero facultado a fazer disso nenhum outro uso senão em relação à lei moral, que determina a sua realidade, isto é, a fazer disso somente um uso prático.

Se eu, com **Hume**, tivesse eliminado do conceito de causalidade a realidade objetiva no uso prático[102], não somente em relação às coisas em si mesmas (ao suprassensível), mas também em relação aos objetos dos sentidos, então esse conceito teria perdido todo o significado; desse modo, enquanto conceito teoricamente impossível, ele seria declarado totalmente inútil, e, como de nada também não se pode fazer nenhum uso, o uso prático de um conceito **teoricamente-nulo** teria sido totalmente absurdo. Ora, o conceito de uma causalidade empiricamente incondicionada é, na verdade, teoricamente vazio (sem uma intui-

101. Kant: *könne*; alterado por Vorländer para *könnte* (poderia).

102. A ed. Ak (Schöndörfer), na suposição de que Kant tenha feito, nessa passagem, um emprego equivocado do termo "prático", corrigiu-o para "teórico".

ção que lhe convenha), contudo sempre possível, e refere-se a um objeto indeterminado; em contrapartida, porém, lhe é dada significação na lei moral, portanto em uma relação prática, de modo que em verdade não possuo nenhuma intuição que lhe determinasse a realidade teórica objetiva, mas [99] nem por isso ele deixa de ter uma aplicação efetiva, que pode apresentar-se *in concreto* em disposições ou máximas, isto é, ter realidade prática que pode ser indicada; o que, pois, é suficiente para sua própria legitimidade com vistas aos *noumena*.

Mas esta realidade objetiva de um conceito intelectual puro no campo do suprassensível, uma vez introduzida, fornece doravante a todas as demais categorias, conquanto só na medida em que elas se encontram em vinculação **necessária** com o fundamento determinante da vontade pura (com a lei moral), também realidade objetiva, embora nenhuma outra que a apenas praticamente-aplicável e que, no entanto, não tem a mínima influência sobre a ampliação dos conhecimentos teóricos desses objetos, enquanto perspiciência da natureza dos mesmos pela razão pura. Como, aliás, veremos também a seguir, essas categorias referem-se sempre e somente a entes enquanto **inteligências**, e nestas somente à relação da **razão** com a **vontade**, por conseguinte sempre e somente ao **prático**, e não se arrogam a nenhum ulterior conhecimento das mesmas; mas seja que propriedades, pertencentes ao modo de representação teórico de tais coisas suprassensíveis, possam ser aduzidas em vinculação com aquelas, estas consequentemente não são no seu conjunto computadas como saber mas somente como faculdade (em sentido prático, mas de modo algum como necessidade) de admiti-las e pressupô-las, [100] mesmo onde <se admitem>[103] entes suprassensíveis (como Deus) segundo uma analogia, isto é, segundo a relação racional pura, da qual nos servimos praticamente com vistas à relação sensível, e assim, pela aplicação ao suprassensível mas somente de um ponto de vista prático, não se favorece minimamente a razão teórica pura a um arrebatamento transcendente.

Segundo Capítulo
Do conceito de um objeto da razão prática pura

Entendo por um conceito[104] da razão prática a representação de um objeto como um efeito possível pela liberdade. Ser um objeto do conhecimento prático enquanto tal significa, portanto, somente a referência da vontade à ação, pela qual esse objeto ou seu contrário seria tornado efetivo, e o ajuizamento se algo é ou não um objeto da razão prática **pura** é somente a distinção da possibilidade ou impossibilidade de **querer** aquela ação, pela qual, se tivéssemos a faculdade para tanto (o que a expe-

103. *annimmt* (admite). Historicamente tomado como acréscimo de Hartenstein, também proposto por Adickes e igualmente adotado por Kehrbach, Kirchmann e Vorländer; não adotado pela Ak, mas que do mesmo modo o atribuiu a Hartenstein. Na verdade constou antes no exemplar de Erlangen e foi uma correção inicial de Vogel.

104. Alterado por Vorländer para "por um conceito de objeto" e, pela Ak, para "pelo conceito de um objeto". No entanto a construção de Kant "um conceito da razão prática" parece ter sentido: a razão prática não se representa diretamente objetos mas conceitos (de objetos inexistentes), a serem realizados pela liberdade e, antes deles, regras como motivos para a ação (cf. abaixo *KpV* A 105 e, ainda, A 29 e 32).

riência tem de julgar), um certo objeto tornar-se-ia **[101]** efetivo. Se o objeto é admitido como fundamento determinante de nossa faculdade de apetição, então a sua **possibilidade física** mediante o uso livre de nossas forças tem de anteceder o ajuizamento se ele é ou não um objeto da razão prática. Contrariamente, se a lei *a priori* pode ser considerada como o fundamento determinante da ação e esta, portanto, como determinada pela razão prática pura, então o juízo se algo é ou não um objeto da razão prática pura é totalmente independente da comparação com nossa faculdade física, e a questão é somente se nos é permitido **querer** uma ação que é dirigida à existência de um objeto, no caso em que este estivesse em nosso poder. Por conseguinte a **possibilidade moral** tem que preceder a ação; pois neste caso não é o objeto e sim a lei da vontade o fundamento determinante da ação.

Portanto os únicos objetos de uma razão prática são os de **bom** e **mau**[105]. Pois pelo primeiro entende-se um objeto necessário da faculdade de apetição; pelo segundo, da faculdade de aversão, ambos, porém, de acordo com um princípio da razão.

Se o conceito de bom não deve ser derivado de uma lei prática precedente mas, antes, servir de fundamento a esta, então ele só **[102]** pode ser o conceito de algo cuja existência promete prazer e deste modo determina a causalidade do sujeito à realização do mesmo, isto é, determina a faculdade de apetição. Ora, visto que é impossível ter *a priori* a perspiciência de qual representação será

105. Kant procede a uma substantivação de adjetivos, distinguindo, no que se segue, entre o bom (*das Gute*), o mau (*das Böse*), o agradável (*das Angenehme*), o desagradável (*das Unangenehme*) e o útil (*das Nützliche*), como em outras ocasiões distinguiu entre o belo (*das Schöne*) e o verdadeiro (*das Wahre*).

acompanhada de **prazer** e de qual, ao contrário, será acompanhada de **desprazer**, assim caberia unicamente à experiência estipular o que seja imediatamente bom e mau. A propriedade do sujeito, em relação à qual, unicamente, esta experiência pode ser feita, é o **sentimento** de prazer e desprazer, enquanto receptividade pertencente ao sentido interno, e deste modo o conceito do que é imediatamente bom remeteria somente àquilo com que a sensação de **deleite** está imediatamente vinculada, e o conceito do simplesmente mau teria de referir-se unicamente àquilo que provoca imediatamente **dor**. Mas porque isto já contraria o uso linguístico, que distingue o **agradável** do **bom**, e o **desagradável** do **mau**, e exige que bom e mau sejam sempre ajuizados pela razão, por conseguinte, mediante conceitos que se deixam comunicar universalmente e não mediante simples sensação, que se limita a objetos [sujeitos][106] individuais e sua receptividade, embora por si mesmos prazer ou desprazer não possam ser *a priori* vinculados imediatamente a nenhuma representação de um objeto, assim o filósofo que se cresse coagido a pôr como fundamento [103] de seu ajuizamento prático um sentimento de prazer, denominaria **bom** o que é um **meio** para o agradável e **mau** o que é causa do desagrado e da dor; pois o ajuizamento da relação dos meios a fins pertence indubitavelmente à razão. Mas, embora unicamente a razão seja capaz de ter a perspiciência da conexão dos meios com seus objetivos (de modo que também se poderia definir a vontade pela faculdade dos fins, na medida em que eles sempre são fundamentos determinantes da faculdade de apetição segundo princípios), assim pois as máximas

106. Na edição original *Objekte*, que Natorp e Ak substituíram por *Subjekte* (sujeitos).

práticas que decorressem simplesmente como meios do anterior conceito de bom jamais conteriam como objeto da vontade algo bom por si mesmo mas sempre apenas **para outra coisa qualquer**: o bom sempre seria meramente o útil, e aquilo para que ele serve teria de encontrar-se todas as vezes fora da vontade, na sensação. Ora, se esta enquanto sensação agradável tivesse que ser distinguida do conceito de bom, então não haveria em nenhuma parte algo imediatamente bom, mas o bom teria que ser procurado somente nos meios para algo diverso, a saber, para algum agrado qualquer.

É uma antiga fórmula das escolas: *Nihil appetimus, nisi sub ratione boni; nihil aversamur, nisi sub ratione mali*[107]; e ela tem um uso frequentemente correto mas frequentemente também muito prejudicial à Filosofia, porque as expressões do *boni* e *mali* contêm **[104]** uma ambiguidade, de que é culpada a limitação da língua e pela qual são suscetíveis de um duplo sentido; por isso elas colocam as leis práticas num círculo vicioso e coagem a Filosofia – que no uso das mesmas pode perceber bastante bem a diversidade do conceito na mesma palavra, mas não pode encontrar nenhuma expressão particular correspondente – [coagem a Filosofia] a distinções sutis, sobre as quais depois não se pode pôr-se de acordo, na medida em que a diferença não podia ser imediatamente designada por nenhuma expressão conveniente[108].

107. "Não apetecemos algo senão em razão de um bem; não desapetecemos algo senão em razão de um mal."

108. Além disso, a expressão *sub ratione boni* é ainda equívoca. Pois ela pode significar: nós nos representamos algo como bom se e **porque o apetecemos** (queremos); mas também: nós apetecemos algo **porque** nos **representamos como bom**, de tal modo que ou o apetite seja o fundamento determinante do conceito do objeto como algo bom, ou o conceito

A língua alemã tem a sorte de contar com expressões que não descuram essa heterogeneidade. Para aquilo que os latinos denominam com uma única palavra *bonum*, ela possui dois conceitos bem diversos e também duas expressões igualmente diversas: para *bonum* ela possui ***Gute*** e ***Wohl*** <bom e bem-estar> e, para *malum*, ***Böse*** e ***Übel*** <mau e mal-estar/infortúnio>/ (ou ***Weh*** <dor/aflição>); de modo que se trata **[105]** de dois ajuizamentos totalmente diversos se em uma ação consideramos o seu ***Gute e Böse*** <o seu caráter bom e mau> ou o nosso ***Wohl*** e ***Weh*** (*Übel*) <o nosso estado de bem-estar e mal-estar>. Disso já se segue que a proposição psicológica anterior é, pelo menos, ainda muito incerta se for traduzida assim: não apetecemos nada senão com vistas a nosso ***Wohl*** e ***Weh*** <bem-estar e mal-estar>; contrariamente, se a apresentamos assim: não queremos, de acordo com uma instrução da razão, nada senão na medida em que o consideramos bom <*gut*> ou mau <*böse*>, ela torna-se indubitavelmente certa e, ao mesmo tempo, expressa-se de modo totalmente claro.

O ***Wohl*** ou ***Übel*** <bem-estar ou mal-estar> sempre significa somente uma referência a nosso estado de **agrado** ou **desagrado**[109], de prazer[110] e dor, e se por isso apetecemos ou detestamos um objeto, isto ocorre somente na medida em que ele é referido à nossa sensibilidade e ao sen-

....

de bom seja o fundamento determinante da apetência (da vontade); com efeito o *sub ratione boni*, no primeiro caso, significaria que queremos algo **sob a ideia** de bom e, no segundo, **em consequência dessa ideia**, que tem de preceder o querer como seu fundamento determinante. (K)

109. Literalmente: *Annehmlichkeit* (agradabilidade) / *Unannehmlichkeit* (desagradabilidade).

110. Kant: *Vergnügen*. Diversamente de *Lust* ("prazer", em geral), *Vergnügen*, como prazer sensorial, é em geral traduzido por "deleite". Pois como gênero *Lust* inclui também o prazer estético, que é reflexivo.

timento de prazer e desprazer que ele produz. Mas o ***Gute*** ou ***Böse*** <bom ou mau> significa sempre uma referência à **vontade**, na medida em que esta é determinada pela **lei da razão** a fazer de algo seu objeto; aliás a vontade jamais é determinada imediatamente pelo objeto e sua representação, mas é uma faculdade de fazer de uma regra da razão a causa motora de uma ação (pela qual um objeto pode tornar-se efetivo). Portanto o bom e mau são propriamente referidos a ações, não ao estado de sensação da [106] pessoa, e se algo devesse ser simplesmente (e em todo sentido, sem ulterior condição) bom ou mau ou tido por tal, então seria somente o modo de ação, a máxima da vontade e, por conseguinte, a própria pessoa agente como homem bom ou mau, não porém uma coisa, que poderia ser chamada assim.

Portanto se podia sempre rir do Estoico, que em meio às mais intensas dores de gota gritava: dor, tu ainda podes torturar-me tanto, eu contudo jamais confessarei que sejas algo mau (κακόν, *malum*)! Ele tinha razão. O que ele sentia era um mal-estar, e isto traía o seu grito; mas que por isso, se lhe atribuísse algo mau, não tinha ele motivo algum para conceder; pois a dor não diminui[111] minimamente o valor de sua pessoa mas só o valor de seu estado. Uma única mentira da qual ele tivesse sido consciente teria que ter abatido sua coragem; mas a dor servia somente de ensejo para elevá-lo quando se conscientizava de que ela não o[112] tornara culpado de nenhuma ação injusta e, por isso, merecedor de castigo.

111. Natorp aventa *verringerte* (diminuía).

112. Kant: *sie* (ela), correção para *ihn* (o), inicialmente por Vogel no exemplar de Erlangen, adotada também por Hartenstein e a maioria das edições posteriores.

O que devemos denominar bom tem que ser, no juízo de todo homem racional, um objeto da faculdade de apetição, e o mau tem que ser aos olhos de qualquer um objeto de aversão; por conseguinte, para esse ajuizamento requer-se, além do sentido, ainda [107] a razão. O mesmo se passa com a veracidade em oposição à mentira, com a justiça em oposição à violência, etc. Mas podemos denominar um mal algo que, todavia, qualquer um tem de ao mesmo tempo declarar bom, às vezes mediatamente, às vezes até imediatamente. Aquele que se permite a prática de uma operação cirúrgica sente-a, sem dúvida, como um mal; mas pela razão ele e qualquer um a declara boa. Mas, se com alguém que gosta de provocar e perturbar pessoas amantes da paz as coisas acabam indo mal e ele é despedido com uma boa dose de golpes, então isto certamente é um mal, mas qualquer um o aprova e considera-o em si bom, mesmo que nada decorresse ulteriormente dele; antes, mesmo aquele que os sofre tem de reconhecer em sua razão que se lhe faz justiça, porque ele vê aqui precisamente posta em prática a proporção entre o bem-estar e a boa conduta, que a razão inevitavelmente lhe apresenta.

O nosso bem e mal certamente tem **muita** importância no ajuizamento de nossa razão prática e, no que concerne a nossa natureza como entes sensíveis, **tudo** depende de nossa **felicidade**, se esta é ajuizada, como sobretudo a razão o exige, não segundo a sensação passageira mas segundo a influência que esta contingência tem sobre toda a nossa existência e o contentamento com [108] ela; mas nem **tudo em geral** depende disso. O homem, enquanto pertence ao mundo sensorial, é um ente carente e nesta medida sua razão tem certamente uma não desprezível incumbência, de parte da sensibilidade, de cuidar do interesse da mesma e de propor-se máximas práticas também em vista da felicidade desta vida e, se possível, também de uma vida futura. Apesar disso, ele não é tão inteiramente animal a ponto de ser indiferente a tudo o que a razão por si mesma diz e de usá-la simplesmente como instrumento de satisfação de sua carência enquanto ente sensorial. Pois o fato de ele ter uma razão não eleva, absolutamente, o seu valor sobre a simples animalidade, se a razão dever servir-lhe somente para o fim daquilo que o instinto executa nos animais. Neste caso ela não passaria de uma maneira peculiar da qual a natureza se tivesse servido para equipar o homem para o mesmo fim ao qual ela determinou os animais, sem o determinar a um fim superior. De acordo, portanto, com esta disposição natural uma vez encontrada nele, ele certamente precisa da razão para tomar sempre em consideração o seu bem e mal, mas ele, além disso, a possui ainda para um fim superior, a saber, não somente para refletir também sobre o que é em si bom ou mau e sobre o que unicamente a razão pura, de modo algum interessada sensivelmente, pode julgar, mas para distinguir [109] este ajuizamento totalmente do ajuizamento sensível e torná-lo condição suprema do[113] último.

Este ajuizamento do bom <*Guten*> e mau <*Böse*> em si, à diferença do que só relativamente a bem-estar <*Wohl*> ou mal-estar <*Übel*> pode ser denominado bom, depende dos seguintes pontos: ou um princípio da razão é já

113. Vorländer admite que se trate de uma referência a "bom e mau". Nolte e Natorp alteram *des* para *der*, permitindo uma referência a "ajuizamento sensível".

em si pensado como o fundamento determinante da vontade, sem consideração de possíveis objetos da faculdade de apetição (logo, meramente através da forma legal da máxima), e então aquele princípio é uma lei prática *a priori* e a razão pura será admitida como sendo por si mesma prática; a lei, então, determina **imediatamente** a vontade, a ação conforme a ela é **em si mesma boa** e uma vontade, cuja máxima é sempre conforme a essa lei, é **absolutamente** e **em todos os sentidos boa** e a **condição suprema de todo o bem**. Ou então um fundamento determinante da faculdade de apetição precede a máxima da vontade, que pressupõe um objeto de prazer e desprazer, por conseguinte algo que **deleita** ou **provoca dor**, e a máxima da razão de promover aquele e evitar este determina as ações segundo o modo como elas, relativamente a nossa inclinação, são boas, por conseguinte só mediatamente (com respeito a um outro fim, como meio para o mesmo), e estas máximas então jamais podem chamar-se leis mas preceitos práticos racionais. O próprio [110] fim, o deleite que procuramos, não é, no último caso, algo **bom** <*ein Gutes*>, mas um bem-estar <*Wohl*>, não um conceito da razão mas um conceito empírico de um objeto da sensação; apenas o uso do meio correspondente, isto é, a ação (porque para isso é requerida reflexão racional), chama-se, contudo, boa, mas não absolutamente e sim só em relação a nossa sensibilidade, com vistas a seu sentimento de prazer e desprazer; a vontade, porém, cuja máxima é com isso afetada, não é uma vontade pura, a qual somente concerne àquilo em que a razão pura pode ser por si mesma prática.

Este é o lugar para elucidar o paradoxo do método em uma crítica da razão prática, **ou seja, que o conceito de bom e mau não tem que ser determinado antes da lei**

moral (no fundamento da qual[114] **ele aparentemente até teria que ser posto), mas somente (como aqui também ocorre) depois dela e através dela.** Ou seja, se não soubéssemos também que o princípio da moralidade é uma lei pura, determinando *a priori* a vontade, então, para não admitir proposições fundamentais de modo inteiramente gratuito (*gratis*), teríamos de, pelo menos inicialmente, deixar **indecidido** se a vontade tem fundamentos determinantes meramente empíricos ou se ela tem também fundamentos determinantes puros *a priori*; pois contraria todas as regras fundamentais do modo de proceder filosófico [111] admitir já previamente como decidido aquilo sobre que antes do mais se tem que decidir. Ora, suposto que quiséssemos começar do conceito de bom, para deduzir dele as leis da vontade, então este conceito de objeto (como bom) declararia o mesmo, simultaneamente, como o único fundamento determinante da vontade. Visto que este conceito não tinha[115] como sua norma nenhuma lei prática *a priori*, assim a pedra de toque do bom ou mau não poderia ser posta em nenhuma outra coisa que na concordância do objeto com nosso sentimento de prazer ou desprazer, e o uso da razão somente poderia consistir, em parte, em determinar esse prazer ou desprazer na inteira interconexão com todas as sensações de minha existência e, em parte, em determinar os meios de conseguir para mim o objeto das mesmas. Ora, já que somente

114. *dem er*, correção atribuída a Hartenstein, embora não conste em sua edição de 1838, p. 171, e também seguida nesta tradução. A construção de Kant, *dem es*, implicaria a tradução: "no fundamento do qual esta lei..." – o contrário, portanto, do que a frase pretenderia dizer e em dissonância com o restante da mesma.

115. Kant: *hatte*, Hartenstein: *hätte* (teria).

pela experiência pode decidir-se o que seja conforme com o sentimento de prazer, mas que a lei prática supostamente deve fundar-se sobre ela como condição, então a possibilidade de leis práticas *a priori* ficaria diretamente excluída, porque se supunha necessário descobrir antes um objeto para a vontade, cujo conceito como conceito de algo bom teria de constituir o fundamento determinante geral, embora empírico, da vontade. Entretanto era necessário investigar antes se não havia também um fundamento determinante *a priori* da vontade (o qual **[112]** jamais teria sido encontrado em nenhum outro lugar que em uma lei prática pura e, na verdade, na medida em que esta, sem consideração de um objeto, prescreve às máximas a simples forma legal). Mas visto que já se pusera como fundamento de toda a lei prática um objeto segundo conceitos do bom e mau, mas que esse, sem uma lei antecedente, só podia ser pensado segundo conceitos empíricos, assim já se tinha de antemão afastado a possibilidade de sequer pensar uma lei prática pura; já que do contrário, se se tivesse antes investigado esta lei analiticamente, ter-se-ia encontrado que não é o conceito de bom enquanto objeto que determina e torna possível a lei moral, mas que inversamente é a lei moral que antes de tudo determina e torna possível o conceito de bom, na medida em que este merece absolutamente esse nome.

Esta anotação, que concerne meramente ao método das investigações morais supremas, é importante. Ela esclarece de vez o fundamento originante de todas as confusões dos filósofos acerca do princípio supremo da moral. Pois eles procuravam um objeto da vontade para fazê-lo matéria e fundamento de uma lei (a qual então deveria ser o fundamento determinante da vontade, não imediatamente mas mediante aquele objeto remetido ao sentimento de prazer ou [113] desprazer), enquanto primeiro deveriam ter investigado uma lei que determinasse *a priori* e imediatamente a vontade e que, de acordo com ela, determinasse pela primeira vez o objeto. Ora, eles preferiam colocar este objeto do prazer, que deveria fornecer o conceito supremo de bom, na felicidade, na perfeição, no sentimento[116] moral ou na vontade de Deus; assim a sua proposição fundamental consistia sempre em heteronomia e eles tinham que inevitavelmente encontrar condições empíricas para uma lei moral: porque eles podiam denominar bom ou mau seu objeto, enquanto fundamento determinante imediato da vontade, só segundo sua relação imediata com o sentimento, o qual é sempre empírico. Somente uma lei formal, isto é, uma lei que não prescreve à razão nada mais do que a forma de sua legislação universal como condição suprema das máximas, pode ser *a priori* um fundamento determinante da razão prática. Os Antigos, todavia, cometeram abertamente esse erro, por terem apostado a sua investigação moral totalmente na determinação do conceito de **sumo bem**, por conseguinte de um objeto que depois tencionavam tornar fundamento determinante da vontade na lei moral; um objeto que só bem mais tarde, quando a lei moral é pela primeira vez confirmada por si mesma e justificada como fundamento determinante imediato da vontade, pôde ser apresentado como objeto à vontade agora [114] determinada *a priori* segundo sua forma; é com o que queremos ocupar-nos na Dialética da razão prática pura. Os modernos, entre os quais a questão do sumo bem parece ter caído em desuso, pelo menos como algo sem importância, ocultam sob expressões vagas (como em muitos outros casos) o

116. Kant: *Gesetze* (na lei), corrigido por Hartenstein.

mesmo erro; ele, contudo, se deixa ver em seus sistemas, já que ele então trai por toda parte uma heteronomia da razão prática, da qual jamais pode surgir uma lei moral ordenando universalmente *a priori*.

Ora, visto que os conceitos de bom e mau, enquanto consequências da determinação *a priori* da vontade, também pressupõem um princípio prático puro, por conseguinte uma causalidade da razão pura, eles não se referem originariamente, por assim dizer, como determinações da unidade sintética do múltiplo de intuições dadas em uma consciência, a objetos, como os conceitos puros do entendimento ou as categorias da razão utilizada teoricamente, muito antes, os pressupõem como dados; mas tais conceitos são no seu conjunto modos <*modi*> de uma única categoria, ou seja, da de causalidade, na medida em que o seu fundamento determinante consiste na representação racional de uma lei da mesma, que, enquanto lei da liberdade, a razão dá a si mesma e deste modo prova-se *a priori* como prática. Todavia, visto **[115]** que as ações, **por um lado**, de fato submetem-se a uma lei, que não é nenhuma lei da natureza mas uma lei da liberdade, consequentemente pertencem à conduta de entes inteligíveis, **por outro lado**, enquanto eventos no mundo sensorial pertencem também aos fenômenos, as determinações de uma razão prática só poderão ocorrer em relação aos últimos, consequentemente de fato em conformidade com as categorias do entendimento, mas não em vista de um uso teórico das mesmas, para subordinar o múltiplo da **intuição** (sensível) a uma consciência *a priori*, e sim somente para submeter o múltiplo das **apetições** à unidade da consciência de uma razão prática, ou de uma vontade pura *a priori*, que ordena na lei moral.

Essas **categorias da liberdade**, pois assim queremos denominá-las em vez daqueles conceitos teóricos, enquanto categorias da natureza, têm uma visível vantagem sobre as últimas, pelo fato de que estas são somente formas de pensamento, que mediante conceitos universais designam apenas indeterminadamente objetos em geral para cada intuição possível a nós; aquelas[117], ao contrário, visto que concernem à determinação de um **arbítrio livre** (ao qual, na verdade, não pode ser dada nenhuma intuição de modo perfeitamente adequado, mas o qual – coisa que não ocorre com nenhum conceito do uso teórico de nossa faculdade de conhecer – tem por fundamento uma lei prática pura [116] *a priori*), como conceitos elementares práticos possuem dada como fundamento, em vez da forma da intuição (espaço e tempo), que não reside na própria razão mas tem que ser tirada de outro lugar, ou seja, da sensibilidade – a **forma de uma vontade pura** na razão, por conseguinte na própria faculdade de pensar; desta maneira, pois, ocorre que, como em todos os preceitos da razão prática pura só se tem a ver com a **determinação da vontade**, não com as condições naturais (da faculdade prática)[118] de **execução de seu objetivo**, os conceitos práticos *a priori* tornam-se, em relação ao princípio supremo da liberdade, imediatamente conhecimentos e não precisam esperar por intuições para obter significado, e em verdade por esta singular razão de que eles mesmos produzem a efetividade daquilo a que se referem (a disposição da vontade), o que não é de modo algum o caso dos concei-

117. Kant: *diese* (estas). A tradução segue Adickes, que propõe *jene* (aquelas).

118. A Ak, em suas *Anmerkungen* I-V, p. 503, aventa que teria sido mais razoável um deslocamento de "(da faculdade prática)" para depois de "execução de seu objetivo".

tos teóricos. Só que se tem de observar bem que essas categorias concernem somente à razão prática em geral e deste modo procedem, em sua ordem, das categorias ainda moralmente indeterminadas e sensivelmente condicionadas àquelas que, enquanto sensivelmente incondicionadas, são determinadas meramente pela lei moral.

[117] *Tábua das categorias da liberdade relativamente aos conceitos de bom e mau*

1.

Da quantidade
Subjetivamente, segundo máximas
(**opiniões da vontade** do indivíduo)
Objetivamente, segundo princípios (**preceitos**)
Princípios *a priori* da liberdade, tanto objetivos quanto subjetivos (**leis**)

2.

Da qualidade
Regras práticas de **execução** (*praeceptivae*)
Regras práticas de **omissão** (*prohibitivae*)
Regras práticas de **exceções** (*exceptivae*)

3.

Da relação
À **personalidade**
Ao **estado** da pessoa
Reciprocamente, de uma pessoa ao estado das outras

4.

Modalidade
O **lícito** e o **ilícito**
O **dever** e o **contrário ao dever**
Dever perfeito e **dever imperfeito**

[118] Observar-se-á logo que nessa tábua a liberdade é considerada uma espécie de causalidade, que, porém, não está subordinada a fundamentos determinantes empíricos relativamente a ações possibilitadas por ela como fenômenos no mundo sensorial, que ela consequentemente se refere às categorias de sua possibilidade natural, embora cada categoria seja tomada tão universalmente que o fundamento determinante daquela causalidade pode ser admitido também fora do mundo sensorial, na liberdade enquanto propriedade de um ente inteligível, até que as categorias da modalidade introduzam, mas só **problematicamente**, a passagem de princípios práticos em geral aos princípios da moralidade; os quais podem então ser pela primeira vez apresentados **dogmaticamente** pela lei moral.

Não acrescento aqui mais nada para a elucidação da presente tábua, porque ela é por si suficientemente compreensível. Tal divisão, baseada em princípios, é, devido tanto à sua solidez quanto à sua compreensibilidade, muito útil a toda a ciência. Assim, por exemplo, sabe-se imediatamente, a partir da tábua apresentada e de seu primeiro número, de onde se tem de começar nas considerações práticas: das máximas que cada um funda sobre sua inclinação; dos preceitos que valem para uma espécie de entes racionais, na medida em que eles se põem de acordo sobre certas inclinações; e finalmente da lei que vale para todos, sem consideração de suas [119] inclinações etc. Deste modo abrange-se com a vista o inteiro plano completo do que se tem a executar, inclusive cada questão da filosofia prática a que se tem de responder e, ao mesmo tempo, a ordem que se tem de seguir.

Da típica da faculdade de julgar prática pura

Os conceitos de bom e mau determinam pela primeira vez um objeto à vontade. Mas eles mesmos submetem-se a uma regra prática da razão, a qual, se é uma razão pura, determina *a priori* a vontade com respeito a seu objeto. Ora, para saber se uma ação possível a nós na sensibilidade seja o caso que esteja ou não sob a regra, requer-se uma faculdade de julgar prática, pela qual aquilo que na regra foi dito universalmente (*in abstracto*) é aplicado *in concreto* a uma ação. Mas, visto que uma regra prática da razão pura comporta, **primeiro**, enquanto **prática**, a existência de um objeto e, **segundo**, enquanto **regra prática** da razão pura, necessidade com respeito à existência da ação, por conseguinte é uma lei prática e, em verdade, não uma lei natural mediante fundamentos determinantes empíricos mas uma lei da liberdade, segundo a qual a vontade deve ser determinável independentemente de todo o empírico (simplesmente pela representação de uma lei **[120]** em geral e de sua forma), embora todos os casos de ações possíveis que venham a ocorrer possam ser somente empíricos, isto é, pertencentes à experiência e à natureza: assim parece absurdo querer encontrar no mundo sensorial um caso que – já que ele, nessa medida, está sempre submetido somente à lei da natureza – contudo permita a aplicação a si de uma lei da liberdade, e ao qual a ideia suprassensível do moralmente bom, que deve ser aí apresentada *in concreto*, possa vir a ser aplicada. Logo, a faculdade de julgar da razão prática pura está submetida exatamente às mesmas dificuldades da razão teórica pura, a qual, entretanto, para sair delas tinha à mão um meio; ou seja[119], visto que relativamente ao uso teórico tratava-se de intuições, às quais conceitos de entendimento puros pudessem ser aplicados, tais intuições (conquanto apenas de objetos dos sentidos) podem apesar disso ser dadas *a priori*, por conseguinte, no que concerne à conexão do múltiplo nas mesmas, elas podem ser dadas (enquanto **esquemas**) conformemente aos conceitos de entendimento puros *a priori*. Contrariamente o moralmente bom é, quanto ao objeto, algo suprassensível, para o qual, portanto, não pode ser encontrado algo correspondente em nenhuma intuição sensível, e a faculdade de julgar sob leis da razão prática pura parece estar por isso submetida a dificuldades peculiares, baseadas no fato de que uma lei da liberdade deve ser **[121]** aplicada a ações como eventos que acontecem no mundo sensorial e nessa medida, portanto, pertencem à natureza.

Aqui, entretanto, se abre novamente uma perspectiva favorável à faculdade de julgar prática pura. Na subsunção sob uma **lei prática pura** de uma ação possível a mim no mundo sensorial não se tem a ver com a possibilidade da **ação** enquanto um evento no mundo sensorial; pois esta concerne ao ajuizamento do uso teórico da razão segundo a lei da causalidade, um conceito intelectual puro para o qual ela tem um **esquema** na intuição sensível. A causalidade física, ou a condição sob a qual ela se encontra, faz parte dos conceitos da natureza, cujo esquema a faculdade de imaginar transcendental projeta. Aqui, porém, não se trata do esquema de um caso segundo leis, mas do esquema (se esta palavra for aqui adequa-

119. Vogel, no exemplar de Erlangen, acrescentou *weil* (porque): *weil nämlich, da...* (ou seja porque, visto...).

da) de uma lei mesma, porque a **determinação da vontade** (não da[120] ação em relação a seu sucesso), unicamente através da lei e sem outro fundamento determinante, liga o conceito de causalidade a condições totalmente diversas daquelas que constituem a conexão da natureza.

À lei natural, enquanto lei à qual os objetos de intuição sensível como tais estão [122] submetidos, tem de corresponder um esquema, isto é, um procedimento universal da faculdade da imaginação (de apresentar *a priori* aos sentidos o conceito intelectual puro, que a lei determina). Mas à lei da liberdade (enquanto uma causalidade de modo algum condicionada sensivelmente), por conseguinte, também ao conceito do incondicionalmente bom, não pode ser atribuída nenhuma intuição, portanto nenhum esquema para o fim de sua aplicação *in concreto*. Consequentemente a lei moral não possui nenhuma outra faculdade de conhecer mediadora da aplicação da mesma a objetos da natureza, a não ser o entendimento (não a faculdade da imaginação); o qual pode atribuir a uma ideia da razão não um **esquema** da sensibilidade mas uma lei e, contudo, uma tal que possa ser apresentada *in concreto* a objetos dos sentidos, por conseguinte uma lei natural mas somente segundo sua forma, enquanto lei para o fim da faculdade de julgar, e a essa lei podemos por isso chamar de **tipo** <*Typus*> da lei moral.

A regra da faculdade de julgar sob leis da razão prática pura é esta: pergunta a ti mesmo se poderias de bom grado considerar a ação, que te propões, como possível mediante a tua vontade, se ela devesse ocorrer segundo uma lei da natureza da qual tu mesmo fosses uma parte.

120. Hartenstein e a Ak corrigem *der* (da) para *die* (a).

Segundo essa regra, efetivamente, qualquer um ajuíza se as ações são moralmente boas ou más. Assim se diz: se **cada um** [123] se permitisse enganar onde crê alcançar o seu proveito, ou se considerasse autorizado a abreviar sua vida tão logo o acometesse um completo tédio dela, ou se olhasse com inteira indiferença para a necessidade de outros, e, se tu também pertencesses a uma tal ordem de coisas, como irias estar de bom grado nela com o assentimento de tua vontade? Ora, cada um sabe bem que, se ele se permite secretamente a fraude justamente porque nem todos também a praticam ou se ele sem ser notado é desumano, nem por isso todos também o seriam imediatamente contra ele; por isso esta comparação da máxima de suas ações com uma lei natural universal não é tampouco o fundamento determinante de sua vontade. Mas esta lei é, contudo, um **tipo** do ajuizamento daquela máxima segundo princípios morais. Se a máxima da ação não é constituída de modo tal que resista à prova na forma de uma lei natural em geral, ela é moralmente impossível. Mesmo o entendimento mais comum julga desse modo; pois a lei da natureza é encontrada sempre como fundamento de todos os seus juízos mais comuns, até dos juízos de experiência. Portanto ele a tem sempre à mão, só que, nos casos em que a causalidade deve ser ajuizada a partir da liberdade, aquela **lei da natureza** faz meramente o papel de tipo de uma **lei da liberdade**, porque, sem ter à mão algo que pudesse tomar como exemplo no caso da experiência, ele não conseguiria, na aplicação, fazer uso da lei de uma razão prática pura.

[124] Portanto é também permitido servir-se da **natureza do mundo sensorial** como **tipo** de uma **natureza inteligível**, desde que eu não transfira a esta as intuições e o que depende delas mas refira a ela simplesmente a **forma**

da conformidade a leis em geral (cujo conceito se encontra também no mais puro[121] dos usos da razão, mas não pode ser conhecido de um modo *a priori* determinado senão com vistas ao uso prático puro da razão). Pois leis enquanto tais, de onde quer que elas tirem os seus fundamentos determinantes, são sob esse aspecto idênticas.

De resto, visto que absolutamente nada de todo o inteligível a não ser a liberdade (mediante a lei moral), e esta liberdade também somente enquanto é uma pressuposição inseparável da lei moral, e além disso todos os objetos inteligíveis, aos quais a razão, instruída por aquela lei, porventura ainda pudesse conduzir-nos, não possuem ulteriormente para nós nenhuma realidade senão para o fim da mesma lei e do uso da razão prática pura, esta porém estando legitimada e necessitada de usar a natureza (segundo a sua forma intelectual pura) como tipo da faculdade de julgar, assim a presente observação serve para impedir que o que pertence simplesmente à **típica** dos conceitos não seja computado entre os próprios conceitos. Portanto esta típica, enquanto típica da faculdade de julgar, preserva do **empirismo** da razão prática, o qual coloca **[125]** os conceitos práticos de bom e mau meramente em consequências da experiência (da chamada felicidade), se bem que esta e as infinitas consequências úteis de uma vontade determinada pelo amor de si[122] – se essa vontade se fizesse ao mesmo tempo lei natural universal – pode todavia servir como tipo inteira-

121. Hartenstein e a Ak corrigiram *reinsten* (no mais puro) para *gemeinsten* (no mais comum).

122. Vorländer (1993, p. 83) fez constar erroneamente *Selbsthilfe*, em vez de *Selbstliebe*, no que foi acompanhado pela tradução inglesa de L. W. Beck, p. 74.

mente adequado ao moralmente bom mas não é igual a este. A mesma típica preserva também do **misticismo** da razão prática, a qual[123] torna **esquema** aquilo que servia apenas como **símbolo**, isto é, atribui intuições efetivas e, contudo, não sensíveis (de um invisível reino de Deus) à aplicação dos conceitos morais e perde-se no infinito <*ins Überschwengliche*>. Adequado ao uso dos conceitos morais é apenas o **racionalismo** da faculdade de julgar, que não tira da natureza sensível mais do que também a razão pura pode por si pensar, isto é, a conformidade a leis, e não introduz no suprassensível senão o que, inversamente, se deixa apresentar efetivamente mediante ações no mundo sensorial segundo a regra formal de uma lei natural em geral. Entretanto o resguardo contra o **empirismo** da razão prática é muito mais importante e recomendável, porque[124] o **misticismo** ainda é compatível com a pureza e sublimidade da lei moral e, além disso, não é precisamente natural e adequado à maneira de pensar comum estender [126] a sua faculdade de imaginação até intuições suprassensíveis, por conseguinte, deste lado o perigo não é tão geral; contrariamente, o empirismo extermina na raiz a moralidade de disposições (nas quais, porém, e não simplesmente em ações, consiste o elevado valor que a humanidade pode e deve obter para si através delas) e substitui o dever por algo completamente diverso, a saber, um interesse empírico, com o qual as inclinações em geral travam relações recíprocas e, por isso

123. Kant: *welche* (a qual), que Hartenstein e a Ak alteram para *welcher* (o qual), referido então a "misticismo".

124. Kant: *womit* (com o que), alterado por Hartenstein e a Ak para *weil* (porque). A correção original é, no entanto, de Vogel no exemplar de Erlangen.

mesmo, também com todas as inclinações que (tomem elas o feitio que quiserem), se são elevadas à dignidade de um princípio prático supremo, degradam a humanidade e, como elas[125], contudo, são tão favoráveis à índole de todos, o empirismo é por isso muito mais perigoso que toda a insânia da razão <*Schwärmerei*>[126], que jamais pode constituir um estado duradouro de um grande número de seres humanos.

Terceiro Capítulo
Dos motivos da razão prática pura

O essencial de todo o valor moral das ações depende de **que a lei moral determine imediatamente a vontade**. Com efeito, se a determinação da vontade acontecer **conforme** à lei moral, mas somente através de um sentimento, seja [127] ele de que espécie for e que tenha de ser pressuposto para que a lei moral se torne um fundamento determinante suficiente da vontade, por conseguinte não **por causa da lei**, nesse caso a ação em verdade conterá **legalidade** mas não **moralidade**. Ora, se por **motivo** (*elater animi*)[127] entender-se o fundamento determinan-

125. Adickes propõe eliminar *da sie* (como elas) e Natorp, reduzi-lo ao *sie* (elas). Vogel apenas estranha a expressão, sublinhando-a.

126. Recorre-se aqui, para traduzir o termo *Schwärmerei*, a uma expressão latina de Kant, em carta de 1792: "*Schwärmerei – qui cum ratione insaniunt...*" (KANT'S *Gesammelte Schriften*. v. XI. *Briefwechsel*, v. II, p. 345). Born traduziu aí *Schwärmerei* por *fanaticorum insania*, e A. Morão, por "exaltação mística". Cf. a esse respeito a nota do tradutor em A 153.

127. Na controvérsia sobre a tradução do termo *Triebfeder*, uma coisa é certa: que aqui, onde de acordo com o título do capítulo se trata dos *Triebfedern der* ***reinen*** *praktischen Vernunft*, o termo *Triebfeder* é tomado

te subjetivo da vontade de um ente, cuja razão não é, já por sua natureza, necessariamente conforme à lei objetiva, então disso se seguirá, primeiramente, que não se

....

no sentido de motivo. A fonte da controvérsia sobre a tradução desse termo reside em que Kant, inicialmente na *Fundamentação da metafísica dos costumes*, distinguiu entre *Triebfeder* (literalmente "mola propulsora"), como um "fundamento subjetivo de apetência" e *Bewegungsgrund* (literalmente "razão movente"), como um "fundamento objetivo do querer", merecendo então apenas este o nome de "motivo" (cf. *Grundlegung* BA 63, e também BECK, L. W. *A Commentary on Kant's Critique of Practical Reason*, p. 91). A origem dessa distinção remonta, contudo, a Baumgarten, para quem os *Triebfedern des Gemüts* (*elateres animi*) dividem-se em *sinnliche Triebfedern* (*stimuli*) e *Bewegungs-Gründe* (*motiva*), determinando estes últimos a faculdade de apetição superior. Na *Metaphysik der Sitten Vigilantius*, cujas notas datam de 1793/94, essa distinção é mantida. Segundo o texto e com base na dupla natureza humana, *Triebfeder* tomado como *causa impulsiva* divide-se em *stimuli*, que o homem segue em comum com os animais = *arbitrium brutum*, também chamado *Triebfeder der Natur*, e *motiva* = *arbitrium liberum*: "Um *motivum* é sempre uma causa impulsiva moral" (Ak. v. XXVII, p. 493). Ele tem a ver diretamente com a razão e funda-se na capacidade de o homem determinar-se a si mesmo pela razão. Mas que Kant não usou o termo *Triebfeder* univocamente, nem mesmo na *Grundlegung*, mostra-o uma outra passagem dele, onde esse termo é usado em sentido moral (cf. *Grundlegung* BA 126). *Triebfeder* passa, pois, a identificar-se com *Bewegungsgrund*, tomando ambos o sentido de um fundamento determinante subjetivo da ação. *Triebfeder* significa então tanto motivos morais quanto "outros motivos como os do proveito", portanto *Triebfedern der Vernunft* (motivos da razão) e *Triebfedern der Sinnlichkeit* (motivos da sensibilidade). Para completar este quadro, a *Crítica da razão prática* estende o sentido de *Bewegungsgrund* também a motivos não morais (cf. *KpV* A 231, A 271, bem como as *Reflexões* 6651, 6718, Ak v. XIX, pp. 124 e 140, sobre *motiva moralia* e *motiva der Klugheit* (prudência), e enfim *Über den Gemeinspruch...* [*Theorie und Praxis*] A 218 s. Em resumo, se, de acordo com L. W. Beck, Kant na *Crítica da razão prática* "is using *Triebfeder* in the sense in which the *Foundations* defined *Bewegungsgrund*", não há razão para, pelo menos em relação à *KpV*, traduzir ambos esses termos diversamente um do outro, com a diferença apenas de que, na presente tradução, sempre que o último caso ocorrer, o termo "motivo" virá acrescido da menção do termo *Bewegungsgrund*.

pode atribuir à vontade divina motivo algum, mas que o motivo da vontade humana (e da vontade de todo[128] ente racional criado) jamais pode[129] ser algo diverso da lei moral, por conseguinte que o fundamento determinante objetivo tem de ser sempre e unicamente o fundamento determinante ao mesmo tempo subjetivamente suficiente da ação, desde que esta não deva satisfazer apenas a **letra** da lei sem conter o seu **espírito**[130].

Logo, como não se tem que procurar nenhum outro motivo para o fim da lei moral e para lhe granjear influência sobre a vontade, em cujo caso o motivo da lei moral pudesse ser dispensado, por que tudo isto **[128]** ensejaria uma pura hipocrisia sem efetividade, e é até **grave** permitir que **com**[131] a lei moral concorram ainda outros motivos (como os do proveito), assim não resta senão apenas determinar cuidadosamente de que modo a lei moral torna-se motivo e, na medida em que o é[132], que coisa acontece à faculdade de apetição humana enquanto efeito daquele fundamento determinante sobre a mesma lei. Pois o modo como uma lei pode ser por si e imediatamente fundamento determinante da vontade (o que com efeito é o essencial de toda a moralidade) é um problema insolúvel para a razão humana e idêntico à <questão>: como

....

128. Kant: *jedem*, alterado por Vorländer para *jenem* (daquele).

129. Kant: *könne*. Adickes propõe *dürfe* (se permite), e justifica-o em suas *Korrekturen und Konjekturen*, p. 213: "Não se trata de relações fácticas mas de um ideal, não de um ser mas de um dever-ser."

130. Pode-se dizer de cada ação conforme à lei, que, contudo, não ocorreu por causa da lei, que ela seja moralmente boa apenas segundo a **letra**, mas não segundo o **espírito** (segundo a disposição). (K)

131. Literalmente, "ao lado da" (*neben des*).

132. Kant: *sie es ist*. Adickes: *es sie ist*; e justifica a inversão sob a alegação de que é a lei moral que é o motivo.

é possível uma vontade livre. Portanto não temos que indicar *a priori* o fundamento a partir do qual a lei moral produz em si um motivo mas, na medida em que ela o é, o que ela efetiva (ou, para dizer melhor, tem de efetivar) no ânimo.

O essencial de toda a determinação da vontade pela lei moral é que ela, enquanto vontade livre – por conseguinte, não apenas independente do concurso de impulsos sensíveis mas, mesmo com a rejeição de todos eles e pela ruptura com todas as inclinações, na medida em que pudessem contrariar aquela lei –, é determinada simplesmente pela lei. Nessa medida, portanto, o efeito da lei moral como motivo é apenas negativo e esse motivo, enquanto tal, pode ser conhecido *a priori.* Pois toda a inclinação **[129]** e cada impulso sensível é fundado sobre um sentimento, e o efeito negativo sobre o sentimento (pela ruptura com as inclinações) é ele mesmo um sentimento. Consequentemente podemos ter *a priori* a perspiciência de que a lei moral enquanto fundamento determinante da vontade, pelo fato de que ela causa dano a todas as nossas inclinações, tem de provocar um sentimento que pode denominar-se dor, e aqui temos, pois, o primeiro caso, talvez também o único, em que podíamos determinar a partir de conceitos *a priori* a relação de um conhecimento (neste caso, de uma razão prática pura) com o sentimento de prazer e desprazer. Todas as inclinações em conjunto (que certamente podem ser também compreendidas em um razoável sistema e cuja satisfação chama-se então felicidade própria) constituem o **solipsismo** <*Selbstsucht*> (*solipsismus*). Este consiste ou no solipsismo do **amor de si**, como uma **benevolência** para consigo mesmo sobre todas as coisas (*philautia*), ou no solipsismo da **complacência** em si mesmo (*arrogantia*). Aquele se chama especificamente **amor-próprio** e este, **presunção**[133]. A razão prática pura apenas causa **dano** ao

133. *Selbstsucht* (subst. fem.) equivale hoje a egoísmo e interesse privado, mas Kant identificou o termo a uma forma prática de solipsismo, que antecedeu em um século a concepção do solipsismo teórico. *Eigendünkel*, aqui traduzido por "presunção", foi entendido por Kant como sinônimo de arrogância. Sobre estas distinções, particularmente entre amor de si (*Selbstliebe*) e amor-próprio (*Eigenliebe*), é mais clara a *Metafísica dos costumes*: "Moderação nas pretensões em geral, isto é, livre limitação do amor de si de um homem pelo amor de si <*Selbstliebe*> de outros chama-se **modéstia**; a falta **desta moderação** (imodéstia), em relação ao merecimento de ser **amado** por outros, chama-se **amor-próprio** <*Eigenliebe*> (*philautia*). Mas a imodéstia da exigência de ser respeitado por outros chama-se **presunção** <*Eigendünkel*> (*arrogantia*)" (*MS/T* A 139, Ak 462). Sobre a história dessas distinções cf. DIERSE, U. / KNOCHE, S. Selbstliebe. In: RITTER, J. / GRÜNDER, K. (Ed.). *Historisches Wörterbuch der Philosophie*, 1995, v. 9, pp. 466-87; ALBRECHT, M. Selbstsucht. In: Idem, ib., pp. 535-9; GABRIEL, G. Solipsismus. In: Idem, ib., pp. 1018-23; MUÑOZ DELGADO, V. Amour-propre, amour de soi. In: RITTER, J. (Ed.). *Historisches Wörterbuch der Philosophie*, 1971, v. 1, pp. 206-9. Cf. ainda: WOOD, A. W. Self-Love, Self-Benevolence and Self-Conceit. In: ENGSTROM, S. / WHITING, J. (Ed.). *Aristotle, Kant and the Stoics*. Cambridge University Press, 1996, pp. 141-61. Em relação a Leibniz e ao humanismo cristão, cf. LAFOND, J. Avatars de l'humanisme chrétien (1590-1710). Amour de soi et amour-propre. In: HEINEKAMP, A. *Leibniz et la Renaissance*. Wiesbaden: Franz Steiner, 1983, pp. 76-90. Esse autor recomenda, sobre a relação entre *amour-propre* e *philautia* em Platão e Aristóteles, MESNARD, J. Les origines grecques de la notion d'amour-propre. *Diotima*, nº 6, pp. 129-36. Segundo Lafond, Leibniz (*Nachlaß Phil.* IV 13b) considerou o *amour de soi* como um *amour-propre* bem entendido e considerou o *amour-propre* como um desregramento do *amour de soi*. Mas de Agostinho a Rousseau o *amour-propre*, diversamente do *amour de soi*, foi visto sob um signo negativo. Os seguintes autores trataram recentemente da questão do solipsismo teórico e prático em Kant, mas ignorando a própria perspectiva crítica de Kant a respeito, já mencionada: KUHLMANN, W. Solipsismus in Kants praktischer Philosophie und die Diskursethik. In: SCHÖNRICH, G. / KATO, Y. (Ed.). *Kant in der Diskussion der Moderne*. Frankfurt: Suhrkamp, 1996, pp. 360-95; HÖFFE, O. Eine republikanische Vernunft. Zur Kritik des Solipsismus-Vorwurfs. In: SCHÖNRICH, G. / KATO, Y. (Ed.). op. cit., pp. 396-407.

amor-próprio na medida em que ela o limita – enquanto natural e ativo em nós ainda antes da lei moral – apenas à condição da concordância com esta lei, em cujo caso então ele denomina-se **amor de si racional**. Mas ela com certeza **abate** a presunção, na medida em que todas as exigências de autoestima que precedem a concordância com a lei moral **[130]** são nulas e totalmente ilegítimas, na medida precisamente em que a certeza de uma disposição que concorda com essa lei é a primeira condição de todo o valor da pessoa (como logo o esclareceremos melhor), e toda a impertinência ante a mesma é falsa e contrária à lei. Ora, a propensão à autoestima copertence às inclinações, com as quais a lei moral rompe, na medida em que a autoestima depende meramente da moralidade[134]. Portanto a lei moral abate a presunção. Porém, visto que esta lei é algo em si positivo, a saber, a forma de uma causalidade intelectual, isto é, da liberdade, assim, na medida em que ela, em contraste com uma contra-atuação subjetiva, a saber, as inclinações em nós, **enfraquece** a presunção, é ao mesmo tempo um objeto de **respeito** e, na medida em que ela até a **abate**, isto é, a humilha, é um objeto do máximo **respeito**, por conseguinte também o fundamento de um sentimento positivo que[135]

134. A Ak e também Görland, Nolte, Wille e Adickes substituem *Sittlichkeit* (moralidade) por *Sinnlichkeit* (sensibilidade). Mesmo que a suposição de um erro tipográfico pareça procedente, uma interpretação caridosa, senão prudente, sugeriria a manutenção do texto original de Kant, pois não se exclui que ele tivesse tido aí em mente uma autoestima racional, resultante do controle das inclinações. No exemplar original de Erlangen, no entanto, Vogel fez constar, antes de "depende", *nicht* (não), permitindo com isso a manutenção de *Sittlichkeit*.

135. Na 1ª ed.: *Gefühls des...* Traduzido de acordo com a 2ª ed., considerada correta por Hartenstein: *Gefühls, das...*

não possui origem empírica e será conhecido *a priori*. Logo, o respeito pela lei moral é um sentimento produzido por um fundamento intelectual, e esse sentimento é o único que conhecemos de modo inteiramente *a priori* e de cuja necessidade podemos ter perspiciência.

Vimos no capítulo anterior que tudo o que se oferece, **antes** da lei moral, como objeto da vontade é excluído por essa própria lei, enquanto condição suprema da razão prática, dos fundamentos determinantes da vontade [131] sob o nome de bem incondicionado, e que a simples forma prática, que consiste na aptidão das máximas à legislação universal, determina primeiramente aquilo que é bom em si e absolutamente e funda a máxima de uma vontade pura, que unicamente e em todo o sentido é boa. Ora, nós encontramos nossa natureza de entes sensíveis constituída de modo tal que a matéria da faculdade de apetição (objetos da inclinação, quer da esperança ou do medo) impõe-se em primeiro lugar, e o nosso si-mesmo <*Selbst*> determinável patologicamente, embora por suas máximas seja totalmente inapto à legislação universal, não obstante, como se constituísse todo o nosso si-mesmo <*unser ganzes Selbst*>, empenha-se por tornar antes válidas suas exigências como se fossem as primeiras e originais. Esta propensão a fazer de si mesmo, com base nos fundamentos determinantes subjetivos de seu arbítrio, o fundamento determinante objetivo da vontade em geral pode ser chamada de **amor de si**, o qual, se se converte em legislativo e em princípio prático incondicionado, pode ser chamado de **presunção**. Ora, a lei moral, a qual, unicamente, é verdadeiramente (a saber, sob todos os aspectos) objetiva, exclui totalmente a influência do amor de si sobre o princípio prático supremo e rompe infinitamente com a presunção, que prescreve como leis as condições subjetivas do[136] amor de si. O que, pois, em nosso próprio [132] juízo rompe com a nossa presunção humilha. Portanto, a lei moral inevitavelmente humilha todo homem na medida em que ele compara com ela a propensão sensível de sua natureza. Aquilo cuja representação, enquanto **fundamento determinante de nossa vontade**, humilha-nos em nossa autoconsciência, enquanto é positivo e é fundamento determinante desperta por si **respeito**. Logo, a lei moral é também subjetivamente um fundamento de respeito. Ora, visto que tudo o que se encontra no amor de si pertence à inclinação, mas que toda a inclinação depende de sentimentos, por conseguinte, que o que no amor de si rompe com todas as inclinações em conjunto tem, precisamente por isso, necessariamente influência sobre o sentimento, assim compreendemos como é possível ter *a priori* a perspiciência de que a lei moral – na medida em que exclui as inclinações e a propensão a torná-las condição prática suprema, ou seja, <exclui> o amor de si de toda a participação da legislação suprema – venha a exercer um efeito sobre o sentimento, que de um lado é meramente **negativo** e, de outro, na verdade em relação ao fundamento limitante da razão prática pura, é **positivo**, para o que não se precisa de modo algum admitir uma espécie particular de sentimentos sob o nome de sentimento prático ou moral, precedendo a lei moral e servindo-lhe de fundamento.

[133] O efeito negativo sobre o sentimento (de desagrado) é, como toda a influência sobre o mesmo e como cada sentimento em geral, **patológico**. Mas como efeito da consciência da lei moral, consequentemente em relação

136. Alterado pela Ak, de *des*, que remetia a "influência", para *der*, que remete a "amor de si". A correção foi proposta por Adickes.

a uma causa inteligível, a saber, o sujeito da razão prática pura, enquanto legisladora suprema, esse sentimento de um sujeito racional afetado por inclinações chama-se em verdade humilhação (desdém intelectual), porém em relação ao fundamento positivo da mesma, a lei[137], chama-se ao mesmo tempo respeito pela lei; para com esta lei não se encontra absolutamente sentimento algum, mas no juízo da razão o afastamento de um obstáculo, na medida em que remove uma resistência, é igualmente estimado como uma promoção positiva da causalidade. Por isso esse sentimento pode também denominar-se sentimento de respeito pela lei moral, porém, a partir de ambos os fundamentos em conjunto, **sentimento moral**.

Portanto a lei moral, assim como ela mediante a razão pura prática é fundamento determinante formal da ação e, assim como ela, em verdade, é também fundamento determinante material mas somente objetivo, dos objetos da ação sob o nome de bom e mau, do mesmo modo ela também é fundamento determinante subjetivo[138], isto é, motivo para essa ação, na medida em que ela tem influência sobre a moralidade[139] do sujeito e provoca um sentimento que é favorável à influência da lei sobre **[134]** a vontade. Não há aqui no sujeito nenhum sentimento **an-**

137. A intercalação de *Gesetz* (lei) entre vírgulas foi estabelecida por Hartenstein.

138. Grillo, mais para o uso da língua alemã, reelaborou a frase de Kant desta passagem: *"Das moralische Gesetz also, als formaler Bestimmungsgrund der Handlung, durch praktische reine Vernunft, auch als materialer, aber nur objektiver Bestimmungsgrund der Gegenstände der Handlung, unter dem Name des Guten und Bösen, ist auch subjektiver Bestimmungsgrund"* etc.

139. Kant: *Sittlichkeit* (moralidade); Ak, Nolte e Wille: *Sinnlichkeit* (sensibilidade).

tecedente que tendesse à moralidade. Pois isto é impossível, uma vez que todo o sentimento é sensível; o motivo da disposição moral, porém, tem que ser livre de toda a condição sensível. Muito antes, o sentimento sensorial que funda todas as nossas inclinações é, na verdade, a condição daquela sensação que chamamos respeito, mas a causa da determinação desse sentimento encontra-se na razão prática pura e por isso esta sensação não pode, em virtude de sua origem, chamar-se de patologicamente produzida e sim de **praticamente produzida**; pois, pelo fato de que a representação da lei moral impede a influência do amor de si e a ilusão da presunção, é diminuído o obstáculo à razão prática pura e é produzida, no juízo da razão, a representação da superioridade de sua lei objetiva sobre os impulsos da sensibilidade e, por conseguinte, pela eliminação do seu contrapeso, é relativamente aumentado o peso da lei (concernente a uma vontade afetada pela sensibilidade). E assim o respeito pela lei não é um motivo para a moralidade mas é a própria moralidade, considerada subjetivamente como motivo, enquanto a razão prática pura, pelo fato de abater todas as exigências do amor de si opostas a essa, proporciona autoridade à lei, que agora unicamente tem influência. Ora, sobre isso cabe observar que, assim como o respeito é um [135] efeito sobre o sentimento, por conseguinte, sobre a sensibilidade de um ente racional, ele[140] pressupõe essa sensibilidade, logo, também a finitude dos entes aos quais a lei moral impõe respeito, e que a um ente supremo ou tam-

140. Kant: *es* (forma neutra), alterado por Vorländer para *sie*, referido ao feminino *Achtung* (respeito). Como forma neutra, concordaria com *Gefühl* (sentimento).

bém a um ente livre de toda a sensibilidade, para o qual portanto esta tampouco possa constituir um obstáculo à razão prática, não pode ser atribuído respeito pela **lei**.

Portanto este sentimento (denominado sentimento moral) é produzido unicamente pela razão. Ele não serve para o ajuizamento das ações ou mesmo para a fundação da própria lei moral objetiva, mas simplesmente como motivo para fazer desta a sua máxima. Mas com que nome se poderia cunhar mais convenientemente esse estranho sentimento, que não pode ser comparado com nenhum sentimento patológico? Ele é de natureza tão peculiar, que parece estar à disposição unicamente da razão e, na verdade, da razão pura prática.

Respeito sempre tem a ver somente com pessoas e nunca com coisas. Estas podem despertar em nós **inclinação** e, tratando-se de animais (por exemplo, cavalos, cães etc.), até **amor** ou também **medo**, como o mar, um vulcão, um animal de rapina, mas jamais **respeito**. Algo que já se aproxima mais deste sentimento é a **admiração**, e esta enquanto afeto, o assombro, [136] também pode ter a ver com coisas, por exemplo, com montanhas que se elevam até o céu, a magnitude, o grande número e a distância dos corpos celestes, a força e velocidade de muitos animais etc. Mas tudo isso não é respeito. Um homem pode ser também um objeto de amor, de medo ou de admiração até o assombro e nem por isso ser um objeto de respeito. Seu humor brincalhão, sua coragem e força, seu poder pela posição que desfruta entre outros podem inspirar-me semelhantes sensações, mas falta sempre ainda respeito para com ele. **Fontenelle**[141] diz: **Diante de um no-**

141. Bernard le Bouvier de Fontenelle (1657-1757), filósofo popular francês.

bre eu me curvo, mas meu espírito não se curva. Eu posso acrescentar: diante de um homem humilde e cidadão-comum, no qual percebo uma integridade de caráter numa medida tal como não sou consciente em relação a mim mesmo, **meu espírito se curva**, quer eu queira, quer não, e ainda mantendo a cabeça erguida a ponto de não lhe deixar despercebida minha preeminência. Por que isso? Seu exemplo mantém ante mim uma lei que aniquila minha presunção, quando a comparo com minha conduta e cujo cumprimento, por conseguinte sua **praticabilidade**, vejo provada ante meus olhos pelo ato. Ora, eu posso até mesmo ter consciência de um grau idêntico de integridade em mim e, não obstante, o respeito permanece. Pois, visto que no homem todo o bem é sempre deficiente, [137] a lei tornada intuível mediante um exemplo aniquila sempre meu orgulho, para o qual a pessoa que vejo ante mim –, e cuja impureza, que sempre se possa ainda atribuir-lhe, não me é tão conhecida como a minha a mim –, que, portanto, me aparece em uma luz mais pura, fornece um padrão de medida. **Respeito** é um **tributo** que não podemos recusar ao mérito, quer o queiramos ou não; podemos, quando muito, abster-nos dele exteriormente mas não podemos evitar de senti-lo interiormente.

O respeito **a tal ponto** não é *<ist so wenig>* um sentimento de **prazer**, que só de mau grado se cede a ele em relação a um ser humano. Procura-se descobrir algo que possa aliviar-nos de seu fardo, alguma censura para nos compensarmos da humilhação que sofremos com um tal exemplo. Mesmo os mortos, principalmente quando seu exemplo parece inimitável, não estão sempre protegidos contra essa crítica. Até a própria lei moral, em sua **solene majestade**, está exposta a essa tendência de precaver-se do respeito contra ela. Porventura se pensa que se deva atribuir a uma outra causa a razão pela qual se gostaria de degradá-la a uma inclinação familiar e pela qual se empenhe tanto em torná-la um preceito dileto de nosso bem-entendido interesse, além do fato de que se queira livrar-se [138] do respeito intimidante que tão severamente nos mostra nossa própria indignidade? Mas, por outro lado, **a tal ponto** não há nisso <*ist so wenig*> um **desprazer**, que, se uma vez se abdicou da presunção e se concedeu influência prática àquele respeito, não se pode ver-se saciado da majestade dessa lei, e a alma crê elevar-se na mesma medida em que vê a lei santa elevada sobre si e sobre sua frágil natureza. Certamente também grandes talentos e uma atividade proporcional a eles podem suscitar respeito ou um sentimento análogo; é também inteiramente adequado dedicá-lo a eles, e então a admiração parece idêntica àquela sensação. No entanto, se se observa mais de perto, nota-se que, como permanece sempre incerto que parte tem, na habilidade, o talento inato e que parte tem nela, por zelo próprio, a cultura, assim a razão representa-nos a habilidade presumivelmente como fruto da cultura, portanto como mérito, o que rebaixa sensivelmente nossa presunção e/ou censura-nos a respeito, ou impõe o seguimento de tal exemplo do modo como ele nos convém. Esse respeito que demonstramos por uma tal pessoa (propriamente pela lei que o seu exemplo nos apresenta) não é, pois, simples admiração; o que também se confirma pelo fato de que a turba comum de admiradores abandona [139] todo o respeito por alguém (por exemplo, Voltaire) ao se crer de algum modo informada sobre a maldade de caráter de um tal homem, enquanto o verdadeiro homem culto ainda sente sempre esse respeito, pelo menos do ponto de vista de seus talentos, porque ele mesmo está envolvido em uma atividade e vocação que de certo modo torna sua imitação uma lei.

Portanto o respeito pela lei moral é o único e ao mesmo tempo indubitável motivo moral, do mesmo modo que este sentimento não se dirige a algum objeto senão a partir desse fundamento. Em primeiro lugar, a lei moral determina objetiva e imediatamente a vontade no juízo da razão; mas a liberdade, cuja causalidade é determinável simplesmente pela lei, consiste precisamente em que ela limita todas as inclinações, por conseguinte a estima da própria pessoa, à condição do cumprimento de sua lei pura. Ora, essa limitação promove um efeito sobre o sentimento e produz uma sensação de desprazer, que pode ser conhecida *a priori* a partir da lei moral. Mas, visto que ela neste caso é apenas um efeito **negativo**, que, enquanto surgido da influência de uma razão prática pura, causa dano principalmente à atividade do sujeito, na medida em que as inclinações são fundamentos determinantes deste, logo prejudica o pensamento de seu valor pessoal (que sem uma concordância com a lei moral é reduzido a nada), assim o [140] efeito dessa lei sobre o sentimento é simplesmente humilhação, da qual, portanto, certamente temos perspiciência *a priori*, mas não podemos conhecer nela a força da lei prática pura enquanto motivo e, sim, somente a resistência contra motivos da sensibilidade. Porém, visto que a mesma lei é apesar disso objetiva, ou seja, é, na representação da razão pura, um fundamento determinante imediato da vontade, que, consequentemente, essa humilhação só ocorre relativamente à pureza da lei, assim a redução das exigências da autoestima moral, ou seja, a humilhação é, do lado sensível, uma elevação da estima moral, isto é, prática da própria lei e, do lado intelectual, é, em uma palavra, respeito pela lei, portanto também, quanto à sua causa intelectual, um sentimento positivo que é conhecido *a priori*. Pois toda redução de obstáculos de uma atividade é promoção dessa mesma atividade. Mas o reconhecimento da lei moral é a consciência de uma atividade da razão prática a partir de fundamentos objetivos, que não expressa o seu efeito em ações simplesmente porque causas subjetivas (patológicas) a impedem. Portanto o respeito pela lei moral tem que ser considerado também um efeito positivo, embora indireto, da mesma sobre o sentimento, uma vez que ela enfraquece a influência prejudicial das inclinações pela humilhação da presunção, por conseguinte, enquanto fundamento subjetivo da atividade, [141] isto é, enquanto **motivo** para o cumprimento da lei[142] e enquanto fundamento de máximas de uma conduta conforme a ela. Do conceito de motivo surge o de **interesse**, que jamais pode ser atribuído senão a um ente dotado de razão e significa um **motivo** da vontade, na medida em que este é **representado pela razão**. Visto que numa vontade moralmente boa a própria lei tem que ser o motivo, o **interesse moral** é um interesse não sensorial puro da simples razão prática. Sobre o conceito de interesse funda-se também o de **máxima**. Esta, portanto, somente é autenticamente moral se depende[143] do mero interesse que

142. Kant: *desselben*. Hartenstein (1838, p. VIII) equivocadamente remeteu a correção a essa passagem, quando deveria remetê-la a A 142, linha 14, (v. nota correspondente).

143. Kant (A): *braucht... auf* (*brauchen* = necessitar, utilizar), corrigido na 2ª ed. para *beruht* ("repousa"; *beruhen auf* significa também "depender de"). A correção teve por origem o *Handexemplar* de Kant, foi feita também por Grillo e Vogel e foi incluída nas subsequentes edições originais e demais edições da *KpV*.

se toma pela observância da lei. Mas todos os três conceitos, o de **motivo**, o de **interesse** e o de **máxima**, só podem aplicar-se a entes finitos. Pois eles pressupõem no seu conjunto uma limitação da natureza de um ente, uma vez que a condição subjetiva de seu arbítrio não concorda por si mesma com a lei objetiva de uma razão prática; uma carência de ser impelido por algo à atividade, porque um obstáculo interno contrapõe-se a ela. Portanto eles não podem aplicar-se à vontade divina.

Assim há algo peculiar no ilimitado apreço pela lei moral pura, despida de [142] todo o proveito, pelo modo como a razão prática no-la representa para sua observância, e cuja voz faz estremecer mesmo o mais temerário transgressor, coagindo-o a ocultar-se ante sua contemplação, de modo que ninguém precisa admirar-se de considerar insondável para a razão especulativa essa influência de uma ideia meramente intelectual sobre o sentimento e de, com isso, ter de satisfazer-se com o fato de que se possa, ainda assim, ter uma perspiciência *a priori* de que um tal sentimento encontre-se indissoluvelmente vinculado à representação da lei moral em todo ente racional finito. Se esse sentimento de respeito fosse patológico e, portanto, um sentimento de prazer fundado sobre o **sentido** interno, então seria inútil descobrir uma vinculação do respeito[144] com qualquer ideia *a priori*. Pois bem, é[145] um sentimento que concerne meramente ao prático e que,

144. Kant: *derselben*. Na 2ª ed. alterado para *desselben*, adotado por Hartenstein, então se referindo a "sentimento". Natorp (Ak) considerou correto e manteve o texto da 1ª ed.

145. Kant: *ist* (é). Atribuída a Hartenstein e adotada por Vorländer, a alteração para: *ist es* (trata-se de) foi originalmente proposta por Vogel no exemplar de Erlangen.

em verdade, é inerente à representação de uma lei unicamente segundo sua forma e não em decorrência de algum objeto da mesma, por conseguinte não pode ser computado nem como deleite nem como dor e, contudo, produz um **interesse** pela sua observância que chamamos de interesse **moral**, como aliás também chamamos propriamente de **sentimento moral** a capacidade de tomar um tal interesse pela lei (ou o respeito pela própria lei moral).

Ora, a consciência de uma **livre** submissão da vontade à lei, contudo vinculada a uma [143] inevitável coerção que é exercida sobre todas as inclinações, porém apenas pela própria razão, é o respeito pela lei. A lei que exige e também inspira esse respeito não é, como se vê, nenhuma outra que a lei moral (pois nenhuma outra exclui todas as inclinações da imediatidade de sua influência sobre a vontade). A ação que, de acordo com essa lei e com exclusão de todos os fundamentos determinantes da inclinação, é objetivamente prática chama-se **dever**, o qual, em virtude dessa exclusão, contém em seu conceito uma **necessitação** prática, isto é, uma determinação a ações, por mais **a contragosto** que elas possam acontecer. O sentimento que emerge da consciência dessa necessitação não é possível patologicamente, no sentido de um sentimento que fosse produzido por um objeto dos sentidos, mas só praticamente, isto é, mediante uma antecedente determinação (objetiva) da vontade e uma causalidade da razão. Logo este sentimento, enquanto **submissão** a uma lei, isto é, enquanto mandamento (o qual, para o sujeito afetado sensivelmente, anuncia coerção), não contém nenhum prazer mas como tal contém, muito antes, um desprazer na ação. Contrariamente, porém, visto que essa coerção é exercida simplesmente pela legislação da razão de **cada**

um, tal sentimento contém inclusive **elevação**, e o efeito subjetivo sobre o sentimento, na medida em que a razão prática pura é sua única causa, pode, portanto, chamar-se simplesmente **autoaprovação** em relação à [144] última, enquanto sem nenhum interesse reconhecemo-nos como determinados unicamente pela lei. Desde então tomamos consciência de um interesse totalmente diverso, produzido subjetivamente através dela, que é puramente prático e **livre** e não é obra eventual de uma inclinação que nos aconselha a assumi-lo em uma ação conforme ao dever, mas que a razão ordena absolutamente pela lei prática e também efetivamente realiza; mas por isso leva um nome totalmente peculiar, ou seja, o de respeito.

Portanto o conceito de dever exige na ação, **objetivamente**, concordância com a lei, mas na sua máxima, subjetivamente, respeito pela lei, como o único modo de determinação da vontade pela lei. E disso depende a diferença entre a consciência de ter agido **conformemente ao dever** e a de ter agido **por dever**, isto é, por respeito à lei, cuja primeira forma de consciência (a legalidade) é possível mesmo que apenas as inclinações tivessem sido os fundamentos determinantes da vontade, enquanto a segunda forma (a **moralidade**), o valor moral, tem que ser posta unicamente em que a ação ocorra por dever, isto é, simplesmente por causa da lei[146].

146. Se se examina exatamente o conceito de respeito por pessoas, do modo como foi exposto antes, descobre-se que o respeito depende sempre da consciência de um dever que um exemplo nos mostra e que, portanto, o respeito jamais pode ter outro fundamento que o moral e que é muito bom e, do ponto de vista psicológico, até muito útil ao conhecimento do homem, sempre que usamos essa expressão, prestar atenção à deferência secreta e admirável e, além disso, frequente, que o homem em seus ajuizamentos confere à lei moral. (K)

[145] É da maior importância, em todos os ajuizamentos morais, prestar atenção com extrema exatidão ao princípio subjetivo de todas as máximas, para que toda a moralidade das ações seja posta na necessidade das mesmas **por dever** e por respeito à lei, não por amor e afeição àquilo que as ações devem realizar. Para os homens e todos os entes racionais criados a necessidade moral é necessitação, isto é, obrigação, e toda ação fundada sobre ela tem de ser representada como dever, não porém como um modo de procedimento já espontaneamente querido por nós ou que possa vir a ser querido como tal[147]. É como se nós alguma vez – sem respeito pela lei, o qual se vincula ao temor ou pelo menos à apreensão com a transgressão – pudéssemos chegar por nós mesmos, tal como a divindade inteiramente independente, à posse de uma **santidade** da vontade como que mediante uma concordância, tornada natureza e jamais removível, da vontade com a lei moral pura (a qual, portanto, já que nunca poderíamos[148] ser tentados a [146] tornar-nos infiéis a ela, enfim pudesse até deixar de ser um mandamento para nós).

Com efeito, a lei moral é, para a vontade de um ente sumamente perfeito, uma lei de **santidade** mas, para a vontade de todo ente racional finito, é uma lei do **dever**, da necessitação moral e da determinação das suas ações mediante o **respeito** por essa lei e por veneração de seu dever. Não se tem que admitir outro princípio subjetivo como motivo; pois do contrário a ação certamente pode ocorrer do modo como a lei a prescreve, mas, já que ela em verdade é conforme ao dever porém não ocorre por

147. Grillo propôs vírgula.

148. Kant: *können*; correção da Ak (Nolte) para *könnten* (poderíamos).

dever, a disposição para ela, que nessa legislação propriamente importa, não é moral.

É muito bonito, por amor aos homens e por participante benevolência, fazer o bem a eles ou, por amor à ordem, ser justo, mas isso não constitui ainda a autêntica máxima moral de nossa conduta, adequada a nosso ponto de vista **de homens** entre entes racionais, quando por assim dizer como voluntários arrogamo-nos com soberba fatuidade a não nos importar com as representações do dever e[149] como independentes de mandamento, querer fazer meramente por prazer próprio aquilo para o qual nenhum mandamento [147] ser-nos-ia necessário. Nós estamos subordinados a uma **disciplina** da razão, e em todas as nossas máximas não temos de esquecer-nos da nossa sujeição à mesma, de nada subtrair-lhe[150] ou de, por uma ilusão de amor-próprio, restringir a reputação da lei (embora ela seja dada por nossa própria razão) pelo fato de que pomos o fundamento determinante de nossa vontade, ainda que conforme com a lei, em algo diverso da própria lei e do respeito por ela. Dever e obrigação são as únicas denominações que temos de dar a nossa relação com a lei moral. De fato somos membros legislantes de um reino moral possível pela liberdade, representado pela razão prática para o nosso respeito, mas ao mesmo tempo seus súditos, não o seu soberano, e o desconhecimento de nossa posição inferior como criaturas, bem como a negação, por presunção, de respeito à lei santa é já, segundo o espírito, uma deserção dela, mesmo que a sua letra fosse observada.

149. Kant: *und uns als* (e nos, como), corrigido pela Ak (Rosenkranz, Hartenstein) para *und, als* (e, como).

150. Kant: *ihr nichts zu entziehen*. Vogel elimina o "*zu*", aliás uma correção exclusiva dele.

Com isso, porém, concorda perfeitamente a possibilidade de um tal mandamento: **ama a Deus acima de tudo e teu próximo como a ti mesmo**[151]. Pois [148] como mandamento ele exige respeito por uma lei que **ordena amor** e não deixa ao cuidado de uma escolha arbitrária fazer deste um princípio. Mas amor a Deus como inclinação (amor patológico) é impossível, pois Deus não é nenhum objeto dos sentidos. O mesmo amor, na verdade, é possível para com o homem mas não pode ser ordenado; pois o homem não tem a capacidade de amar alguém meramente por mando. Portanto somente o **amor prático** é compreendido naquele núcleo de todas as leis. Amar a Deus significa, neste sentido, praticar **de bom grado** seus mandamentos; amar o próximo significa praticar **de bom grado** todos os deveres para com ele. Mas o mandamento que torna isso uma regra não pode tampouco ordenar que se **tenha** essa disposição em ações conformes ao dever, mas simplesmente que se **aspire** a isso. Pois um mandamento de que se deva fazer algo de bom grado é em si contraditório, porque, se já sabemos espontaneamente o que nos obriga a fazer algo, se além disso também fôssemos conscientes de fazê-lo espontaneamente, um mandamento correspondente resultaria totalmente desnecessário e, se de fato o fazemos mas não precisamente de bom grado e, sim, somente por respeito à lei, um mandamento que precisamente tornasse esse respeito um motivo da máxima atuaria exatamente de encontro à [149] disposição ordenada. Portanto aquela lei

151. Com essa lei forma um estranho contraste o princípio da felicidade própria, que alguns querem tornar a proposição fundamental suprema da moralidade. Ela soaria assim: **Ama a ti mesmo sobre todas as coisas, mas a Deus e teu próximo por amor a ti.** (K)

de todas as leis, como todo o preceito moral do Evangelho, apresenta a disposição moral em toda a sua perfeição do modo como ela enquanto ideal de santidade não é atingível por nenhuma criatura, contudo é o arquétipo do qual devemos aspirar aproximar-nos e, em um ininterrupto mas infinito progresso, aspirar a ela igualar-nos. Ou seja, se uma criatura racional pudesse alguma vez chegar a praticar todas as leis morais inteiramente **de bom grado**, isso equivaleria a que não se encontrasse nela sequer a possibilidade de um apetite que o[152] estimulasse a desviar-se delas; pois o domínio de um tal apetite sempre custa sacrifício ao sujeito, portanto requer autocoerção, isto é, necessitação íntima para o que não se faz inteiramente de bom grado. Mas a esse grau de disposição moral nenhuma criatura consegue elevar-se. Pois, visto que se trata de uma criatura, por conseguinte sempre dependente em relação ao que ela[153] reclama para o inteiro contentamento com o seu estado, ela jamais pode ser totalmente livre de apetites e inclinações, as quais, porque dependem de causas físicas, não concordam por si

152. Kant: *ihn* (acus. masc. = o), que Hartenstein substituiu por *es*, pelo fato de aquele não concordar com o neutro *Geschöpf* (criatura). No entanto Weischedel, Vorländer e Ak mantiveram a forma original masculina, sob alegação da Ak de um caso semelhante, presumivelmente aceitável, em A 139: *sein Beispiel* (seu exemplo).

153. Kant: *er* (nom. masc. = ele), corrigido por Grillo para *es*, com vistas ao neutro *Geschöpf* (criatura) e adotado pela Ak. Tratando-se de três artigos semelhantes na mesma frase, Vorländer, contudo, não os situou corretamente em relação ao texto da 1ª edição e à correção de Grillo. Mas seu equívoco parece ter provindo de Hartenstein (cf. 1838, p. VIII e 197). Mais precisamente: A 149, linha 12: Kant *ihn*, Hartenstein *es*; linha 18: Kant *was er*, corrigido por Grillo para *was es*; linha 20: Kant *kann es*, enquanto Hartenstein e Vorländer atribuíram a Kant *er*, e presumem corrigi-lo para *es*. Na verdade, confundiram os casos das linhas 18 e 20.

mesmas com a lei moral, que possui fontes totalmente diversas, por conseguinte tornam a todo momento necessário, com respeito às mesmas, fundar a disposição de suas máximas sobre necessitação moral, não sobre pronta submissão mas sobre respeito, que **exige** o cumprimento **[150]** da lei mesmo que ele não ocorra de bom grado, não sobre amor, que não envolve nenhuma recusa interna da vontade à lei, conquanto tornem necessário fazer para si deste último, a saber, do simples amor à lei (já que ela então deixaria de ser **mandamento** e a moralidade, que com isso se converteria subjetivamente em santidade, deixaria de ser **virtude**), o objetivo constante, embora inalcançável, de seu empenho. Pois naquilo que estimamos muito, mas que, contudo (pela consciência de nossas fraquezas), tememos, transformam-se – pela maior facilidade em satisfazê-los – o mais reverente temor em inclinação e o respeito em amor; pelo menos seria esta a consumação de uma disposição consagrada à lei, se alguma vez fosse possível a uma criatura alcançá-la.

Essa consideração não tem em vista aqui tanto reportar a conceitos evidentes o citado mandamento evangélico para determinar o **fanatismo** <*Schwärmerei*> **religioso**, em face do amor a Deus, quanto determinar também imediatamente de modo preciso a disposição moral em relação aos deveres para com os homens e impedir ou, se possível, prevenir um fanatismo <*Schwärmerei*> **meramente moral** que contagia muitas cabeças. O nível moral, em que o homem (de acordo com toda a nossa perspiciência, também cada criatura racional) se situa, é o do respeito pela lei moral. A disposição que o obriga a observá-la é a de cumpri-la **[151]** por dever, não por espontânea inclinação e por esforço porventura não ordenado, assumido por si e de bom grado; e seu estado moral, em que ele pode cada vez encontrar-se, é o de **virtude**, isto é, de disposição moral em **luta** e não o de **santidade, na** pretensa **posse** de uma completa **pureza** das disposições da vontade. É puro fanatismo <*Schwärmerei*> moral e redobramento de presunção dispor os ânimos, mediante incitamento, a ações como nobres, sublimes e magnânimas, levando-os à ilusão de que não fosse dever, isto é, respeito pela lei – cujo jugo (o qual, contudo, pelo fato de ser-nos imposto pela própria razão, é suave), e, embora a contragosto, **teriam de** suportar – que constituiria o fundamento determinante de suas ações e sempre ainda os humilha, na medida em que o seguem (**obedecem**-no); como se, contudo, aquelas ações não fossem[154] esperadas deles por dever e sim por simples mérito. Pois não se trata apenas de que eles, por imitação de tais atos, ou seja, a partir de um tal princípio, não tivessem satisfeito minimamente o espírito da lei, que consiste na disposição de submeter-se à lei e não na conformidade da ação à lei (seja qual for[155] o princípio), e que ponham o motivo **patologicamente** (na simpatia ou ainda na *philautia*) e não moralmente (na lei); eles desse modo produzem uma leviana, superficial e fantástica [152] maneira de pensar, que consiste em lisonjear-se de uma espontânea bondade de seu ânimo, que não precise nem de aguilhão nem de freio e para o qual não se necessite sequer um mandamento e, além disso, se esquecem de sua obrigação, na qual deveriam pensar antes que no mérito. Podem bem enaltecer-se, sob o nome de atos **nobres** e **sublimes**, ações de

154. Kant: *würde* (fosse), corrigido por Hartenstein para *würden* (fossem).

155. Kant: *welches*, corrigido por Rosenkranz e Hartenstein para *welches es*.

outros que ocorreram com grande sacrifício e, na verdade, meramente por amoroso dever e certamente só enquanto existem rastros que permitam supor que elas ocorreram totalmente por respeito a seu dever e não por impulsos do coração. Mas, se se quiser representá-las a alguém como exemplos a serem seguidos, então se tem que de modo absoluto utilizar o respeito pelo dever (enquanto o único sentimento moral autêntico) como motivo: este[156] preceito severo e sagrado, que não deixa ao cuidado de nosso vão amor de si jogar com impulsos patológicos (na medida em que são análogos à moralidade) e fazer-nos algo bom sobre a base do **mérito**. Basta que investiguemos bem, para logo encontrarmos para todas as ações dignas de elogio uma lei do dever que **ordena** e não deixa na dependência de nosso arbítrio o que possa ser agradável à nossa propensão. Esta é a única maneira de pensar que forma moralmente a alma, porque somente ela é capaz de proposições fundamentais firmes e rigorosamente determinadas.

[153] Se **fanatismo** <*Schwärmerei*>[157], no significado mais geral, é uma transgressão dos limites da razão hu-

156. Na 1ª e 2ª edições: *diese* (esta); nas edições seguintes: *die* (a), em ambos os casos, referidos ao feminino *Vorschrift* (preceito).

157. O termo *Schwärmerei*, formado a partir de *Schwarm* (enxame) e *schwärmen* (dispersar-se, vaguear), no contexto de disputas interconfessionais da Reforma, é aplicado em sentido pejorativo aos respectivos adversários e só é compreensível metaforicamente. Com base nisso, W. Schröder observou que esse conceito não encontra uma expressão congruente fora da língua alemã: "Apesar de certas intersecções semânticas, são estranhos aos termos latinos *fanatismus*, *enthusiasmus*, bem como a seus termos correspondentes franceses e ingleses <ou portugueses>, os dois momentos com os quais a metáfora energizou o conceito *Schwärmerei*" (SCHRÖDER, W. Schwärmerei. In: RITTER, J./GRÜNDER, K. *His-*

mana, empreendida sobre a base de proposições fundamentais, então o fanatismo **moral** é essa transgressão dos limites que a razão pura prática estabelece para a humanidade, pelos quais proíbe pôr o fundamento determinante subjetivo de ações conformes ao dever, isto é, o motivo moral das mesmas, em qualquer outro lugar que na própria lei e pôr a disposição <*Gesinnung*>, que desse modo é introduzida nas máximas, em qualquer outra parte que no respeito por essa lei, por conseguinte ordena fazer do pensamento do dever – que abate toda a **arrogância** e toda a vã ***philautia*** – o **princípio de vida** supremo de toda a moralidade no homem.

Se assim é, então não apenas romancistas ou educadores sentimentais (ainda que se oponham zelosamente

....

torisches Wörterbuch der Philosophie, 1992, v. 8, p. 1478). Por outro lado R. Spaemann observou, a propósito do termo "fanatismo": "De um modo geral os termos *Fanatismus*, *Enthusiasmus* e *Schwärmerei* são inicialmente usados, na Inglaterra e Alemanha, como sinônimos, e apenas mais tarde são diferenciados através de sutis discussões" (SPAEMANN, R. Fanatisch, Fanatismus. In: RITTER, J./GRÜNDER, K. *Historisches Wörterbuch der Philosophie*, 1972, v. 2, p. 905). Ora, se compararmos as passagens em que esses termos ocorrem na *Crítica da razão prática*, para nos atermos apenas a esta obra, notaremos que suas diferenças parecem irrelevantes, se não sutis. Veja-se, p. ex., *Schwärmerei* em *KpV* A 153, e *Fanatizismus* em *KpV* A 244-245. De qualquer modo, pela atenção que Kant dispensou ao assunto em diversas obras, o recurso a termos como "exaltação" ou "fanatismo" para traduzir *Schwärmerei* é um insatisfatório paliativo. Kant mesmo encarregou-se de uma aproximação entre esses termos ao escrever: "De modo totalmente diverso se passa com *Fanatiker* (*Visionär, Schwärmer*). Este é propriamente um enlouquecido por uma suposta inspiração imediata e uma grande intimidade com as forças celestes. A natureza humana não conhece ilusão mais perigosa" (KANT, I. *Versuch über die Krankheiten des Kopfes*, 1764, Ak v. II, p. 267. Além disso, Vorländer, na edição da Philosophische Bibliothek, v. VIII, publicou alguns pequenos ensaios dos anos 1788-1791, entre os quais *Über Schwärmerei und die Mitteln dagegen*.

ao sentimentalismo), mas às vezes até filósofos, e os mais severos entre todos, os estoicos, estatuíram um **fanatismo moral** em vez de uma austera mas sábia disciplina dos costumes, ainda que o fanatismo dos últimos fosse mais heroico e o dos primeiros de natureza mais insossa e langorosa. E, sem dissimulação, pode-se dizer com toda a verdade, acerca da doutrina moral do Evangelho, que ele, primeiramente pela pureza do princípio moral, mas ao mesmo tempo pela sua conformidade **[154]** com os limites de entes finitos, submeteu toda a boa conduta do homem à disciplina de um dever posto ante seus olhos, que não a deixa vaguear entre sonhadas perfeições morais, e impôs tanto à presunção quanto ao amor-próprio, que gostam de ignorar seus limites, barreiras da humildade (isto é, do conhecimento de si).

Oh dever! Sublime e grande nome, que não compreendes[158] em ti nada benquisto que comporte adulação mas reivindicas submissão, contudo tampouco ameaças com algo que para mover a vontade provocasse no ânimo aversão natural e o atemorizasse, porém simplesmente propões uma lei que por si encontra acesso ao ânimo e que, todavia, mesmo a contragosto granjeia para si veneração (embora nem sempre observância), ante a qual todas as inclinações emudecem, mesmo que secretamente se oponham a ela[159]: qual é a origem digna de ti e onde se encontra a raiz de tua nobre linhagem, que altivamente rejeita todo o parentesco com inclinações e de cuja raiz descender constitui a condição indispensável daquele valor que unicamente os homens podem dar a si mesmos?

158. Kant: *fassest*, Grillo: *befassest*.

159. No *Handexemplar* de Kant, a partir de *nichts drohest* (tampouco ameaças) até o fim da alínea consta um risco vertical a lápis na margem.

Não pode ser nada menos do que aquilo que eleva o homem sobre si mesmo (como parte do mundo sensorial), que o conecta a uma ordem de coisas que só o entendimento pode pensar e que ao [155] mesmo tempo tem sob si o inteiro mundo sensorial, e com ele a existência empiricamente determinável do homem no tempo, bem como a totalidade completa dos fins (a qual unicamente é adequada a leis práticas incondicionadas como a lei moral). Não é outra coisa que a **personalidade**, isto é, a liberdade e independência do mecanismo de toda a natureza, considerada ao mesmo tempo como faculdade de um ente submetido a leis peculiares, a saber, leis práticas puras dadas por sua própria razão; portanto a pessoa enquanto pertencente ao mundo sensorial está submetida a sua própria personalidade, na medida em que ela pertence ao mesmo tempo ao mundo inteligível; não é de surpreender então que o homem enquanto pertencente a ambos os mundos tenha de considerar seu próprio ente, em relação a sua segunda e mais alta destinação, com veneração e as leis da mesma com o máximo respeito.

Ora, diversas expressões que indicam o valor dos objetos segundo ideias morais fundam-se sobre essa origem. A lei moral é **santa** (inviolável). O homem é deveras bastante ímpio, mas a **humanidade** em sua pessoa tem que ser santa. Em toda a criação tudo o que se queira e sobre o que se exerça algum poder também pode ser usado **simplesmente como meio**; somente o homem, e com ele cada criatura racional, é [156] **fim em si mesmo**. Ou seja, ele é o sujeito da lei moral, que é santa em virtude da autonomia de sua liberdade. Por causa dela justamente toda vontade, mesmo a vontade própria de cada pessoa voltada para si mesma, é limitada à condição da concordância com a **autonomia** do ente racional, ou seja, de não se submeter a nenhum objetivo que não seja possível segundo uma lei que pudesse surgir da vontade do próprio sujeito que a padece; portanto de jamais usar este simplesmente como meio mas ao mesmo tempo como fim. Com razão atribuímos essa condição até à vontade divina em relação aos entes racionais no mundo, como suas criaturas, na medida em que ela se funda sobre a **personalidade** dos mesmos, pela qual, unicamente, eles são fins em si mesmos.

Esta ideia de personalidade, despertadora de respeito, que nos coloca ante os olhos a sublimidade de nossa natureza (segundo sua destinação), na medida em que ela ao mesmo tempo nos deixa notar a falta de conformidade de nossa conduta em vista da mesma e com isso abate a presunção, pode ser observada natural e facilmente até pela razão humana mais comum. Não descobriu às vezes todo homem, mesmo o apenas medianamente honesto, que ele deixou de praticar uma mentira, afora isso inofensiva, pela qual ele ou podia livrar-se de um negócio incômodo ou até **[157]** ser útil a um amigo querido e benemérito, simplesmente para não precisar desprezar-se secretamente ante seus próprios olhos? Um homem honrado, na máxima desgraça da vida, que ele teria podido evitar desde que não se importasse com o dever, não mantém ainda a consciência de que ele, não obstante, preservou e honrou em sua pessoa a dignidade da humanidade, que ele não tem de envergonhar-se ante si mesmo nem tem razão para temer o escrutínio interno do autoexame? Este consolo não é felicidade e tampouco a mínima parte dela. Pois ninguém desejará a ocasião para isso, e talvez nem mesmo uma vida em tais circunstâncias. Mas ele vive e não pode suportar ser a seus próprios olhos indigno da vida. Portanto esta tranquilização interna é meramente negativa em relação a tudo o que possa tornar a vida agradável; ou seja, ela é o afastamento do perigo de decair no valor pessoal, depois que o valor de seu estado já foi completamente abandonado por ele. Ela é o efeito de um respeito por algo totalmente diverso da vida, em comparação e contraposição com o qual a vida, muito antes, com todo o seu agrado, não tem absolutamente valor algum. Ele só vive ainda por dever e não porque encontra na vida o mínimo gosto.

[158] Desse modo constitui-se o autêntico motivo da razão prática pura; ele não é outro que a própria lei moral pura, na medida em que ela nos deixa perceber a sublimidade de nossa própria existência suprassensível e produz subjetivamente nos homens – que ao mesmo tempo são conscientes de sua existência sensível e da dependência, vinculada a ela, da sua natureza, como tal muito afetada patologicamente – um respeito por sua superior destinação. Ora, a esse motivo deixam mesmo ligar-se tantos atrativos e agrados da vida, que só por isso a mais prudente escolha de um **epicurista** racional e que refletisse sobre o máximo bem-estar da vida declarar-se-ia a favor da boa conduta moral, e pode ser até aconselhável ligar essa perspectiva de um alegre gozo da vida àquela suprema e já por si só suficientemente determinante causa motora; mas <isto> somente para manter o equilíbrio dos aliciamentos que o vício em contrapartida não tem necessidade de dissimular e não para pôr aí, sequer em sua mínima parte quando se trata do dever, a verdadeira e própria força motriz. Pois isso equivaleria a querer tornar impura em sua fonte a disposição moral. A

venerabilidade do dever não tem nada a ver com o gozo da vida; ela tem sua lei peculiar, como também seu foro peculiar, e, por mais que se quisesse verter ambos em uma mesma vasilha, para, [159] misturados, oferecê-los por assim dizer como medicamento à alma doente, ambos imediatamente se separam por si e, se assim não procedem, o primeiro não faz absolutamente efeito, e, por mais que a vida física ganhasse com isso alguma força, a vida moral desvanecer-se-ia irreparavelmente.

Elucidação crítica da analítica da razão prática pura[160]

Entendo por elucidação crítica de uma ciência ou de uma seção dela, que constitui por si um sistema, a investigação e justificação de por que ela tem de possuir exatamente esta forma sistemática e nenhuma outra, se a comparamos com um outro sistema que tenha como fundamento uma faculdade de conhecer semelhante. Ora, a razão prática tem como fundamento a mesma faculdade de conhecer que a razão especulativa, na medida em que ambas são **razão pura**. Portanto a diferença da forma sistemática de uma em relação à <da>[161] outra terá de ser determinada pela comparação de ambas, com a indicação do respectivo fundamento.

A Analítica da razão teórica pura ocupava-se com o conhecimento dos objetos [160] que possam ser dados ao

160. Esta parte apresenta-se em Kant graficamente subordinada ao título corrente do terceiro capítulo, Dos motivos, mas na verdade constitui uma consideração conclusiva sobre todo o primeiro livro, Da analítica.

161. Cf. *Anmerkungen der Bände I-V*, Ak p. 504.

entendimento, e tinha de começar pela **intuição**, por conseguinte (porque esta é sempre sensível) pela sensibilidade, e a partir daí pela primeira vez avançar até conceitos (dos objetos dessa intuição), e só após o tratamento de ambos era-lhe permitido terminar nas **proposições fundamentais**. Contrariamente, porque a razão prática não se ocupa com objetos para **conhecê**-los mas com sua própria faculdade de (conformemente ao seu conhecimento) **torná**-los **efetivos**, isto é, tem a ver com uma **vontade** que é uma causalidade na medida em que a razão contém o fundamento determinante desta, já que ela, consequentemente, não pode indicar nenhum objeto da intuição mas (porque o conceito de causalidade contém sempre a referência a uma lei que determina a existência do múltiplo na relação de um com outro) enquanto razão prática pode indicar **somente uma lei** da intuição[162]: assim uma crítica da Analítica da razão prática pura[163], na medida em que esta deve ser uma razão prática (que é o problema propriamente dito), tem que começar da **possibilidade de proposições fundamentais práticas** *a priori*. Unicamente a partir daí ela podia avançar a **conceitos** dos objetos de uma razão prática, isto é, aos de absolutamente bom e mau, para pela primeira vez fornecê-los em acordo com aquelas proposições fundamentais (pois esses, enquanto bom e mau, não podem ser dados antes daqueles princípios por nenhuma faculdade de conhecer), e somente então o último capítulo, concernente [161] à relação da ra-

162. Kant: *derselben* (da mesma).

163. Natorp (Ak) considera falsa a formulação kantiana *Kritik der Analytik derselben...*, supondo mais correto *Kritik derselben... welches die eigentliche Aufgabe der Analytik ist* (crítica da mesma... que é o problema propriamente dito da Analítica).

zão prática pura[164] com a sensibilidade e à sua influência necessária (cognoscível *a priori*) sobre a mesma, isto é, concernente ao **sentimento moral**, podia encerrar essa parte. Assim, pois, a Analítica da razão pura prática dividiu bem analogicamente à <da> teórica o âmbito completo de todas as condições de seu uso, porém em ordem inversa. A Analítica da razão pura teórica foi dividida em Estética transcendental e Lógica transcendental, a da razão prática, inversamente, em Lógica e Estética da razão prática pura (se me for permitido, simplesmente por razões de analogia, utilizar aqui essas denominações, afora isso inadequadas). A Lógica, por sua vez, foi dividida lá em Analítica dos conceitos e Analítica das proposições fundamentais e aqui, em Analítica das proposições fundamentais e Analítica dos conceitos. A Estética ainda tinha lá duas partes, devido ao duplo modo de intuição sensível; aqui a sensibilidade de modo algum será considerada como capacidade de intuição mas simplesmente como sentimento (que pode ser um fundamento subjetivo da apetência), e em relação a ele a razão prática pura não permite nenhuma divisão ulterior.

Também se pode ter perfeitamente perspiciência da razão pela qual essa divisão em duas partes e sua subdivisão não foi aqui efetivamente levada a cabo (assim como de início, mediante o exemplo da primeira, se podia ser

164. Kant aqui, no espaço de uma página, fez um uso desordenado das expressões, ora *reine praktische Vernunft* (razão prática pura), ora *praktische reine Vernunft* (razão pura prática), ora *theoretische reine Vernunft* (razão pura teórica), e por fim mais duas vezes *reine praktische Vernunft* (razão prática pura). Cf. o já referido artigo do tradutor a respeito (A 3), em que foi mostrado que essa ordem de adjetivos não é indiferente, como parece aqui, embora caiba ao tradutor, antes de tudo, respeitar a gramática da língua.

induzido a tentar). [162] Pois, visto que aqui é a **razão pura** que é considerada no seu uso prático, por conseguinte, partindo de proposições fundamentais *a priori* e não de fundamentos determinantes empíricos, a divisão da Analítica da razão prática pura terá de resultar semelhante à de um silogismo, ou seja, procedendo do universal na **premissa maior** (do princípio moral), mediante uma subsunção, na **premissa menor**, de possíveis ações (como boas ou más) sob aquela, à **conclusão**, ou seja, à determinação subjetiva da vontade (a um interesse pelo bem praticamente possível e à máxima fundada sobre aquele). Aquele que pôde convencer-se das proposições que ocorrem na Analítica deleitar-se-á com tais comparações; pois elas com razão propiciam a expectativa de poderem talvez um dia levar à perspiciência da unidade de toda a faculdade da razão pura (tanto da faculdade teórica como da prática) e deduzir tudo de um princípio, o que é a inevitável necessidade da razão humana, que somente encontra plena satisfação numa unidade completamente sistemática de seus conhecimentos.

Pois bem, se considerarmos também o conteúdo do conhecimento, que podemos ter de uma razão prática pura e através da mesma, segundo o modo como o expõe a sua Analítica, então se encontram, ao lado de uma notável analogia entre ela e a razão teórica, diferenças [163] não menos notáveis. Em relação à razão teórica, a **faculdade de um conhecimento racional puro *a priori*** poderia[165] ser provada de modo totalmente fácil e evidente, mediante exemplos das ciências (nas quais, visto que elas por um uso metódico põem seus princípios à prova de modo tão diverso, não se precisa recear, como no conhecimento

165. Grillo alterou *könnte* para *konnte* (podia).

comum, uma mistura secreta de fundamentos cognitivos empíricos). Mas que a razão pura, sem mistura de nenhum fundamento determinante empírico, também seja por si só prática tinha que poder demonstrar-se a partir do **uso prático mais comum da razão**, na medida em que se abonava a proposição fundamental prática suprema como uma proposição que toda razão humana natural, enquanto inteiramente *a priori* e sem dependência de nenhum dado sensível, reconhece como a lei suprema de sua vontade. Primeiro se tinha que estabelecer e justificar essa proposição fundamental segundo a pureza de sua origem, mesmo no **juízo dessa razão comum**, ainda antes que a ciência pudesse tomá-la em mãos para fazer uso dela, como se fosse um *factum* que antecede toda a argumentação sutil sobre sua possibilidade e sobre todas as consequências que se desejassem tirar dela. Mas esta circunstância também pode explicar-se perfeitamente a partir do que foi alegado pouco antes; porque uma razão pura prática tem de partir necessariamente de proposições fundamentais, que, pois, têm de ser postas, enquanto [164] dados primeiros, como fundamento de toda a ciência e não se originar pela primeira vez dela. Mas esta justificação dos princípios morais como proposições fundamentais de uma razão pura também podia ser perfeitamente conduzida com suficiente certeza pelo simples apelo ao juízo do entendimento humano comum, porque todo o empírico, que quisesse introduzir-se furtivamente em nossas máximas como fundamento determinante da vontade, **dá**-se imediatamente **a conhecer** pelo sentimento de prazer ou de dor, que, na medida em que suscita apetites, é-lhe necessariamente inerente. Mas a razão prática pura **opõe-se** terminantemente a admiti-lo como condição em seu princípio. A heterogeneidade dos fundamentos determinantes (empíricos e racionais) torna-se, mediante esta resistência de uma razão praticamente legislativa contra toda a mescla de inclinação, tão cognoscível, tão excelsa e saliente através de uma peculiar espécie de **sensação**, que, porém, não precede a legislação da razão prática mas, muito antes, é produzida unicamente por ela e, na verdade, como uma coerção, ou seja, pelo sentimento de um respeito como nenhum homem tem por inclinações, seja de que espécie forem, mas sim pela lei, a ponto de ninguém, mesmo o entendimento humano mais comum, dever deixar de perceber momentaneamente, em um exemplo apresentado, que mediante fundamentos empíricos [165] do querer na verdade se pode aconselhá-lo a seguir seus impulsos, mas jamais pretender que **obedeça** a uma outra lei que a lei prática pura da razão.

Ora, a distinção da **doutrina da felicidade** (cujos princípios empíricos constituem todo o fundamento, sem nada acrescentar à segunda) da **doutrina da moralidade** é a primeira e mais importante ocupação da Analítica da razão prática pura, na qual ela tem de proceder tão **exatamente** e, por assim dizer, tão **meticulosamente** como o geômetra em seu trabalho. Vem também ao encontro do filósofo – que aqui (como sempre, no conhecimento da razão mediante simples conceitos, sem construção dos mesmos) tem de lutar com dificuldade maior, porque ele não pode pôr nenhuma intuição como fundamento (de um puro[166] *noumenon*) – o fato de ele, quase como o quí-

166. Kant: *reinem Noumen* (a um puro *noumenon*). Incorreto, segundo Natorp (Ak), que, ao invés de *reinem*, supõe *seinem* (a seu *noumenon*), enquanto Adickes por sua vez supõe que Kant tivesse escrito *von einem* (de um *noumenon*). Na tradução é seguida a sugestão de Kellermann, "*einem reinen*", considerada por Vorländer a mais correta.

mico, poder fazer a todo o momento um experimento com a razão prática de cada homem, para distinguir o fundamento determinante moral (puro) do fundamento determinante empírico; ou seja, acrescentando à vontade afetada empiricamente (por exemplo, daquele que gostaria de mentir porque poderia[167] obter algo com isso) a lei moral (como fundamento determinante). É como quando o analista adiciona álcali à solução de terra calcária no[168] ácido muriático; o ácido abandona imediatamente a cal, combina-se **[166]** com o álcali e a cal precipita-se ao fundo. Do mesmo modo, se um homem, que comumente é honesto (ou que desta vez se coloca apenas em pensamento no lugar de um homem honesto), é confrontado com a lei moral, na qual ele conhece a indignidade de um mentiroso, imediatamente a sua razão prática (no juízo sobre o que ele deveria fazer) abandona o proveito, une-se ao que lhe mantém o respeito por sua própria pessoa (à veracidade), e o proveito, depois de ser separado e desembaraçado de toda aderência à razão (a qual somente[169] se encontra totalmente do lado do dever), é então pesado por cada um para entrar em vinculação com a razão

167. Kant: *kann* (pode).

168. Na 1ª ed. e da 4ª à 6ª constou *in* (em), enquanto na 2ª ed. foi modificado para *im* (no).

169. Kant: **nur** (somente). No exemplar da 1ª ed., da Biblioteca da Universidade de Erlangen-Nürnberg, ele foi corrigido a mão para **nun** (agora), segundo o descobri, por Paul Joachim Sigmund Vogel. Trata-se de uma correção única em toda a história da *KpV* e desconhecida até aqui, embora incluída furtivamente na cópia impressa dessa edição, na série *Kant im Original*, da editora Harald Fischer (1984). A correção é significativa pelo fato de a dinâmica do experimento de Kant com a razão prática parecer reclamar como correta essa alteração. Cf. passagem semelhante em *KpV* A 44 s. e A 158 s., e principalmente a seção 3 da Introdução a esta edição brasileira.

ainda em outros casos, só não naqueles em que ela pudesse contrariar a lei moral, que a razão jamais abandona mas se une a ela do modo mais íntimo.

Mas essa **distinção** do princípio da felicidade e do princípio da moralidade nem por isso é imediata **oposição** entre ambos, e a razão prática pura não quer que se **abandonem** as reivindicações[170] de felicidade mas somente que, tão logo se trate do dever, ela **não** seja de modo algum tomada **em consideração**. Sob certo aspecto pode ser até dever cuidar de sua felicidade: em parte, porque ela (e a isso pertencem habilidade, saúde, riqueza) contém meios para o cumprimento do próprio dever e, em parte, porque sua falta [167] (por exemplo, pobreza) envolve tentações à transgressão de seu dever. Só que promover a sua felicidade jamais pode ser imediatamente um dever, menos ainda um princípio de todo o dever. Ora, já que todos os fundamentos determinantes da vontade, com exceção da única lei prática pura da razão (a lei moral), são no seu conjunto empíricos, logo pertencem como tais ao princípio da felicidade, eles têm que ser todos segregados da proposição fundamental moral suprema e jamais incorporados como condição, porque isto suprimiria todo o valor moral, tanto quanto a mistura empírica com axiomas[171] da Geometria suprimiria toda a evidência matemática – a máxima excelência que (segundo o

170. Kant: *Ansprüche*. O termo *Anspruch* significa, num sentido ainda não enfraquecido do século XVIII, "uma exigência juridicamente fundamentada" (H. Paul). Logo, a utilização desse termo por Kant significa, nesse contexto, o seu reconhecimento da legitimidade da busca humana da felicidade.

171. Kant: *Grundsätzen*; termo introduzido por Wolff, no sentido inicial de axioma (cf., junto a A 26, a nota do tradutor sobre *Grundsatz* e *Prinzip*).

juízo de Platão) a Matemática contém e que precede mesmo toda a sua utilidade.

Em vez da dedução do princípio supremo da razão prática pura, isto é, da explicação da possibilidade de tal conhecimento *a priori*, nada mais, porém, podia ser ulteriormente alegado senão que, se se tivesse a perspiciência da possibilidade da liberdade de uma causa eficiente, ter-se-ia também a perspiciência talvez não apenas da possibilidade mas inclusive da necessidade da lei moral enquanto lei prática suprema de entes racionais, aos quais se atribui liberdade da causalidade de sua vontade; pelo fato de que ambos os conceitos estão tão inseparavelmente vinculados, poder-se-ia definir a liberdade prática também pela independência da vontade [168] de toda outra lei, com exceção unicamente da lei moral. Todavia não se pode de modo algum ter perspiciência relativamente à possibilidade da liberdade de uma causa eficiente, principalmente no mundo sensorial – felizmente! – contanto que possamos estar suficientemente assegurados de que não ocorra nenhuma prova de sua impossibilidade e que ora, necessitados pela lei moral, que postula isso, precisamente por isso estejamos também legitimados a admiti-la. Como apesar disso há ainda muitos que continuam crendo poder explicar essa liberdade segundo princípios empíricos, como qualquer outra faculdade natural, e considerá-la uma propriedade **psicológica**, cuja explicação consistisse unicamente numa investigação mais exata da **natureza da alma** e dos motivos da vontade, em vez de considerá-la um predicado **transcendental** da causalidade de um ente que pertence ao mundo sensorial (de que, a seguir, de fato unicamente se trata), e deste modo suprimir a esplêndida abertura que a razão prática pura nos propicia[172] mediante a lei moral, a saber, a abertura a um mundo inteligível pela realização do conceito afora isso transcendente de liberdade, e com isso suprimir a própria lei moral, que não admite absolutamente nenhum fundamento determinante empírico, de modo que se torna necessário acrescentar aqui ainda algo para premunir contra essa ilusão e para a apresentação do **empirismo** em toda a nudez de sua superficialidade.

[169] O conceito de causalidade enquanto **necessidade natural**, à diferença da causalidade enquanto **liberdade**, concerne somente à existência das coisas na medida em que ela é **determinável no tempo**, por conseguinte, das coisas como fenômenos em oposição à causalidade delas como coisas em si mesmas. Ora, se são tomadas as determinações da existência das coisas no tempo por determinações das coisas em si mesmas (que é o modo de representação mais habitual), a necessidade na[173] relação causal não pode de modo algum unificar-se com a liberdade; mas elas se opõem contraditoriamente entre si. Pois da primeira segue-se que cada evento, consequentemente também cada ação que precede um determinado momento, está necessariamente sob a condição daquilo que era no tempo precedente. Ora, visto que o tempo passado não está mais em meu poder, cada ação que pratico tem que ser necessária mediante fundamentos determinantes **que não estão**[174] **em meu poder**, isto é, jamais sou livre no momento em que ajo. Com efeito, ainda que eu admitisse toda a minha existência como independente de qualquer cau-

172. Kant: *widerfährt*. Grillo propôs *gegeben wird* ou *verschaft wird*.

173. No original A: *in* (em), corrigido pela Ak para *im* ("no", no caso "na").

174. Kant: *sein* (estar), Ak: *sind* (estão).

sa estranha (porventura de Deus), de modo que os fundamentos determinantes de minha causalidade e até de toda a minha existência não fossem absolutamente externos a mim: isso não transformaria minimamente aquela necessidade natural em liberdade. Pois a cada momento estou sempre sob a necessidade de ser determinado [170] a agir mediante aquilo **que não está em meu poder**, e a – *a parte priori* – série infinita dos eventos, que eu sempre só prosseguiria segundo uma ordem já predeterminada e não iniciaria espontaneamente em parte alguma, seria uma cadeia natural constante, portanto minha causalidade jamais seria liberdade.

Logo, se se quer atribuir liberdade a um ente cuja existência é determinada no tempo, neste caso pelo menos não se pode excluí-lo da lei da necessidade natural de todos os eventos em sua existência, por conseguinte também de suas ações; pois isto equivaleria a entregá-lo ao cego acaso. Mas, como essa lei diz respeito inevitavelmente a toda causalidade das coisas na medida em que sua **existência** é determinável **no tempo**, então, se esse fosse o modo segundo o qual também se teria de representar a **existência dessas coisas em si mesmas**, a liberdade teria de ser rejeitada como um conceito nulo e impossível. Por conseguinte, se ainda se quiser salvá-la, não resta outro caminho senão atribuir a existência de uma coisa, no caso em que seja determinável no tempo, por conseguinte também a causalidade segundo a lei da **necessidade natural, simplesmente ao fenômeno**, porém atribuir a **liberdade ao mesmo ente enquanto coisa em si mesma**. O que é certamente inevitável, desde que se queira ao mesmo tempo conservar ambos os conceitos entre si adversos; só que na aplicação, se se quiser explicá-los como unidos em uma e mesma [171] ação e, portanto, explicar essa própria união, manifestam-se grandes dificuldades que parecem tornar uma tal união inviável.

Se digo acerca de um homem que comete um furto: este ato é um resultado necessário segundo a lei natural da causalidade a partir dos fundamentos determinantes do tempo precedente, neste caso era impossível que ele deixasse de realizar-se; como pode então o ajuizamento segundo a lei moral produzir, neste caso, uma alteração e pressupor que tal ato, não obstante, tivesse podido deixar de realizar-se, porque a lei diz que ele deveria ter sido evitado, isto é, como pode aquele, no mesmo momento e com vistas à mesma ação, denominar-se totalmente livre, se naquele momento e com vistas à mesma ação ele, contudo, encontra-se submetido a uma inevitável necessidade natural? É um mísero subterfúgio procurar uma evasiva numa simples adaptação do **modo** dos fundamentos determinantes de sua causalidade, segundo a lei natural, a um conceito **comparativo** de liberdade (de acordo com o qual às vezes se chama efeito livre aquilo cujo fundamento natural determinante encontra-se **internamente** no ente operante, por exemplo, aquilo que um corpo lançado executa quando ele está em livre movimento, em cujo caso se recorre à palavra liberdade, porque ele, enquanto se encontra em voo, não é impelido externamente por algo; ou, assim como chamamos também de movimento livre o movimento de um relógio, porque ele mesmo move os seus ponteiros e, portanto, não precisa [172] ser impelido externamente, do mesmo modo que as ações do homem, embora sejam necessárias pelos seus fundamentos determinantes que as precedem no tempo, são chamadas livres porque se trata de representações internas produzidas por nossas próprias faculdades, mediante cujas representações elas são apetites gerados segundo situações que os ensejam e, por conseguinte, são ações produzidas segundo nosso próprio arbítrio). Com esse subterfúgio alguns sempre ainda se deixam entreter e deste modo supõem ter resolvido com um pequeno verbalismo aquele difícil problema, para cuja solução milênios trabalharam em vão e que, por isso, dificilmente poderia ser encontrada tão na superfície. Ou seja, na questão daquela liberdade, que tem de ser posta como fundamento de todas as leis morais e de sua correspondente imputação, não se trata de se a causalidade determinada segundo uma lei natural seja necessária por fundamentos determinantes que jazem no sujeito ou **fora** dele e se, no primeiro caso, ela é necessária por instinto ou por fundamentos determinantes pensados racionalmente. Se essas representações determinantes, de acordo com a confissão dessas próprias pessoas, têm, contudo, o fundamento de sua existência no tempo e, em verdade, no **estado anterior** e este, por sua vez, de novo em um estado precedente, etc., então essas determinações, quer sejam sempre internas, quer tenham uma causalidade psicológica e não mecânica, [173] isto é, produzam uma ação mediante representações e não mediante movimento corporal, trata-se sempre de **fundamentos determinantes** da causalidade de um ente enquanto sua existência é determinável no tempo, por conseguinte sob condições necessitantes do tempo passado, as quais, quando o sujeito deve agir, **não estão mais em seu poder**, que, pois, em verdade comportam liberdade psicológica (se se quiser utilizar esta palavra a respeito de um encadeamento meramente interno das representações da alma) e, contudo, necessidade natural. Por conseguinte elas não dão margem a nenhuma **liberdade transcendental**, que tem de ser pensada como independência de todo o empírico e portanto da natureza em geral, quer ela seja considerada objeto do sentido interno simplesmente no tempo, ou também simultaneamente do sentido externo[175] no espaço e no tempo. Sem esta liberdade (no último e autêntico sentido), a qual unicamente é *a priori* prática, nenhuma lei moral e nenhuma imputação segundo a mesma é possível. Precisamente por isso também toda a necessidade dos acontecimentos no tempo segundo a lei natural da causalidade pode chamar-se de **mecanismo** da natureza, ainda que com isso não se entenda que as coisas a ele submetidas tivessem de ser efetivas **máquinas** materiais. Aqui se presta atenção somente à necessidade da conexão dos eventos em uma série temporal, do modo como ela se desenvolve de acordo com a [174] lei natural, quer se chame o sujeito, no qual esse transcurso se dá, de *automaton materiale*, já que a maquinaria é movida pela matéria ou, com Leibniz, de *automaton spirituale*, já que ela é movida por representações. E, se a liberdade de nossa vontade não fosse nenhuma outra que a última (isto é, a psicológica e comparativa, não a transcendental, quer dizer, absoluta ao mesmo tempo), então ela no fundo não seria melhor que a liberdade de um assador giratório, o qual, uma vez posto em marcha, executa por si os seus movimentos.

Ora, para suprimir, no caso exposto, a aparente contradição entre mecanismo natural e liberdade em uma e

175. Kant: *äußeren Sinne*, corrigido por Grillo para *des äußeren Sinnes*. Vorländer atribuiu a Hartenstein a correção para *der äußeren Sinne*. Na verdade, esta foi uma proposta de Hartenstein na sua 2ª ed. de 1867. Em 1838, p. VIII e 213, ele escreveu, apenas acrescentando a Kant um "s": *äußeren Sinnes*.

mesma ação, é preciso que nos recordemos do que fora dito na *Crítica da razão pura* ou do que dela se segue: que a necessidade natural, que não pode coexistir com a liberdade do sujeito, é atribuída simplesmente às determinações daquela coisa que está submetida às condições de tempo, consequentemente só ao[176] que pertence ao sujeito agente enquanto fenômeno, logo, na medida em que os fundamentos determinantes de cada ação do mesmo se situam naquilo que pertence ao tempo passado e **não está mais em meu poder** (para o que também têm de ser computados seus atos já praticados e o seu caráter, determinável por eles a seus próprios olhos, enquanto fenômeno). Mas o mesmo **[175]** sujeito que, por outro lado, é também consciente de si como coisa em si mesma, considera do mesmo modo sua existência **enquanto não está submetida a condições de tempo** mas a si mesmo somente como determinável por leis que ele mesmo se dá pela razão, e nesta sua existência nada precede a determinação de sua vontade mas cada ação e em geral cada determinação de sua existência, mutável de acordo com o sentido interno, e mesmo toda a sequência serial de sua existência como ente de sentidos não pode, na consciência de sua existência inteligível, passar senão por consequência, jamais por fundamento determinante de sua causalidade enquanto ***noumenon***. Ora, sob este aspecto o ente racional de cada ação con-

176. Na 1ª edição consta *dem* (ao), e não *den*, como o pretendeu Vorländer; *den* constou em Hartenstein, Kehrbach e Kirchmann; substituído por Vorländer e pela Ak por *denen* (àquelas), neste caso referindo-se a "determinações". A correção foi atribuída pela Ak a Vorländer, que também a assumiu como própria, embora tenha sido originalmente de Vogel no exemplar de Erlangen.

trária à lei cometida por ele, ainda que ela como fenômeno seja no passado suficientemente determinada e, nesta medida, necessária, pode com direito dizer que ele[177] poderia tê-la evitado; pois ela, com todo o passado que a determina[178], pertence a um único fenômeno de seu caráter que ele conquista para si mesmo e de acordo com o qual ele, enquanto causa independente de toda a sensibilidade, imputa-se a causalidade daqueles fenômenos.

Com isso também concordam perfeitamente os veredictos judiciais daquela maravilhosa faculdade em nós que denominamos consciência moral[179]. Um homem pode dis-

....

177. Kant: *er* ("ele", masc.), tanto aí como logo abaixo "ele (*er*) enquanto causa independente"; em ambos deveria ser *es* (neutro), como observa Vorländer, para concordar com *vernünftiges Wesen* (ente racional).

178. F. Marty, sem razão, supõe que a passagem seja gramaticalmente equívoca, de modo que também se pudesse com muito sentido dizer: "ela (a ação), com todo o passado que *ela* determina". Mas esta possibilidade não é dada senão na parte final da frase, desde a perspectiva do caráter (inteligível). Cf. MARTY, F. *La naissance de la métaphysique chez Kant*. Paris: Beauchesne, 1980, p. 263 (o destaque é do tradutor).

179. O termo *Gewissen* significa consciência moral, que como tal se distingue do simples *Bewußtsein* (consciência em geral). Mas Kant, como anteriormente Baumgarten, cuja obra de filosofia prática ele comentou, utilizou o termo latino *conscientia* como equivalente a *Gewissen*. Também em português o termo "consciência" pode significar faculdade de julgamentos morais. O inglês, analogamente, emprega *consciousness* (*Bewußtsein*) e *conscience* (*Gewissen*). Baumgarten entendeu a *conscientia* como uma faculdade de autoimputação de ações: *Cum conscientia sit actus, vel facultas, vel habitus facta sibi imputandi et his leges aplicandi*... (consciência é o ato ou a faculdade ou o hábito de imputar-se fatos e de aplicar leis a estes). (Cf. *Erläuterungen Kants zu G. Baumgartens Initia philosophiae practicae primae*. Ak v. XIX, pp. 89-91.) Kant, na *Metafísica dos costumes/Doutrina da virtude*, expressou-se de modo semelhante: *In einer Gewissenssache (causa conscientiam tangens)*... (*MS/T* A 102). Ele definiu-a aí como a consciência (*Bewußtsein*) de um tribunal interior: "Consciência moral <*Gewissen*> é a consciência <*Bewußtsein*> de um foro inte-

simular o quanto ele quiser, para dourar [176] perante si mesmo um comportamento ilegal do qual se recorda, e declarar-se não culpado a seu respeito, como se se tratasse de um engano não premeditado e de um simples descuido que jamais se pode evitar totalmente, consequentemente de algo em que fosse arrastado pelo caudal da necessidade natural; ele descobre, contudo, que o advogado que fala em seu favor de modo algum consegue fazer calar o acusador nele, tão logo ele se dê conta de que no momento em que praticava a injustiça estava de posse do seu juízo, isto é, no exercício de sua liberdade e, apesar disso, ele **explica** o seu delito a partir de certo mau hábito contraído por crescente abandono do cuidado para consigo próprio até o ponto em que pode considerá-lo uma consequência natural do mesmo, sem que isto, contudo, possa assegurá-lo contra a autorrepreensão e a censura que ele próprio se faz. Pois sobre isso se funda também o arrependimento relativamente a um ato cometido há bastante tempo, em toda recordação dele; uma sensação dolorosa, produzida por disposição moral e que é praticamente vazia, na medida em que ela não pode servir para tornar o acontecido não acontecido, e que seria até absurda (como **Priestley**[180], enquanto autêntico **fatalista**, que procede consequentemente, também o declara e em relação a cuja franqueza ele merece mais aplauso do

....

rior no homem ('diante do qual os pensamentos acusam-se ou desculpam-se reciprocamente')" (*MS/T* A 99). Mas, o que é importante, a consciência moral (como, aliás, também a animalidade) é no homem uma disposição (*Anlage*) constitutiva, devido à qual ele não pode portar-se de modo moralmente indiferente, sob pena de abdicar de sua humanidade.

180. Joseph Priestley (1733-1804), naturalista inglês, descobridor do oxigênio e da assimilação das plantas, publicou *The Doctrine of Philosophical Necessity Illustrated* (1777).

que aqueles que – enquanto afirmam de fato o mecanismo da vontade, em palavras, [177] contudo afirmam a sua liberdade – sempre ainda querem ser considerados favoráveis à liberdade pelo fato de a incluírem em seu sistema sincretista, embora sem poder tornar concebível a possibilidade de uma tal imputação), mas enquanto dor é perfeitamente legítima, porque a razão, se se trata da lei de nossa existência inteligível (da lei moral), não reconhece diferença de tempo e pergunta somente se o evento me pertence como ato, a seguir, porém, vincula-lhe sempre moralmente a mesma sensação, quer ele tenha ocorrido agora ou há muito tempo. Pois a **vida dos sentidos** tem, em relação à consciência **inteligível** de sua existência (da liberdade), unidade absoluta de um fenômeno, o qual, na medida em que contém simplesmente fenômenos da disposição concernente à lei moral (do caráter), tem que ser ajuizado não segundo a necessidade natural que lhe pertence como fenômeno mas segundo a espontaneidade absoluta da liberdade. Portanto podemos admitir que, se nos fosse possível ter uma tão profunda perspiciência da maneira de pensar de um homem do modo como esta se mostra através de ações tanto internas como externas, a ponto de que cada motivo para ela, mesmo o menor, do mesmo modo como ocorre com todos os seus estímulos externos, fosse-nos conhecido, poderíamos futuramente calcular a conduta de um homem com a certeza de um eclipse lunar ou solar e, todavia, [178] afirmar a propósito que o homem seja livre. Ou seja, se ainda fôssemos capazes de uma outra visão (mas que certamente não nos foi concedida, em vez da qual temos apenas o conceito da razão), quer dizer, de uma intuição intelectual do mesmo sujeito, então, contudo, perceberíamos que toda esta cadeia de fenômenos em relação ao que sempre e somente pode dizer respeito à lei moral depende da espontaneidade do sujeito como coisa em si mesma, de cuja determinação não pode absolutamente ser dada nenhuma explicação física. Na falta dessa intuição, a lei moral assegura-nos desta diferença entre a relação de nossas ações como fenômenos com o ente de sentidos de nosso sujeito e aquelas pelas quais este ente de sentidos é referido ao substrato inteligível em nós. Sob este ponto de vista, que é natural conquanto inexplicável para nossa razão, podem também justificar-se ajuizamentos que, embora proferidos com toda a retidão, à primeira vista parecem com justiça totalmente conflitantes. Há casos em que homens desde a infância, até sob uma educação ao mesmo tempo vantajosa a outros, revelam, contudo, uma maldade tão precoce e continuam a crescer nela até a idade adulta, que são tomados por um malvado inato e com uma maneira de pensar incapaz de qualquer melhora; todavia são julgados [179] pelo que fazem e deixam de fazer e repreendidos pelos seus crimes como culpados; e, mais ainda, elas mesmas (as crianças) consideram esta censura completamente fundada, como se elas, apesar da a elas atribuída desesperançosa constituição natural de seu ânimo, permanecessem tão responsáveis como todo outro homem. Isto não poderia ocorrer se não pressupuséssemos que tudo o que emerge de seu arbítrio (como sem dúvida cada ação praticada intencionalmente) tem como fundamento uma causalidade livre que desde cedo expressa seu caráter em seus fenômenos (as ações), os quais, em virtude da uniformidade da conduta, dão a conhecer um nexo natural que, porém, não torna necessária a qualidade viciosa da vontade, mas, muito antes, é a consequência de proposições fundamentais más e imutáveis, livremente assumidas, as quais só tornam a vontade tanto mais reprovável e condenável.

Mas está ainda pendente uma outra dificuldade acerca da liberdade, na medida em que ela deve unir-se ao mecanismo natural em um ente que pertence ao mundo sensorial; uma dificuldade que, mesmo depois de tudo o que foi concedido até aqui, ameaça a liberdade de completo naufrágio. Diante desse perigo, porém, uma circunstância fornece ao mesmo tempo esperança de uma saída feliz para a afirmação **[180]** da liberdade, ou seja, o fato de que essa dificuldade pressiona muito mais fortemente (na verdade, como veremos em seguida, unicamente) o sistema, no qual a existência determinável no espaço e no tempo é tomada pela existência das coisas em si mesmas, portanto ela não nos coage a abandonar[181] a nossa mais excelsa pressuposição da idealidade do tempo como simples forma da intuição sensível, consequentemente como simples modo de representação que é próprio do sujeito enquanto pertencente ao mundo sensorial e, pois, somente requer sua união com essa ideia.

Ou seja, se também se admite que o sujeito inteligível ainda pode ser livre em relação a uma ação dada, conquanto ele como sujeito que também pertence ao mundo sensorial seja mecanicamente condicionado em relação a ela, parece que, tão logo se admita que **Deus** enquanto ente originário universal seja **a causa** também **da existência da substância** (uma proposição a que jamais se pode renunciar sem ao mesmo tempo renunciar ao conceito de Deus como ser de todos os entes e, com isso, à sua total

181. Kant: *aufzugeben*; Hartenstein: *aufzugeben*.

suficiência, à qual tudo na Teologia diz respeito), ter-se-á também[182] de admitir que as ações do homem tenham o seu fundamento determinante – **o que excede totalmente o seu poder** – naquele Ser, ou seja, na causalidade de um Ser supremo[183] distinto dele e do qual a sua existência e a determinação total de sua causalidade dependem de modo absoluto. Deveras, **[181]** se as ações do homem, da maneira como elas pertencem às suas determinações no tempo, não fossem simples determinações dele enquanto fenômeno mas enquanto coisa em si mesma, a liberdade não se salvaria. O homem seria uma marionete ou um autômato de Vaucanson[184], fabricado e posto em movimento pelo mestre supremo de todas as obras de arte; e a consciência de si fá-lo-ia certamente um autômato pensante, no qual, porém, a consciência de sua espontaneidade, se fosse[185] tomada pela liberdade, seria um simples engano, enquanto ela apenas comparativamente merece ser chamada assim, porque as causas determinantes próximas de seu movimento e uma longa série delas, em verdade, são internas, mas a última e suprema é encontrada totalmente em mão estranha. Por isso eu não ve-

182. Na 2ª ed. faltou *auch* (também). Além disso, na 1ª ed. o ponto depois de *einräumen* (admitir) é inadequado. Corrigido por Grillo e por Vogel para "*einräumen, die*". Vorländer seguiu Hartenstein: "*einräumen: die*".

183. Kant: *höchsten Wesens*. A distinção feita adiante entre *höchster* e *oberster*, aplicada a "sumo bem" e "bem supremo", respectivamente (cf. *KpV* A 198 e a nota do tradutor a respeito), não se justifica em relação a Deus, como Ser supremo, pois naquele caso a distinção fundava-se numa diferenciação entre **dois** elementos do sumo bem.

184. A. Vaucanson, de Grenoble, expôs pela primeira vez, no ano de 1738 em Paris, figuras automáticas, utilizadas frequentemente pelos materialistas para tentar confirmar suas hipóteses mecanicistas.

185. Kant: *wird* (for).

jo como aqueles que sempre ainda insistem em tomar tempo e espaço por determinações pertencentes à existência das coisas, querem evitar aqui a fatalidade das ações ou, se tão decididamente (como o fez o, afora isso, perspicaz Mendelssohn[186]) admitem ambos como condições necessariamente pertencentes somente à existência de entes finitos e derivados mas não à existência do ente originário infinito, <como> querem justificar a si mesmos de onde tomam essa autorização para fazer uma tal distinção e mesmo como querem sequer **[182]** evitar a contradição que cometem, ao considerar uma existência no tempo como determinação em si necessariamente aderente às coisas finitas, uma vez que Deus é a causa dessa existência mas não pode de modo algum evitar ser a causa do tempo (ou espaço) mesmo (porque esta, como condição necessária, tem que ser pressuposta *a priori* à existência das coisas), consequentemente sua causalidade em relação à existência dessas coisas tem que ser condicionada mesmo quanto ao tempo, em cujo caso então todas as contradições acerca dos conceitos de sua infinitude e independência têm de inevitavelmente apresentar-se. Contrariamente à diferença da determinação de um ente do mundo sensorial, é-nos totalmente fácil distinguir a determinação da existência divina como independente de todas as determinações temporais, bem como distinguir a **existência de um ente em si mesmo** da existência de uma **coisa no fenômeno**. Por isso, se não se admite aquela idealidade do tempo e do espaço, resta unicamente o **espinosismo**, no qual espaço e tempo são determinações es-

186. Moses Mendelssohn (1729-1786), em suas *Morgenstunden oder über das Dasein Gottes* (1785).

senciais do Ser primeiro, porém as coisas dependentes deste (portanto também nós mesmos) não são substâncias e sim meros acidentes inerentes a ele; porque, se essas coisas como seus efeitos existem simplesmente **no tempo**, que seria a condição de sua existência em si, também as ações desses entes teriam de ser meramente ações suas que ele exercesse em algum lugar ou tempo qualquer. Por isso o **[183]** espinosismo, apesar da absurdidade de sua ideia fundamental, conclui bem mais convincentemente do que pode ocorrer segundo a teoria da criação, se os **entes** tomados por substâncias e **existentes** em si **no tempo** são considerados[187] efeitos de uma causa suprema e, contudo, não são considerados ao mesmo tempo pertencentes[188] ao Ser primeiro e à sua ação, mas por si como substâncias.

A resolução da dificuldade mencionada ocorre sucinta e claramente da maneira seguinte: se a existência **no tempo** é um simples modo de representação sensível dos entes pensantes no mundo, consequentemente não lhes concerne enquanto coisas em si mesmas, então a criação desses entes é uma criação de coisas em si mesmas, porque o conceito de criação não pertence ao modo de representação sensível da existência e à causalidade mas só pode ser referido aos *noumena*. Por conseguinte, se de entes no mundo sensorial digo que são criados, então e nessa medida os considero como *noumena*. Assim, do mesmo modo que seria uma contradição dizer que Deus é um criador de fenômenos, é também contraditório dizer que ele como Criador seja causa de ações no mundo sensorial, por conseguinte enquanto fenômenos, em-

187. Hartenstein acrescenta *als* (como), dispensável em português.
188. *gehörig* (pertencentes) é acréscimo de Hartenstein.

bora ele seja causa da existência dos entes agentes (enquanto *noumena*). Ora, se é possível (no caso de admitirmos somente a existência no tempo como algo que vale simplesmente para fenômenos, não para coisas em si mesmas) afirmar a liberdade, [184] sem detrimento do mecanismo natural das ações enquanto fenômenos, então o fato de que os entes agentes são criaturas não pode fazer aqui a mínima diferença, porque a criação concerne à sua existência inteligível e não à sensível e, portanto, não pode ser vista como fundamento determinante dos fenômenos; o que, porém, ocorreria de modo totalmente diverso se os entes mundanos existissem como coisas em si mesmas **no tempo**, já que o criador da substância tornar-se-ia ao mesmo tempo o autor de todo o mecanismo nessa substância.

Tal é a importância da abstração do tempo (e do espaço), levada a cabo na crítica da razão especulativa pura em relação à existência das coisas em si mesmas.

Dir-se-á que a resolução da dificuldade aqui exposta encerra muitos obstáculos internos e que não é sequer suscetível de uma apresentação clara. Mas por acaso alguma outra, que se tentou ou possa tentar, é mais fácil e compreensível? Antes, poder-se-ia dizer que os mestres dogmáticos da Metafísica teriam provado mais a sua astúcia que a sua fraqueza no fato de ter afastado tanto quanto possível da vista este ponto difícil, na esperança de que, se não falassem dele, tampouco alguém facilmente pensaria nele. Se se deve auxiliar uma ciência, então todas as dificuldades têm de ser **descobertas** e têm de ser **procuradas**, até aquelas [185] que tão secretamente ainda a estorvam, pois cada uma delas apela a um expediente que não pode ser encontrado sem proporcionar à ciência um aumento, quer na abrangência, quer na certeza, mediante o qual, portanto, mesmo os obstáculos tornam-se meios de promoção da solidez da ciência. Contrariamente, se as dificuldades forem intencionalmente ocultadas ou afastadas por meios paliativos, elas cedo ou tarde irrompem em males incuráveis que levam a ciência à ruína de um completo ceticismo.

* * *

Já que propriamente apenas o conceito de liberdade, entre todas as ideias da razão especulativa pura, alcança tão grande ampliação no campo do suprassensível, se bem que somente em relação ao conhecimento prático, pergunto-me: **donde lhe adveio, com exclusividade, uma fecundidade tão grande**, tanto que as demais certamente podem designar o lugar vazio para possíveis entes de entendimento puros mas não podem por nenhum meio determinar o conceito delas? Compreendo logo que, como não posso pensar nada sem categoria, esta também tem que ser procurada primeiro na ideia de liberdade, da razão, com a qual me ocupo e que é aqui a categoria de **causalidade**, e compreendo que[189], embora ao **conceito racional** de liberdade, [186] enquanto conceito transcendental, não possa ser atribuída nenhuma intuição correspondente, todavia ao **conceito do entendimento** (a causalidade), para cuja síntese **aquele** conceito exige o incondicionado, tem que ser dada antes uma intuição sensível, pela qual lhe é primeiramente assegurada a realidade objetiva. Ora, todas as categorias são divididas em duas

189. Kant: *daß ich, wenn gleich* (que eu, embora), corrigido por Rosenkranz e Hartenstein para: *und daß, wenngleich*.

classes, as **matemáticas**, que concernem simplesmente à unidade da síntese na representação dos objetos, e as **dinâmicas**, que concernem à unidade da síntese na representação da existência dos objetos. As primeiras (as da quantidade e da qualidade) contêm em qualquer tempo uma síntese do **homogêneo**, na qual o incondicionado para o condicionado dado à intuição sensível no espaço e no tempo não pode ser de modo algum encontrado, uma vez que ele mesmo tinha que[190], por sua vez, pertencer ao espaço e ao tempo e, portanto, ser sempre de novo condicionado[191]. Por isso também na dialética da razão teórica pura ambos os modos opostos de encontrar para eles o incondicionado e a totalidade das condições eram falsos. As categorias da segunda classe (as da causalidade e da necessidade de uma coisa) não requeriam de modo algum essa homogeneidade (do condicionado e da condição da síntese), porque aqui não se deve[192] representar a intuição como composta a partir de um múltiplo nela mas só segundo o modo como a existência do objeto condicionado correspondente a ela é acrescida à existência da [187] condição (enquanto conectada com ela no entendimento). E neste caso era permitido pôr para o universalmente condicionado no mundo sensorial (tanto com vistas à causalidade quanto com vistas à existência contingente das próprias coisas) o incondicio-

190. Kant: *mußte* (tinha que), alterado por Hartenstein e Natorp para *müßte* (teria que).

191. Kant: *wieder unbedingt* (de novo incondicionado), corrigido por Natorp para *wiederum bedingt* (por sua vez condicionado), e por Hartenstein para *wieder bedingt* (de novo condicionado). Na verdade, a correção já é de Vogel no exemplar de Erlangen.

192. Alterado por Hartenstein de *soll* (deve) para *sollte* (deveria).

nado – embora, afora isso, desconhecido – no[193] mundo inteligível e tornar a síntese transcendente. Por isso também na dialética da razão especulativa pura julgou-se que ambos os modos aparentemente opostos entre si de encontrar o incondicionado para o condicionado – por exemplo, de pensar, na síntese da causalidade, para o condicionado na série das causas e efeitos do mundo sensorial, a causalidade que não é ulteriormente condicionada sensivelmente – de fato não se contradizem, e que a mesma ação, que enquanto pertencente ao mundo sensorial é sempre sensivelmente condicionada, isto é, mecanicamente necessária, pode ao mesmo tempo, enquanto pertence à causalidade do ente agente como parte do mundo inteligível, ter também como fundamento uma causalidade sensivelmente incondicionada, portanto ser pensada como livre. Ora, tudo dependeu meramente de que esse **poder** fosse transformado em um **ser**, isto é, de que se pudesse provar em um caso efetivo, como que através de um *factum*, que certas ações, quer elas sejam efetivas ou também só ordenadas, isto é, praticamente necessárias, pressupõem uma tal causalidade (a intelectual, sensivelmente incondicionada). Não podíamos esperar encontrar essa **[188]** conexão em ações efetivamente dadas na experiência como eventos do mundo sensorial, porque a causalidade por liberdade sempre tem que ser procurada fora do mundo sensorial, no inteligível. Outras coisas, além dos entes sensíveis, não são dadas à nossa percepção e observação. Logo, não restou senão que porventura seja encontrada uma proposição fundamental da causalidade que seja incontestável e, em verdade, objeti-

193. Kant: *in der*. Grillo: *in die*.

va, que exclua de sua determinação toda a condição sensível, isto é, uma proposição fundamental na qual a razão não recorre ulteriormente a algo **diverso** como fundamento determinante em relação à causalidade, mas o qual ela mesma já contém através daquela proposição fundamental e em cujo caso, portanto, enquanto **razão pura** ela mesma é prática. Esta proposição fundamental, porém, não requer nenhuma busca nem invenção; ela encontra-se há muito tempo em toda a razão humana e incorporada a sua essência, e é a proposição fundamental da **moralidade**. Portanto aquela causalidade incondicionada e sua faculdade, a liberdade – com esta, porém, um ente (eu mesmo) que pertence ao mundo inteligível – é não apenas **pensada** indeterminada e problematicamente (o que já a razão especulativa podia descobrir como factível), mas é até **determinada em relação à lei** de sua causalidade e **conhecida** assertoricamente; e deste modo a efetividade do mundo inteligível foi-nos dada e, em verdade, **determinada** de um ponto de vista prático; **[189]** e esta determinação, que de um ponto de vista teórico seria **transcendente** (extravagante), é, de um ponto de vista prático, **imanente**. Mas não podíamos efetuar um passo semelhante com respeito à segunda ideia dinâmica, ou seja, à de um **Ser necessário**. Sem a mediação da primeira ideia dinâmica não podíamos elevar-nos a ele a partir do mundo sensorial. Pois, se quiséssemos tentá-lo, precisaríamos ter ousado o salto de abandonar tudo o que nos foi dado e alçar-nos àquilo do qual tampouco[194] nos é dado algo, mediante o que pudéssemos intermediar a conexão de um tal ente inte-

194. Kant: *auch nichts* (tampouco/também nada). Grillo propôs a supressão de *auch* (também), ficando: "do qual nada nos é dado".

ligível com o mundo sensorial (porque o Ser necessário deveria tornar-se conhecido como dado **fora de nós**), o que, contrariamente, como agora parece demonstrar-se, é perfeitamente possível com respeito a **nosso próprio** sujeito, na medida em que ele mesmo se reconhece, **de um lado**, como ente inteligível (em virtude de sua liberdade) determinado pela lei moral e, **de outro**, como atuando no mundo sensorial de acordo com essa determinação. Unicamente o conceito de liberdade concede que não devemos sair de nós para encontrar o incondicionado e inteligível para o condicionado sensível. Pois é nossa própria razão que reconhece a si mediante a lei prática suprema e incondicionada e ao ente, que é autoconsciente dessa lei (nossa própria pessoa), como pertencente ao mundo puro do entendimento e, em verdade, com a determinação [190] até do modo como ele enquanto tal pode ser operante. Assim se torna compreensível por que em toda a faculdade da razão **somente o domínio prático** possa ser o que nos eleva acima do mundo sensorial e proporcione conhecimentos de uma ordem e conexão suprassensível, mas que precisamente por isso podem ser estendidos somente tão longe quanto exatamente é necessário ao ponto de vista prático puro.

Seja-me permitido, nesta ocasião, chamar ainda a atenção sobre uma coisa apenas, a saber, que cada passo que se dá com a razão pura, mesmo no campo prático, em que a especulação sutil de modo algum é tomada em consideração, concorda todavia tão precisamente e em verdade espontaneamente com todos os momentos da crítica da razão teórica, como se cada um fosse projetado com refletido cuidado simplesmente para proporcionar confirmação a esta. Uma tal concordância tão exata – de modo algum artificial mas (como a gente pode convencer-se a si mesma, contanto apenas que queira prosseguir as investigações morais até seus princípios) espontaneamente encontrável – das mais importantes proposições da razão prática com as observações, que frequentemente parecem demasiado sutis e desnecessárias, da crítica da razão especulativa, surpreende e assombra e fortalece a máxima, já de outros conhecida e enaltecida, de em toda investigação científica prosseguir seu caminho com toda a exatidão e largueza **[191]** possível, sem se voltar para o que ela porventura pudesse infringir fora de seu campo, mas, na medida do possível, executando-a por si só, verdadeira e completamente. Uma observação reiterada convenceu-me de que, se a gente levou estes[195] assuntos a termo, aquilo que no meio do caminho pareceu-me por vezes muito duvidoso acerca de outras doutrinas estranhas, tão logo eu afastei por longo tempo dos olhos essa dúvida e prestei atenção meramente ao meu assunto até que ele estivesse concluído, finalmente de um modo inesperado concordava perfeitamente com aquilo que, sem a mínima consideração por aquelas doutrinas, sem parcialidade e preferência por elas, por mim mesmo encontrara. Os escritores poupariam muitos erros, de muito esforço desperdiçado (pois ele se fundava em ilusão), desde que somente pudessem decidir-se a proceder com um pouco mais de largueza.

195. Kant: *diese Geschäffte*. A correção abreviada de Grillo *dieses Gesch*. foi transformada por Vorländer e pela Ak em: *dieses Geschäfte*.

[192] ***Segundo Livro***

Dialética da razão prática pura

Primeiro Capítulo

De uma dialética da razão prática pura em geral

A razão pura, quer seja considerada em seu uso especulativo ou em seu uso prático, tem sempre a sua dialética; pois ela reclama a totalidade absoluta das condições para um condicionado dado, e essa só pode absolutamente encontrar-se em coisas em si mesmas. Mas, visto que todos os conceitos das coisas têm que ser referidos a intuições que entre nós, homens, jamais podem ser senão sensíveis, por conseguinte não deixam conhecer os objetos como coisas em si mesmas mas simplesmente como fenômenos, em cuja série do condicionado e das condições o incondicionado jamais pode ser encontrado, assim, da aplicação dessa ideia racional [193] da totalidade das condições (por conseguinte, do incondicionado) a fenômenos surge uma inevitável ilusão, como se eles fossem coisas em si mesmas (pois, na falta de uma crítica preventiva, serão sempre tomados por tais), <ilusão>, porém, que jamais seria notada como enganosa se ela própria não se traísse[196]

196. Kant: *verrieten* (traíssem). Vorländer atribuiu a correção a Rosenkranz e Hartenstein para *verriethe*, enquanto em Grillo já constou *verrieth*.

por um **desacordo** da razão consigo mesma na aplicação a fenômenos de sua proposição fundamental, de pressupor o incondicionado para todo o condicionado. Deste modo, porém, a razão é coagida a investigar de onde essa ilusão surge e de que modo se pode pôr termo a ela, o que não pode ocorrer senão mediante uma crítica completa de toda a faculdade racional pura; de modo que a antinomia da razão pura que se evidencia em sua dialética é de fato o mais benfazejo extravio em que a razão humana jamais tenha podido cair, na medida em que ela finalmente nos impele a procurar a chave para sair desse labirinto, a qual, uma vez encontrada, ainda descobre o que não se procurava e de que, contudo, se carece, a saber, uma perspectiva sobre uma superior e imutável ordem das coisas na qual já agora nos encontramos e na qual doravante podemos ser instruídos, mediante determinados preceitos, a prosseguir a nossa existência em conformidade com a suprema destinação da razão.

[194] O modo como, no uso especulativo da razão pura, deve ser resolvida aquela dialética natural e evitado o erro decorrente de uma ilusão, de resto natural, pode encontrar-se detalhadamente na crítica dessa faculdade. Mas com a razão no seu uso prático as coisas não se passam melhor. Como razão prática pura ela procura para o praticamente condicionado (que depende de inclinações e de uma carência natural) igualmente o incondicionado e, em verdade, não como fundamento determinante da vontade; mas, ainda que este tenha sido dado (na lei moral), ela procura a totalidade incondicionada do **objeto** da razão prática pura sob o nome de **sumo bem**.

Determinar essa ideia de um modo praticamente suficiente para a máxima de nossa conduta racional[197] é a **doutrina da sabedoria** e esta, por sua vez, enquanto **ciência**, é **filosofia** no sentido em que a palavra foi entendida pelos Antigos, entre os quais ela era uma indicação do conceito em que o sumo bem deve ser posto e da conduta mediante a qual ele deve ser adquirido. Seria bom se mantivéssemos o antigo significado dessa palavra como uma **doutrina do sumo bem**, na medida em que a razão aspira chegar nela à **ciência**. Pois, de um lado, a inerente condição limitadora seria adequada à expressão grega (que significa amor à **sabedoria**) e, contudo, ao mesmo tempo suficiente **[195]** para compreender sob o nome de filosofia o amor à **ciência**, por conseguinte, a todo o conhecimento especulativo da razão, na medida em que ele é útil a esta tanto em vista daquele conceito quanto do fundamento determinante prático, mas sem perder de vista o fim principal em virtude do qual, unicamente, ela pode chamar-se doutrina da sabedoria. De outro lado, tampouco faria mal dissuadir[198] a presunção daquele que ousasse arrogar-se ele mesmo o título de filósofo, se já pela definição se lhe antepusesse o padrão de medida da autoestima que moderará muito suas exigências; pois ser um **professor de sabedoria** poderia bem significar algo mais do que ser um aluno, que ainda não chegou tão longe para guiar a si mesmo e, muito menos, a outros com a segura expectativa de um fim tão elevado; significaria um **mestre no conhecimento da sabedoria**, que

197. A frase de Kant contém um refinamento simplificado pela tradução: *Diese Idee praktisch-, d. i. für die Maxime unseres vernünftigen Verhaltens, hinreichend zu bestimmen*... (cf. *KpV* A 35).

198. Kant: *abzuschrecken* (dissuadir). Grillo propôs *nieder zu schlagen* (abater).

quer dizer mais do que uma pessoa modesta arrogará a si própria, e a Filosofia, assim como a própria sabedoria, permaneceria ela mesma ainda um ideal que objetivamente só na razão é representado de modo completo, mas subjetivamente para a pessoa é somente a meta de sua incessante aspiração, cuja posse, sob o presunçoso nome de filósofo, somente está legitimado a pretendê-lo aquele que também pode apresentar em sua pessoa, a título de exemplo, o infalível efeito da mesma aspiração (no domínio [196] de si mesmo e no indubitado interesse que ele toma principalmente pelo bem geral), o que também os Antigos exigiam para poder merecer aquele nome honroso.

Só temos ainda uma advertência a adiantar, relativamente à dialética da razão prática pura, no ponto da determinação do conceito **de sumo bem** (a qual, se a sua resolução for bem sucedida, permite esperar, tanto quanto a resolução da razão teórica, o efeito benéfico pelo qual as contradições da razão prática pura consigo mesma, expostas lealmente e sem dissimulação, coagem à crítica completa de sua própria faculdade).

A lei moral é o único fundamento determinante da vontade pura. Mas já que este é meramente formal (a saber, exige unicamente a forma da máxima como universalmente legislativa), ele, enquanto fundamento determinante, abstrai de toda a matéria, por conseguinte, de todo o objeto do querer. Logo, por mais que o sumo bem seja sempre o **objeto** total de uma razão prática pura, isto é, de uma vontade pura, nem por isso ele deve ser tomado pelo seu **fundamento determinante** e a lei moral, unicamente, tem que ser considerada o fundamento para tomar para si como objeto aquele sumo bem e a sua realização ou promoção. Esta é uma advertência relevante em um caso [197] tão delicado como o da determinação de princípios morais, em que também a mínima interpretação errônea falsifica as disposições. Pois da Analítica se conclui que, se antes da lei moral se admite como fundamento determinante da vontade qualquer objeto sob o nome de bem, e então se deduz dele o princípio prático supremo, este em tal caso redundaria sempre em heteronomia e eliminaria o princípio moral.

Mas é evidente que, se no conceito de sumo bem a lei moral já está compreendida como condição suprema, então o sumo bem não é simplesmente **objeto**, mas também o seu conceito e a representação de sua existência possível mediante a nossa razão prática é ao mesmo tempo o **fundamento determinante** da vontade pura; porque então a lei moral – já efetivamente incluída e pensada conjuntamente nesse conceito – e nenhum outro objeto determina a vontade segundo o princípio da autonomia. Esta[199] ordem dos conceitos da determinação da vontade não pode ser perdida de vista, porque do contrário a gente compreende-se mal a si mesma e crê contradizer-se onde, entretanto, tudo se encontra, lado a lado, na mais perfeita harmonia.

[198] *Segundo Capítulo*
Da dialética da razão pura na determinação do conceito de sumo bem

O conceito de **sumo** <*Höchsten*> contém já uma ambiguidade, que, se não se presta atenção a ela, pode ensejar contendas desnecessárias. Sumo pode significar o

199. Na 1ª e 2ª edições: *diese* (esta); da 4ª à 6ª: *die* (a).

supremo (*supremum*) <*das Oberste*>[200] ou também o consumado (*consummatum*). O primeiro é aquela condição que é ela mesma incondicionada, quer dizer, não está subordinada a nenhuma outra (*originarium*); o segundo é aquele todo que não é nenhuma parte de um todo ainda maior da mesma espécie (*perfectissimum*). Que a **virtude** (como o merecimento a ser feliz) seja a **condição suprema** de tudo o que possa parecer-nos sequer desejável, por conseguinte também de todo o nosso concurso à felicidade, portanto seja o bem **supremo**, foi provado na Analítica. Mas nem por isso ela é ainda o bem completo e consumado, enquanto objeto da faculdade de apetição de entes finitos racionais; pois para sê-lo requer-se também a **felicidade** e, em verdade, não apenas aos [199] olhos facciosos da pessoa que se faz a si mesma fim, mas até no juízo de uma razão imparcial que considera aquela felicidade em geral no mundo como fim em si. Pois ser carente de felicidade e também digno dela, mas apesar disso não ser participante dela, não pode coexistir com o querer perfeito de um ente racional que ao mesmo tempo tivesse todo o poder, ainda que pensemos um tal ente apenas a título de ensaio. Ora, na medida em que virtude e felicidade constituem em conjunto a posse do sumo bem em uma pessoa, mas

200. Kant distingue neste parágrafo os conceitos de *höchster Gut* e *oberster Gut*, acrescentando a este último o adjetivo latino *supremum*. Para marcar essa diferença de expressões, justificada no texto, traduz-se a última expressão, *oberster Gut*, por "bem supremo" e a primeira, *höchster Gut*, com base numa longa e antiga tradição latina, por "sumo bem". A essa tradição Kant mesmo remete no capítulo anterior (cf. *KpV* A 194 s.). Quer dizer, o bem supremo chama-se virtude, como o bem parcial mais alto do sumo bem, o qual por sua vez inclui, além daquela, também a felicidade.

que com isso também a felicidade, distribuída bem exatamente em proporção à moralidade (enquanto valor da pessoa e do seu merecimento de ser feliz), constitui o **sumo bem** de um mundo possível, assim este <sumo bem> significa o todo, o bem consumado, no qual, contudo, a virtude é sempre como condição o bem supremo, porque ele não tem ulteriormente nenhuma condição acima de si, enquanto a felicidade, sem dúvida, é sempre algo agradável ao que a possui mas não algo que é por si só, absolutamente e sob todos os aspectos, bom, porém pressupõe sempre como condição a conduta legal moral.

Duas determinações **necessariamente** vinculadas em um conceito têm que estar conectadas como razão e consequência e, em verdade, de modo que esta **unidade** seja considerada ou como **analítica** (conexão lógica), ou como **sintética** (vinculação real), aquela segundo [200] a lei da identidade e esta segundo a lei da causalidade. A conexão da virtude com a felicidade pode ser, pois, ou entendida de modo que a aspiração a ser virtuoso e o concurso racional à felicidade não fossem duas ações diversas mas completamente idênticas, já que em tal caso não precisaria ser colocada como fundamento da primeira nenhuma máxima diversa do fundamento da segunda; ou aquela conexão é assentada sobre o fato de que a virtude produza a felicidade como algo diverso da consciência da primeira, do mesmo modo a causa produz um efeito.

Entre as escolas gregas antigas havia propriamente só duas que, na determinação do sumo bem, em verdade seguiam o mesmo método, na medida em que não deixavam virtude e felicidade valer como dois elementos diversos do sumo bem, por conseguinte procuravam a unidade do princípio segundo a regra da identidade, mas por sua vez se separavam no fato de que, dentre ambos, escolhiam diversamente o conceito fundamental. O **epicurista** dizia: ser autoconsciente de sua máxima que conduz à felicidade, eis a virtude; e o **estoico**: ser autoconsciente de sua virtude, eis a felicidade. Para o primeiro a **prudência** equivalia à moralidade; para o segundo, que escolhia uma denominação superior para a virtude, unicamente a **moralidade** era verdadeira sabedoria.

[201] Tem-se que lamentar que a perspicácia desses homens (a qual ao mesmo tempo se tem de admirar pelo fato de que eles já tão cedo tentaram todos os caminhos imagináveis de conquistas filosóficas) era tão desafortunadamente aplicada ao esquadrinhar uma identidade entre conceitos extremamente desiguais, como o de felicidade e o de virtude. Todavia convinha ao espírito dialético de suas épocas – o que até hoje seduz, às vezes, pessoas sutis – suprimir diferenças essenciais e jamais unificáveis em princípios, mediante a tentativa de transformá-las em conflito de palavras e a simulação de uma aparente unidade de conceito simplesmente sob denominações diversas; e isto costuma atingir aqueles casos em que a unificação de fundamentos desiguais situa-se tão profunda ou elevadamente ou requereria uma transformação tão completa das doutrinas, afora isso admitidas no sistema filosófico, que se tem medo de envolver-se na diferença real e se prefere tratá-la como falta de unidade em simples questões formais.

Ao procurarem perscrutar uma identidade entre os princípios práticos da virtude e da felicidade, ambas as escolas nem por isso eram tão unânimes no modo como queriam extorquir essa identidade, antes, se separavam infinitamente uma da outra, enquanto uma punha seu princípio do lado estético e a outra do lado lógico, aquela na consciência da carência [202] e esta na independência da razão prática de todos os fundamentos determinantes sensíveis. Segundo o **epicurista**, o conceito de virtude encontrava-se já na máxima de promover sua própria felicidade; contrariamente, segundo o **estoico**, o sentimento de felicidade já estava contido na consciência de sua virtude. Mas o que está contido em um outro conceito, em verdade, é idêntico a uma parte do continente mas não ao todo, e, além disso, duas totalidades podem ser especificamente distintas entre si, embora elas, em verdade, se constituam da mesma matéria, a saber, quando as partes em ambas são vinculadas a um todo de modo totalmente diverso. O estoico afirmava que a virtude é o **sumo bem total**, e a felicidade apenas a consciência da sua posse como pertencente ao estado do sujeito. O epicurista afirmava que a felicidade é o **sumo bem total** e a virtude somente a forma da máxima de concorrer a ela, a saber, no uso racional dos meios para a mesma.

Ora, a partir da Analítica ficou claro que as máximas da virtude são completamente heterogêneas em relação a seu princípio prático supremo e, longe de serem unânimes, apesar de pertencerem a um sumo bem com o fim de torná-lo possível, a rigor elas limitam-se e prejudicam-se mutuamente muito no mesmo sujeito. Portanto [203] a questão de **como o sumo bem é praticamente possível** permanece, apesar de todas as **tentativas de convergência** até aqui, um problema sem solução. O que, porém, a torna um problema de difícil solução foi mostrado na Analítica, a saber, que felicidade e moralidade são, **quanto à sua espécie**, dois **elementos do sumo bem** totalmente **diversos** e que, portanto, a sua vinculação **não** pode ser conhecida **analiticamente** (como se aquele que procura desse modo a sua felicidade descobrisse nesta sua conduta como virtuoso mediante uma simples resolução de seus conceitos, ou se aquele que desse modo segue a virtude descobrisse já na consciência de uma tal conduta *ipso facto* como feliz), mas é uma **síntese** de conceitos. Todavia, visto que essa vinculação é conhecida como *a priori*, por conseguinte de modo praticamente necessário, consequentemente não pode ser conhecida como inferida da experiência e que, pois, a possibilidade do sumo bem não depende de nenhum princípio empírico, assim a **dedução** desse conceito terá de ser **transcendental**. É *a priori* (moralmente) necessário **produzir o sumo bem mediante a liberdade da vontade**; logo, também a condição de possibilidade do mesmo tem que depender meramente de fundamentos cognitivos *a priori*.

[204] I
A antinomia da razão prática

No sumo bem, que para nós é prático, isto é, efetivamente realizável por nossa vontade, virtude e felicidade são pensadas como necessariamente vinculadas, de sorte que uma não pode ser admitida pela razão prática pura[201] sem que a outra também lhe pertença. Ora, essa vinculação (como cada uma em geral) é ou **analítica** ou

201. Kant: ***eine*** *durch* ***reine*** *praktische Vernunft*. Na ed. Vorländer (1993, p. 131) constou erroneamente: *eine...eine* (uma...uma), em vez de *eine...* ***reine*** (uma... **pura**). L. W. Beck, na tradução inglesa (p. 119), inadvertidamente seguiu Vorländer no mesmo equívoco: ***one*** *cannot be assumed by* ***a*** *practical reason* (negritos do tradutor). As edições Weischedel e Ak reproduziram fielmente o texto original.

sintética. Mas, já que essa vinculação dada não pode ser analítica, como acaba de ser mostrado, ela tem que ser pensada sinteticamente e, em verdade, como conexão da causa com o efeito, porque ela diz respeito a um bem prático, isto é, àquilo que é possível mediante uma ação. Portanto ou o apetite de felicidade tem que ser a causa motriz de máximas da virtude, ou a máxima da virtude tem que ser a causa eficiente da felicidade. O primeiro caso é **absolutamente** impossível, porque (como foi provado na Analítica) máximas que põem o fundamento determinante da vontade na aspiração à sua felicidade não são de modo algum morais e não podem fundar nenhuma virtude. Mas o segundo caso é **também impossível**, porque toda a conexão prática das causas e dos efeitos no mundo, como resultado da [205] determinação da vontade, não se guia segundo disposições morais da vontade mas segundo o conhecimento das leis naturais e segundo a faculdade física de usá-las para seus propósitos, consequentemente não pode ser esperada nenhuma conexão necessária, e suficiente ao sumo bem, da felicidade com a virtude no mundo através da mais estrita observância das leis morais. Ora, visto que a promoção do sumo bem, que contém esta conexão em seus conceitos, é um objeto aprioristicamente necessário de nossa vontade e interconecta-se inseparavelmente com a lei moral, a impossibilidade do primeiro caso tem que provar também a falsidade do segundo. Portanto, se o sumo bem for impossível segundo regras práticas, então também a lei moral, que ordena a promoção do mesmo, tem que ser fantasiosa e fundar-se sobre fins fictícios vazios, por conseguinte tem que ser em si falsa.

II
Supressão crítica da antinomia da razão prática

Na antinomia da razão especulativa pura encontra-se uma semelhante colisão entre necessidade natural e liberdade na causalidade dos eventos no mundo. Ela foi afastada mediante a prova de que não se trata de nenhuma verdadeira [206] colisão, se considerados (como, aliás, devem ser considerados) os eventos e mesmo o mundo em que eles se produzem somente como fenômenos; pois um e mesmo ente agente tem **como fenômeno** (mesmo para seu próprio sentido interno)[202] uma causalidade no mundo sensorial que sempre é conforme ao mecanismo natural, mas com respeito ao mesmo evento, na medida em que a pessoa agente considera-se ao mesmo tempo como ***noumenon*** (como inteligência pura, em sua existência não determinável segundo o tempo), pode conter um fundamento determinante daquela causalidade segundo leis naturais, que é livre mesmo de toda a lei natural.

Ora, o mesmo se passou com a presente antinomia da razão prática pura. A primeira das duas proposições, de que a aspiração à felicidade produz um fundamento de disposição virtuosa, é **absolutamente falsa**; a segunda, porém, de que a disposição à virtude produza necessariamente a felicidade, **não** é falsa **de modo absoluto** mas

202. A eliminação, nas edições alemãs Ak e Vorländer, com exceção da edição Weischedel, das vírgulas anterior e posterior a *als Erscheinung* (como fenômeno) leva ao risco de uma compreensão equivocada do texto. Não se trata de que "um ente agindo no mundo como fenômeno tem uma causalidade" (cf. trad. Beck, p. 114) e sim, de que "um ente agente tem, como fenômeno, uma causalidade". Isto permite compreendê-lo, logo a seguir, também como *noumenon*.

só na medida em que ela for considerada a forma da causalidade no mundo sensorial e, por conseguinte, se eu admito o existir nele como a única espécie de existência do ente racional, portanto é só **condicionalmente** falsa. Mas, visto que eu não apenas estou facultado a pensar a minha existência também como *noumenon* em um mundo do entendimento, porém tenho até na lei moral um fundamento determinante puramente intelectual de minha causalidade (no mundo dos [207] sentidos), não é impossível que a moralidade da disposição tenha um nexo, se não imediato, contudo mediato (através de um autor inteligível na natureza) e, em verdade, necessário como causa, com a felicidade como efeito no mundo sensorial, cuja vinculação em uma natureza que é simplesmente objeto dos sentidos jamais pode ocorrer de outro modo senão contingentemente e não pode bastar para o sumo bem.

Portanto, apesar desta aparente colisão de uma razão prática consigo mesma, o sumo bem é o fim supremo necessário de uma vontade determinada moralmente, um verdadeiro objeto da mesma; pois ele é possível praticamente, e as máximas da última, que em sua matéria se referem a ele, têm realidade objetiva que através daquela autonomia foi inicialmente encontrada na vinculação da moralidade com a felicidade segundo uma lei universal, mas a partir de um simples mal-entendido, porque se tomou a relação entre os fenômenos por uma relação das coisas em si mesmas com esses fenômenos.

Se nos vemos necessitados a procurar a uma tal distância, a saber, na conexão com um mundo inteligível, a possibilidade do sumo bem – esta meta de todos os desejos morais, assignada pela razão a todos os entes racionais – tem [208] de causar estranheza que, apesar disso, os filósofos tanto da Idade Antiga quanto da Moderna tenham podido encontrar a felicidade numa proporção totalmente adequada à virtude já **nesta vida** (no mundo sensorial), ou tenham podido deixar-se persuadir de ser conscientes dessa proporção. Pois tanto Epicuro quanto os estoicos sobrepuseram a tudo a felicidade que na vida surge da consciência da virtude, e o primeiro não estava tão vilmente intencionado em seus preceitos práticos, como se poderia concluir dos princípios de sua teoria que ele precisava para explicar e não para agir ou como muitos, induzidos pela expressão "volúpia" para contentamento, a interpretaram; mas ele incluiu a mais desinteressada prática do bem entre os modos de gozo da mais íntima alegria, e a moderação e sujeição das inclinações, do modo como o mais rigoroso filósofo moral sempre as possa exigir, pertencia conjuntamente a seu plano de deleite (pelo qual ele compreendia o coração constantemente jovial); com isso ele divergia principalmente dos estoicos apenas no fato de que ele punha nesse deleite o motivo que os últimos em verdade legitimamente rejeitavam. Pois, de um lado, o virtuoso Epicuro, assim como ainda hoje muitos homens moralmente bem-intencionados, conquanto sem refletirem assaz profundamente sobre seus princípios, caiu no erro de pressupor já a **disposição** virtuosa naquelas pessoas às quais ele queria indicar antes o motivo à [209] virtude (e, de fato, o homem honesto não pode considerar-se feliz se não está previamente autoconsciente de sua honestidade, porque, no caso daquela disposição, as censuras que nas transgressões ele seria necessitado por sua própria mentalidade fazer-se e a autorreprovação moral privá-lo-iam de todo o gozo do agrado que, afora isso, seu estado possa conter).

Entretanto a questão é: por meio de quê torna-se pela primeira vez possível uma tal disposição e mentalidade de apreciar o valor de sua existência, já que antes da mesma não se encontraria no sujeito absolutamente nenhum sentimento por um valor moral em geral? Por mais propícia que a felicidade no estado físico da vida possa ser, o homem virtuoso certamente não estará contente com a vida se não for consciente de sua honestidade em cada ação; mas para fazê-lo pela primeira vez virtuoso, por conseguinte ainda antes que ele estime tão alto o valor moral de sua existência, pode-se enaltecer-lhe a tranquilidade da alma que surgirá da consciência de uma honestidade para a qual ele, contudo, não tem nenhum sentimento?

Mas, por outro lado, aqui se encontra a razão para um erro de sub-repção (*vitium subreptionis*) e, por assim dizer, para uma ilusão ótica na autoconsciência daquilo que se **faz** à diferença daquilo que se **sente**, que mesmo a pessoa mais experimentada não é **[210]** totalmente capaz de evitar. A disposição moral está necessariamente vinculada a uma consciência da determinação da vontade **imediatamente pela lei**. Ora, a consciência de uma determinação da faculdade de apetição é sempre o fundamento de uma complacência na ação, que é produzida através dela; mas este prazer, esta complacência em si mesma, não é o fundamento determinante da ação, mas <ao contrário> a determinação da vontade imediatamente e apenas pela razão é o fundamento do sentimento de prazer e aquela permanece uma determinação prática pura, não uma determinação estética, da faculdade de apetição. Ora, visto que esta determinação produz internamente exatamente o mesmo efeito de um impulso à atividade que um sentimento de agrado, que é esperado a partir de ação apetecida, teria produzido, assim facilmente vemos aquilo que nós próprios fazemos como algo que sentimos apenas passivamente e tomamos o motivo moral por um impulso sensível, como costuma acontecer na chamada ilusão dos sentidos (aqui do sentido interno). É algo muito sublime na natureza humana <o> ser determinado imediatamente a ações por uma lei racional pura e até a ilusão de considerar o subjetivo dessa determinabilidade intelectual da vontade como algo estético e como efeito de um particular sentimento orgânico (pois um sentimento intelectual seria uma contradição). É também de grande importância **[211]** chamar a atenção para essa propriedade de nossa personalidade e cultivar do melhor modo possível o efeito da razão sobre esse sentimento. Mas também é preciso precaver-se de, mediante inautênticos elogios a esse fundamento determinante moral enquanto motivo – na medida em que se lhe atribuem sentimentos de alegrias particulares como fundamentos (que contudo são só consequências) –, como que por um falso contraste, degradar e desfigurar os verdadeiros e autênticos motivos e a própria lei. Respeito e não deleite ou gozo da felicidade é, portanto, algo para o que não é possível nenhum sentimento posto como fundamento **antecedente** da razão (porque este seria sempre estético e patológico); enquanto consciência da imediata necessitação da vontade pela[203] lei, ele não é nem sequer um *analogon* do sentimento de prazer, enquanto, em relação com a faculdade de apetição, ele produz exatamente o mesmo resultado mas a partir de outras fontes. Mas unicamente através deste modo de representação pode-se al-

203. Kant: *durch* (por), correção de Vorländer: *durchs* (pela).

cançar o que se procura, a saber, que ações não ocorram apenas em concordância com o dever (em consequência de sentimentos agradáveis) e, sim, por dever, o que tem de ser o verdadeiro fim de toda a cultura moral.

Mas não se tem uma palavra que não designasse um gozo, como a "felicidade", porém indicasse uma complacência em sua existência, um *analogon* da felicidade que tem de acompanhar necessariamente a [212] consciência da virtude? Sim! Esta palavra é "**autocontentamento**", que em seu sentido próprio sempre alude somente a uma complacência negativa em sua existência, na qual se é autoconsciente de não carecer de nada. A liberdade e a consciência dela como uma faculdade de seguir com preponderante disposição a lei moral é **independência de inclinações**, pelo menos enquanto motivos determinantes (se bem que não enquanto **afectantes**) de nosso apetite e, na medida em que sou autoconsciente dela no cumprimento de minhas máximas morais, é a única fonte de um imutável contentamento necessariamente ligado a ela, e que não depende de nenhum sentimento particular. Esse contentamento pode chamar-se intelectual. O contentamento estético (impropriamente chamado assim), que depende da satisfação das inclinações por mais finamente que elas possam vir a ser forjadas, jamais pode ser adequado ao que se imagina a seu respeito. Pois as inclinações mudam, crescem com a proteção que se lhes concede e deixam um vazio ainda maior do que se pensara preencher. Em virtude disso são sempre **penosas** para um ente racional e, se ele não consegue corrigir-se delas logo, coagem-lhe o desejo a livrar-se delas. Mesmo uma inclinação ao que é conforme ao dever (por exemplo, à caridade) pode, em verdade, facilitar muito a eficácia das

[213] máximas **morais** mas não pode produzir nenhuma delas. Pois nesta, se a ação não deve conter simplesmente **legalidade** mas também **moralidade**, tudo tem de estar voltado para a representação da lei como fundamento determinante. A inclinação, quer seja de boa índole ou não, é cega e servil, e a razão, onde se tratar da moralidade, não tem que simplesmente representar a menoridade da mesma, mas, sem a tomar em consideração, tem de cuidar totalmente sozinha como razão prática pura de seu próprio interesse. Até este sentimento de compaixão e de meiga participação, se precede a reflexão sobre o que é dever e torna-se fundamento determinante, é penoso mesmo a pessoas bem-pensantes, confunde suas refletidas máximas e provoca o desejo de livrar-se dele e de submeter-se unicamente à razão legislativa.

A partir daí pode-se compreender como a consciência desta faculdade de uma razão prática pura possa produzir pelo ato (a virtude) uma consciência da supremacia sobre suas inclinações e com isso, portanto, da independência das mesmas, consequentemente também da insatisfação que sempre acompanha estas e, pois, uma complacência negativa com seu estado, isto é, **contentamento**, que em sua origem é um contentamento com sua pessoa. A própria liberdade torna-se desse modo (ou seja, indiretamente) capaz de um gozo, [214] que não pode chamar-se felicidade, porque ele não depende da adesão positiva de um sentimento e tampouco, para falar precisamente, pode chamar-se **bem-aventurança**, porque ele não contém independência completa de inclinações e carências contudo é semelhante à última, na medida em que pelo menos sua determinação de vontade pode manter-se livre da influência delas e, pois, pelo menos quanto a sua origem, é análogo à autossuficiência que se pode atribuir somente ao Ser supremo.

Dessa resolução da antinomia da razão pura prática segue-se que em proposições fundamentais práticas pode-se imaginar pelo menos como possível uma vinculação natural e necessária entre a consciência da moralidade e – como consequência dela – a expectativa de uma felicidade proporcionada à mesma (mas certamente nem por isso ainda conhecê-la e ter uma perspiciência da mesma); contrariamente, que proposições fundamentais do granjeamento de felicidade de modo algum podem produzir moralidade; que, portanto, o bem **supremo** enquanto primeira condição do sumo bem constitui a moralidade e que, contrariamente, a felicidade em verdade constitui o segundo elemento do mesmo, contudo de modo tal que esta seja a consequência moralmente condicionada, embora necessária, da primeira. Unicamente nesta subordinação o **sumo bem** é o objeto total da razão prática pura, a qual necessariamente tem de representá-lo como possível, porque é um mandamento da mesma contribuir com todo o possível para a sua [215] produção. Mas, visto que a possibilidade de uma tal vinculação do condicionado a sua condição pertence inteiramente à relação suprassensível das coisas e não pode absolutamente ser dada segundo leis do mundo sensorial, apesar de a consequência prática dessa ideia, ou seja, as ações que objetivam tornar efetivo o sumo bem, pertencerem ao mundo sensorial: assim procuraremos apresentar os fundamentos daquela possibilidade, primeiro, em vista do que se encontra imediatamente em nosso poder e então, em segundo lugar, no que a razão nos oferece como complementação à nossa incapacidade relativamente à possibilidade do sumo bem (necessário segundo princípios práticos) e que não se encontra em nosso poder.

III
Do primado da razão prática pura em sua vinculação com a razão especulativa

Pelo primado entre duas ou mais coisas vinculadas pela razão entendo a prerrogativa de uma de ser o primeiro fundamento determinante da vinculação com todas as demais. Num sentido mais estrito e prático, ele significa a prerrogativa do interesse de uma coisa, na medida em que o interesse das demais está subordinado a ela (que não pode ser preterida por **[216]** nenhuma outra). A cada faculdade do ânimo pode atribuir-se um **interesse**, isto é, um princípio que contém a condição sob a qual, unicamente, o exercício da mesma é promovido. A razão, como a faculdade dos princípios, determina o interesse de todas as faculdades do ânimo, mas determina a si própria o seu[204]. O interesse de seu uso especulativo consiste no **conhecimento** do objeto até os princípios supremos *a priori*, e o do uso prático na determinação da **vontade** em relação ao fim último e completo. Aquilo que é requerido para a possibilidade de um uso da razão em geral, a saber, que os princípios e afirmações da mesma não têm de contradizer uns aos outros, não constitui nenhuma par-

204. L. Ferry e H. Wismann propõem, para a oração coordenada sindética adversativa, *das ihrige aber sich selbst*, uma outra tradução, que parece errônea, por substituir nela o sujeito "razão" por "interesse": *mais le sien se détermine lui-même* (cf. KANT, I. *Oeuvres philosophiques*, II. Paris: Gallimard, 1985, p. 754 e nota p. 1504).

te de seu interesse mas é a condição em geral para se ter uma razão; só a ampliação e não a simples concordância consigo mesma é computada como interesse da razão.

Se à razão prática não for permitido admitir e pensar como dado nada além do que a razão **especulativa** a partir de sua perspiciência podia por si oferecer-lhe, então esta toma o primado. Mas, posto que ela tivesse por si princípios originários *a priori*, com os quais estivessem inseparavelmente vinculadas certas posições teóricas que, contudo, se subtraíssem a toda a perspiciência possível da razão especulativa (ainda que, em verdade, não tivessem também de contradizê-la), então a questão é: qual **[217]** interesse é o supremo (e, não, qual teria de ceder, pois um não contradiz necessariamente o outro); <ou seja, a questão> se a razão especulativa, que nada[205] sabe do que a razão prática lhe propõe admitir, tem de acolher essas proposições e se, conquanto sejam para ela excessivas, tem de procurar unificá-las com seus conceitos como uma posse estranha transferida a ela; ou se ela está justificada a seguir obstinadamente o seu próprio interesse particular e, de acordo com o cânon <*Kanonik*>[206] de Epicuro, rejeitar como vazia racionalização tudo o que não deixa certificar sua realidade objetiva através de exemplos evidentes apresentáveis na experiência – ainda que isso, entrelaçado com o interesse do uso prático (puro), não fosse em si contraditório com a razão teórica – simplesmente porque efetivamente prejudica o interesse da razão espe-

205. Na 1.ª edição, e da 4.ª à 6.ª, constou *nicht* (não); na 2.ª, *nichts* (nada), adotado pela Ak.

206. O cânon, literalmente a canônica, equivaleu no epicurismo ao que a filosofia grega chamava de "lógica". *Canon* é também o título de uma obra de Epicuro (341-271 a.C.).

culativa, na medida em que suprime os limites que esta pusera a si própria e a abandona a todo o sem-sentido ou desvario da faculdade de imaginação.

Com efeito, na medida em que a razão prática enquanto patologicamente condicionada, isto é, simplesmente administrando o interesse das inclinações sob o princípio sensível da felicidade, fosse posta como fundamento, essa reclamação à razão especulativa absolutamente não ocorreria. O paraíso de **Maomé** ou a união fundente com a divindade dos **teósofos** e **místicos**, de acordo com o sentido de cada um, imporiam à razão os [218] seus monstros, e seria igualmente tão bom não ter absolutamente razão alguma como abandoná-la desse modo a todas as espécies de sonhos. Todavia, se a razão pura pode ser por si prática, e efetivamente o é, como a consciência da lei moral o acusa, então se trata sempre de uma e mesma razão que, seja de um ponto de vista teórico ou prático, julga segundo princípios *a priori*, e com isso fica claro que, embora sua faculdade, do primeiro ponto de vista, não baste para estabelecer afirmativamente certas proposições, que, no entanto, tampouco a contradizem, tão logo essas mesmas proposições pertençam **inseparavelmente** ao interesse **prático** da razão pura, <ela>[207] tem de assumi-las, em verdade como uma oferta estranha a ela, que não proveio de seu solo mas está suficientemente certificada, e ela tem de procurar compará-las e conectá-las com tudo o que ela como razão especulativa tem em seu poder; todavia, resignando-se com o fato de que elas não são perspiciência sua e, contudo, extensões de seu uso em alguma outra perspectiva, a saber, a perspectiva prática, o que

207. *Sie* (ela, a razão), adotado por Vorländer. Em Kant faltou o sujeito da frase.

não é de modo algum contraditório ao seu interesse, que consiste na limitação da temeridade especulativa.

Portanto, na vinculação da razão especulativa pura com a razão prática pura em vista de um conhecimento, a última toma o **primado**, pressupondo-se que essa vinculação não seja porventura **contingente** e [219] arbitrária mas fundada *a priori* sobre a própria razão, por conseguinte seja **necessária**. Pois sem esta subordinação surgiria um desacordo da razão com ela mesma; porque, se elas fossem meramente agregadas (coordenadas) uma à outra, a primeira fechar-se-ia estritamente em seus limites e não assumiria nada da última em seu domínio mas esta, contudo, estenderia seus limites sobre todas as coisas e, sempre que sua carência o reclamasse, procuraria compreender aquela dentro dos seus limites. Porém não se pode de modo algum exigir da razão prática pura estar subordinada à razão especulativa e, pois, inverter a ordem, porque todo o interesse é por fim prático e mesmo o interesse da razão especulativa é somente condicionado e unicamente no uso prático é completo.

IV
A imortalidade da alma como um postulado da razão prática pura

A realização do sumo bem no mundo é o objeto necessário de uma vontade determinável pela lei moral. Nessa vontade, porém, a **conformidade plena** das disposições à lei moral é a condição suprema do sumo bem. Logo, ela tem que ser tão possível quanto o seu objeto, porque [220] ela está contida no mesmo mandamento que ordena a promoção dele. Mas a plena conformidade da vontade à lei moral é **santidade**, uma perfeição da qual nenhum ente racional do mundo sensorial é capaz em nenhum momento de sua existência. Porém, visto que ainda assim ela é necessariamente requerida como prática, ela somente pode ser encontrada em um **progresso** que avança ao **infinito** em direção àquela conformidade plena, e é necessário, segundo princípios da razão prática pura, assumir um tal prosseguimento prático como o objeto real de nossa vontade.

Entretanto este progresso infinito somente é possível sob a pressuposição de uma **existência** e personalidade do mesmo ente racional perdurável ao **infinito** (a qual se chama imortalidade da alma). Logo, o sumo bem é praticamente possível somente sob a pressuposição da imortalidade da alma; por conseguinte esta, enquanto inseparavelmente vinculada à lei moral, é um **postulado** da razão prática pura (pelo qual entendo uma proposição **teórica** mas indemonstrável enquanto tal, na medida em que ele é inseparavelmente inerente a uma lei **prática** que vale incondicionalmente *a priori*).

A proposição da destinação moral de nossa natureza, de poder alcançar a plena conformidade com a lei moral unicamente em um [221] progresso que avança ao infinito, é da máxima utilidade não simplesmente com respeito à presente complementação da incapacidade da razão especulativa mas também em relação à religião. Na falta dessa proposição, ou a lei moral é totalmente degradada de sua **santidade**, na medida em que por um artifício se a torna **indulgente** e desse modo adaptada a nossa comodidade, ou também se ilude o seu chamamento e ao mesmo tempo a expectativa de uma destinação inalcançável, ou seja, de uma esperada aquisição plena da santidade da vontade, perdendo-se em exaltantes sonhos **teosóficos** que contradizem totalmente o conhecimento de si. Por intermédio de ambas apenas é impedida a **aspiração** incessante à observância exata e sem exceção de um rigoroso, não indulgente e, contudo, não ideal mas verdadeiro mandamento da razão. Somente o progresso ao infinito, de degraus mais baixos aos mais altos da perfeição moral, é possível a um ente racional mas finito. O progresso **infinito**, para o qual a condição temporal nada é, vê nessa série para nós interminável o todo da conformidade com a lei moral, e a santidade, que seu mandamento incessantemente exige para ser conforme à sua justiça na participação do sumo bem que ele determina a cada um, pode ser totalmente encontrada em uma intuição intelectual singular da existência de [222] entes racionais. O que unicamente pode convir à criatura, em relação à esperança dessa participação, é a consciência de sua provada disposição para – a partir de seu atual progresso do pior para o moralmente melhor e do propósito imutável, tornado conhecido a ele por esse meio – esperar uma ulterior continuação ininterrupta desse progresso, por mais que sua existência possa durar mesmo além desta vida[208], e assim ser plenamente adequado à [223] vontade

208. Entretanto mesmo a **convicção** da imutabilidade de sua disposição no progresso para o bem parece ser em princípio impossível a uma criatura. Em virtude disso a doutrina religiosa cristã fá-la derivar também do mesmo espírito que gera a santificação, isto é, esta firme resolução e com ela a consciência da perseverança no progresso moral. Mas naturalmente também àquele que tem consciência de, por uma longa parte de sua vida até o seu fim, ter perseverado no progresso para o melhor e, em verdade, a partir de autênticos motivos <*Bewegungsgründe*> morais, é permitido ter a consoladora esperança, ainda que não a certeza, de que

de Deus (sem indulgência ou remissão, que não combina com a justiça), em verdade jamais aqui ou em qualquer previsível momento futuro de sua existência, mas só na infinitude de sua duração (abarcável unicamente por Deus).

V
A existência de Deus como um postulado da razão prática pura

Na análise precedente a lei moral conduziu ao problema prático, imposto simplesmente pela razão pura sem nenhuma participação de motivos sensíveis, a saber, da necessária completude da primeira e principal parte do sumo bem, a **moralidade**, e, como esse problema só pode ser resolvido inteiramente em uma eternidade, conduziu ao postulado da **imortalidade**. Essa mesma lei tem de remeter também, tão desinteressadamente como antes a partir de uma simples razão imparcial, à possibilidade do segundo elemento do sumo bem, a saber, a **felicidade** [224] adequada àquela moralidade, ou seja, à pressuposição da existência de uma causa adequada a esse efeito, isto é,

ele ater-se-á a esses princípios em uma existência que se prolongue para além desta vida, e, embora ele aqui a seus próprios olhos jamais será justo, nem no caso de um esperado crescimento futuro da perfeição de sua natureza e com ela também de seus deveres, ele, apesar disso, poderá esperar ter nesse progresso – que, embora diga respeito a uma meta que remete ao infinito, para Deus vale todavia como posse – uma perspectiva de um futuro de **beatitude**; pois esta é a expressão de que a razão se serve para designar um **bem-estar** completo, independente de todas as causas contingentes do mundo, bem-estar que como a **santidade** é uma ideia que pode ser contida somente em um progresso infinito e na sua totalidade, por conseguinte jamais é alcançado plenamente por uma criatura. (K) postular a **existência de Deus** como necessariamente pertencente à possibilidade do sumo bem (que como objeto de nossa vontade está necessariamente vinculado à legislação moral da razão pura). Queremos apresentar de modo convincente esta interconexão.

Felicidade é o estado de um ente racional no mundo para o qual, no todo de sua existência, **tudo se passa segundo seu desejo e vontade** e depende, pois, da concordância da natureza com todo o seu fim, assim como com os fundamentos determinantes essenciais de sua vontade. Ora, a lei moral como uma lei da liberdade ordena mediante fundamentos determinantes que devem ser totalmente independentes (como motivos) da natureza e da concordância da mesma com nossa faculdade de apetição; porém o ente racional agindo no mundo não é ao mesmo tempo causa do mundo e da própria natureza. Logo, não há na lei moral o mínimo fundamento para uma interconexão necessária entre a moralidade e a felicidade, proporcionada a ela, de um ente pertencente ao mundo e por isso dependente dele, o qual justamente por isso não pode ser por sua vontade causa dessa natureza e torná-la, no que concerne à sua felicidade e a partir das próprias forças, exaustivamente [225] concordante com suas proposições fundamentais práticas. Não obstante, no problema prático da razão pura, isto é, do necessário empenho em favor do sumo bem, uma tal interconexão é postulada como necessária: nós **devemos** procurar promover o sumo bem (o qual, pois, tem de ser possível). Portanto é **postulada** também a existência de uma causa da natureza distinta da natureza em conjunto, e que contenha o fundamento dessa interconexão, a saber, da exata concordância da felicidade com a moralidade. Esta causa suprema, porém, deve conter o fundamento da concordância da natureza não simplesmente com uma lei da vontade dos entes racionais mas com a representação dessa **lei**, na medida em que estes a põem para si como **fundamento determinante supremo da vontade**, portanto não simplesmente com os costumes segundo a forma, mas também com a sua moralidade como motivo <*Bewegungsgrund*> dos mesmos, isto é, com a sua disposição moral. Logo, o sumo bem só é possível no mundo na medida em que for admitida uma <causa>[209] suprema da natureza que contenha uma causalidade adequada à disposição moral. Ora, um ente que é capaz de ações segundo a representação de leis é uma **inteligência** (um ente racional), e a causalidade de um tal ente segundo esta representação das leis é uma **vontade** do mesmo. Logo a causa suprema da natureza, na medida em que tem de ser pressuposta [226] para o sumo bem, é um ente que mediante **entendimento** e **vontade** é a causa (consequentemente o Autor) da natureza, isto é, **Deus**. Consequentemente o postulado da possibilidade do **sumo bem derivado** (do melhor mundo) é ao mesmo tempo

209. Kant, na 1ª ed. escreveu: *oberste der Natur*. Não o corrigiu posteriormente em seu *Handexemplar*. O acréscimo *Ursache* costuma ser atribuído a Grillo e Hartenstein, mas já constou antes deste na correção manuscrita de Vogel sobre seu exemplar de Erlangen. Na 2ª ed. original constou: *oberste Natur* (natureza suprema), seguida apenas pela reimpressão de 1796. Hartenstein, tanto em 1867 quanto em 1838, p. VIII, equivocou-se ao dizer que na 1ª e 2ª edições constava *oberste Natur* e que *oberste der Natur* era uma versão da 4ª edição. Ao contrário, como observei, *oberste Natur* é uma expressão da 2ª ed., enquanto na 1ª constou *oberste der Natur*, que foi restabelecida da 4ª à 6ª edições. É provável que Kant, na releitura de seu exemplar da *KpV*, não tenha percebido a falha e, por razões principalmente de idade, orientou o editor a reeditar na 4ª edição o texto da 1ª.

o postulado da efetividade de um **sumo bem originário**, ou seja, da existência de Deus. Ora, a promoção do sumo bem era para nós um dever, por conseguinte não apenas uma faculdade mas também uma necessidade, vinculada ao dever como carência, de pressupor a possibilidade desse sumo bem, o qual, uma vez que só ocorre sob a condição da existência de Deus, vincula sua pressuposição inseparavelmente com o dever, quer dizer, é moralmente necessário admitir a existência de Deus.

É o caso de observar aqui que essa necessidade moral é **subjetiva**, isto é, uma carência, e não **objetiva**, ou seja, ela mesma um dever; pois não pode haver absolutamente um dever de admitir a existência de uma coisa (porque isto concerne meramente ao uso teórico da razão). Tampouco se entende com isso que a admissão da existência de Deus **como um fundamento de toda a obrigação em geral** seja necessária (pois uma obrigação, como foi suficientemente provado, depende apenas da autonomia da própria razão). Ao dever cabe aqui somente o empenho para a produção do sumo bem no mundo, cuja possibilidade, pois, pode ser postulada [227] mas não é considerada pela nossa razão como pensável senão sob pressuposição de uma inteligência suprema. Portanto a admissão de sua existência está vinculada à consciência de nosso dever, conquanto esta admissão mesma pertença à razão teórica, com respeito à qual, unicamente, ela, considerada como fundamento explicativo, pode chamar-se **hipótese** mas, com referência à inteligibilidade de um objeto (o sumo bem) dado a nós pela lei moral, por conseguinte de uma carência de um ponto de vista prático, pode chamar-se **fé** e, na verdade, **fé racional** pura, porque simplesmente a razão pura (tanto segundo o seu uso teórico como prático) é a fonte da qual ela surge.

A partir desta **dedução** torna-se doravante concebível por que as escolas **gregas** jamais podiam chegar à solução de seu problema da possibilidade prática do sumo bem: porque elas sempre faziam da regra do uso que a vontade do homem faz de sua liberdade um fundamento único e por si só suficiente de sua possibilidade, sem precisarem para tanto, na sua opinião, da existência de Deus. Em verdade eles procederam corretamente ao estabelecer o princípio da moral, independentemente desse postulado, por si mesmo, unicamente a partir da relação da razão com a vontade, e, por conseguinte, o fizeram condição prática **suprema** do sumo bem; mas nem por isso ele era a condição **completa** da possibilidade [228] do mesmo. Ora, os **epicuristas**, na verdade, tomaram como princípio supremo um princípio totalmente falso da moral, a saber, o da felicidade, e substituíram a lei por uma máxima da escolha arbitrária segundo a inclinação de cada um: mas nisso procederam, ainda assim, de modo bastante **consequente** ao igualmente rebaixar seu sumo bem proporcionalmente ao nível pouco elevado de sua proposição fundamental, e não esperaram nenhuma felicidade maior do que a que deve ser obtida pela prudência humana (à qual pertencem também a temperança e moderação das inclinações), que, como se sabe, tem de revelar-se de modo suficientemente pobre e muito diversamente de acordo com as circunstâncias; sem contar as exceções que suas máximas tinham de incessantemente conceber e que as tornam inaptas para leis. Os **estoicos**, ao contrário, escolheram de modo totalmente correto o seu princípio prático supremo, a saber, a virtude como condição do sumo bem, mas enquanto representavam o grau dela, requerido para a lei pura da mesma, como plenamente alcançável nesta vida, não somente elevaram demasiadamente a capacidade moral do **homem** sob o nome de **sábio** para além de todos os limites de sua natureza e admitiram algo que contradiz todo o conhecimento dos homens, mas principalmente não quiseram de modo algum considerar também a validade do segundo **elemento** pertencente ao sumo bem, ou seja, a felicidade, como um objeto particular da faculdade de apetição [229] humana, mas tornaram o seu **sábio**, na consciência da excelência de sua pessoa totalmente independente da natureza (com vistas a seu contentamento), igual a uma divindade, enquanto em verdade o expunham mas não o submetiam a males da vida (ao mesmo tempo o apresentavam também livre do mal); e assim efetivamente eliminaram o segundo elemento do sumo bem, a felicidade própria, enquanto o puseram simplesmente na ação e no contentamento com seus valores pessoais e, portanto, o incluíram na consciência da maneira de pensar moral, no que, porém, teriam podido ser suficientemente refutados pela voz de sua própria natureza.

A doutrina do Cristianismo[210], ainda que não seja considerada como doutrina religiosa, fornece, sob [230] esse

....

210. Supõe-se geralmente que o preceito moral cristão não ofereça nenhuma vantagem, relativamente a sua pureza, sobre os conceitos morais dos estoicos; todavia a diferença entre ambos é muito visível. O sistema estoico fez da consciência da fortaleza de alma o eixo em torno do qual todas as disposições morais deviam girar e, embora os seus discípulos na verdade falassem de deveres e também os determinassem muito bem, punham o motivo e o fundamento determinante propriamente dito da vontade em uma elevação da maneira de pensar acima dos motivos inferiores dos sentidos, que são poderosos graças apenas às fraquezas de alma. Logo, a virtude consistia entre eles num certo heroísmo do **sábio** que se eleva sobre a* natureza animal do homem e basta-se a si próprio, propõe deveres aos outros, mas ele mesmo sobrepõe-se** a eles e não está submetido [230] a nenhuma tentação de transgressão da lei moral. Mas

aspecto, um conceito de sumo bem (do reino de Deus) que, unicamente, satisfaz à mais [231] rigorosa exigência da razão prática. A lei moral é santa (inflexível) e exige santidade moral, embora toda a perfeição moral que o homem pode alcançar seja sempre somente virtude, isto é, disposição conforme à lei por **respeito** a esta, consequentemente consciência de uma propensão contínua à transgressão, pelo menos à impureza, isto é, à adição de muitos motivos <_Bewegungsgründe_> espúrios (não mo-

....

eles não podiam fazer tudo isto se tivessem representado esta lei na pureza e rigor como o preceito do Evangelho o faz. Se por **ideia** entendo uma perfeição à qual não pode ser dado nada adequado na experiência, nem por isso as ideias morais são algo transcendente, isto é, tais que não pudéssemos jamais determinar suficientemente o seu conceito ou acerca do qual é incerto se lhe corresponde sempre um objeto, como as ideias da razão especulativa, mas servem, enquanto arquétipos de perfeição prática, como norma indispensável da conduta moral e ao mesmo tempo como **critério de comparação**. Ora, se considero a **moral cristã** desde seu lado filosófico, ela, comparada com as ideias das escolas gregas, apareceria assim: as ideias dos **cínicos**, dos **epicuristas**, dos **estoicos** e dos*** **cristãos** são: a **simplicidade natural**, a **prudência**, a **sabedoria** e a **santidade**. Os filósofos gregos distinguiram-se entre si em relação ao caminho para chegar a elas, a ponto de os cínicos considerarem suficiente a elas o **entendimento humano** comum, os outros, somente o **caminho da ciência**, ambos, contudo, consideraram suficiente o simples **uso das forças naturais**. A moral cristã, porque estabelece o seu preceito (como, aliás, tem de ser) tão pura e inabalavelmente, tira do homem a confiança de pelo menos nesta vida ser-lhe plenamente conforme, mas também a**** reergue de modo que, se agimos tão bem quanto está em nosso **poder**, podemos esperar que o que não está em nosso poder favorecer-nos-á de outra forma, quer o saibamos de que modo, quer não. **Aristóteles** e **Platão** distinguiram-se somente em relação à **origem** de nossos conceitos morais. (K)

*_die_ (a), acréscimo de Hartenstein.

** Na 1ª e da 4ª à 6ª edições: _erhoben_; na 2ª: _erhaben_.

*** Na 1ª e da 4ª à 6ª edições: _des_ (do); Ak: _der_ (dos).

**** Kant: _es_ (referido a confiança), mantido pela Ak; Natorp propõe _ihn_, referido a homem.

rais) à observância da lei, consequentemente uma autoestima vinculada à humildade; e, pois, em relação à santidade que a lei cristã exige não deixa, de resto, à criatura senão um progresso ao infinito, mas pela mesma razão a legitima à esperança de uma duração infinita. O **valor** de uma disposição **plenamente** conforme com a lei moral é infinito, porque toda a felicidade possível, no juízo de um sábio e onipotente distribuidor da mesma, não tem nenhuma outra limitação senão a falta de conformidade de entes racionais a seu dever. Mas a lei moral por si não **promete** nenhuma felicidade; pois esta, em conformidade com conceitos de uma ordem natural em geral, não está necessariamente vinculada ao cumprimento da mesma lei. Ora, a doutrina moral cristã complementa essa falta (do segundo elemento indispensável ao sumo bem) pela apresentação do mundo, em que entes racionais consagram-se com toda a alma à lei [232] moral, como o **reino de Deus** no qual natureza e moralidade chegam a uma harmonia por si mesma estranha a cada um dos dois, mediante um Autor santo que torna possível o sumo bem derivado. A **santidade** dos costumes já lhes é indicada nesta vida como norma, mas o bem-estar consentâneo a esta, a **beatitude**, é representado como alcançável somente em uma eternidade; porque **aquela** tem de ser sempre em cada estado o arquétipo de sua conduta, e o progredir em direção a ela é possível e necessário já nesta vida: **esta**, porém, sob o nome de felicidade, não pode absolutamente ser alcançada neste mundo (no que depende de nossa capacidade) e por isso torna-se meramente objeto de esperança. Apesar disso o princípio cristão da própria **moral** não é de modo algum teológico (por conseguinte heteronomia) mas autonomia da razão prática pura por si mesma, porque ela não torna o conhecimento de Deus e de sua vontade fundamento dessas leis mas somente do acesso ao sumo bem sob a condição do cumprimento das mesmas, e ela não põe sequer o motivo propriamente dito do cumprimento das primeiras nas suas desejadas consequências mas unicamente na representação do dever, em cuja fiel observância unicamente consiste a dignidade do alcance das últimas.

[233] Dessa maneira a lei moral conduz, mediante o conceito de sumo bem enquanto objeto e fim terminal da razão prática pura, à **religião**, quer dizer, ao **conhecimento de todos os deveres como mandamentos divinos, não enquanto sanções, isto é, decretos arbitrários**[211], **por si próprios contingentes, de uma vontade estranha** e, sim, enquanto **leis** essenciais de cada vontade livre por si mesma mas que apesar disso têm que ser consideradas mandamentos do Ser supremo, porque somente de uma vontade moralmente perfeita (santa e benévola), ao mesmo tempo onipotente, podemos esperar alcançar o sumo bem que a lei moral torna dever pôr como objeto de nosso esforço e, portanto, esperar alcançá-lo mediante concordância com essa vontade. Por isso também aqui tudo permanece desinteressado e fundado simplesmente sobre o dever; sem que se permita[212] que temor ou esperança sejam postos no fundamento como motivos, os quais, se se tornam princípios, aniquilam todo o valor moral das ações. A lei moral ordena-me fazer do sumo bem possível no mundo o objeto último de toda a conduta. Mas eu não posso

211. Kant: *willkürliche... zufällige*, alterado por Hartenstein, seguido por Vorländer, para *willkürlicher... zufälliger* (de decretos arbitrários... contingentes). A Ak manteve o texto de Kant.

212. Kant: *durften* (se permitisse).

esperar efetuar isso senão pela concordância de minha vontade com a de um santo e benévolo Autor do mundo; e conquanto no conceito de sumo bem como um todo, no qual a máxima felicidade é representada [234] como vinculada na mais exata proporção com a máxima medida de perfeição moral (possível em criaturas), a **minha felicidade própria** esteja também incluída, não é, contudo, ela mas a lei moral (a qual, muito antes, limita rigorosamente sob condições a minha ilimitada aspiração por ela) o fundamento determinante da vontade que é dirigida à promoção do sumo bem.

Por isso a moral tampouco é propriamente a doutrina de como nos **fazemos** felizes mas de como devemos tornar-nos **dignos** da felicidade. Só se a religião é acrescida a ela, realiza-se também a esperança de tornar-nos algum dia partícipes da felicidade na proporção em que cuidamos de não ser indignos dela.

Alguém é **digno** da posse de uma coisa ou de um estado, se o fato de ele encontrar-se nessa posse concorda com o sumo bem. Pode-se agora ver facilmente que toda a dignidade tem a ver com a conduta moral, porque esta constitui, no conceito de sumo bem, a condição de todo o mais (que pertence ao estado), a saber, da participação da felicidade. Ora, disso segue-se que jamais se tem de tratar a **moral** em si como uma **doutrina da felicidade**, isto é, como uma diretriz sobre o modo de tornar-se participante da felicidade; pois ela tem a ver meramente com a [235] condição racional (*conditio sine qua non*) da última, e não com um meio de adquiri-la. Mas, se a moral (que simplesmente impõe deveres e não fornece regras para desejos interesseiros) tiver sido exposta completamente, só então – depois que o desejo moral, que se funda sobre uma lei, foi despertado a promover o sumo bem (trazer o reino de Deus a nós), desejo que não pôde ocorrer antes a nenhuma alma interesseira, e para cujo fim foi dado o passo à religião – essa doutrina moral pode chamar-se também doutrina da felicidade, porque a **esperança** dela só começa com a religião.

Disso pode-se também concluir que, se for perguntado pelo **fim último de Deus** na criação do mundo, não se tem de mencionar a **felicidade** dos entes racionais nela mas **o sumo bem**, que acrescenta ainda uma condição àquele desejo destes entes, a saber, a de ser digno da felicidade, isto é, a **moralidade** dos mesmos entes racionais, a qual unicamente contém o padrão de medida de acordo com o qual eles, unicamente, podem esperar tornar-se participantes da primeira pela mão de um **sábio** Autor. Pois, visto que a **sabedoria**, considerada teoricamente, significa **o conhecimento do sumo bem** e, praticamente, **a conformidade da vontade ao sumo bem**, não se pode atribuir a uma sabedoria independente suprema um fim que fosse [236] fundado simplesmente sobre a **benevolência**. Pois somente se pode pensar adequadamente o efeito desta benevolência (em relação à felicidade dos entes racionais) sob as condições limitadoras da concordância com a santidade[213] de sua vontade enquanto conforme com o

213. Com isso e para marcar a peculiaridade desses conceitos, apenas observo ainda que, pelo fato de atribuírem-se a Deus diversas propriedades cuja qualidade também se considera adequada às criaturas, com a diferença que lá elas são elevadas ao sumo grau, p. ex., poder, ciência, presença, bondade etc., sob as denominações de onipotência, onisciência, onipresença, bondade perfeita etc., há contudo três que, exclusivamente e sem indicação complementar de grandeza, são atribuídas a Deus e são todas morais: ele é o **unicamente santo**, o **unicamente bem-aventurado**, o **unicamente sábio**, porque estes conceitos já implicam a ili-

sumo bem originário. Por isso aqueles que puseram o fim da criação na glória de Deus (sob a pressuposição de que não se pense esta antropomorficamente como inclinação a ser louvado), talvez tenham encontrado o melhor termo. Pois nada glorifica mais a Deus do que – o que é a coisa mais estimada no mundo – o respeito por seu mandamento, a observância do sagrado dever que sua lei nos impõe, se [237] a ela se acrescentar seu maravilhoso plano de coroar uma tal bela ordem com uma correspondente felicidade. Se esta última coisa (para falar à maneira humana) torna-o amável, ele é pela primeira um objeto de adoração. Mesmo os homens por sua boa obra podem em verdade obter amor, mas por ela apenas jamais podem obter respeito, de sorte que a máxima beneficência somente os honra se for exercida com dignidade.

O fato de que, na ordem dos fins, o homem (e com ele todo ente racional) seja **fim em si mesmo**, isto é, jamais possa ser usado por alguém (nem mesmo por Deus) simplesmente como meio, sem que ele mesmo seja com isso ao mesmo tempo fim, que, portanto, a **humanidade** em nossa pessoa tenha de ser a nós mesmos **santa**, segue-se doravante por si, porque ele é o **sujeito da lei moral**, por conseguinte daquilo que é em si santo, somente em vista do qual e também em concordância com o qual algo pode em geral ser denominado santo. Pois esta lei moral funda-se sobre a autonomia de sua vontade, como uma vontade livre que, de acordo com suas leis universais, necessaria-

mitação. De acordo com a ordem dos mesmos, ele é pois também o **santo legislador** (e criador), o **bondoso governante** (e sustentáculo) e o **justo juiz**: três propriedades que contêm em si tudo aquilo pelo qual Deus torna-se o objeto da religião e de acordo com as quais as perfeições metafísicas são por si acrescentadas na razão. (K) mente tem de ao mesmo tempo poder **concordar** com aquilo ao qual deve **submeter**-se.

[238]

VI
Sobre os postulados da razão prática pura em geral

Todos esses postulados partem da proposição fundamental da moralidade, que não é nenhum postulado mas uma lei pela qual a razão determina <i>mediatamente[214] a vontade; esta vontade, precisamente por ser determinada desse modo, como vontade pura, exige essas condições necessárias ao cumprimento de seu preceito. Esses postulados não são dogmas teóricos mas **pressuposições** em sentido necessariamente prático, logo, em verdade, <não>[215] ampliam o nosso conhecimento especulativo mas conferem realidade objetiva às ideias da razão especulativa **em geral** (mediante sua referência ao domínio prático) e justificam conceitos, cuja possibilidade ela, do contrário, nem sequer poderia arrogar-se afirmar.

Esses postulados são os da **imortalidade**, da **liberdade**, considerada positivamente (enquanto causalidade de um ente pertencente ao mundo inteligível), e da **existência de Deus**. O **primeiro** decorre da condição praticamente necessária da adequação da duração à completude do cumprimento da lei moral; o **segundo**, da necessária pres-

214. Kant: *mittelbar* (mediatamente), corrigido por Hartenstein para *unmittelbar* (imediatamente) e adotado pela Ak.

215. Na edição original faltou o "não", acrescentado por Kant em seu *Handexemplar*. Esta correção manuscrita de Kant foi feita a tinta, à diferença das demais.

suposição da independência do mundo sensorial e da faculdade de determinação de sua vontade segundo a [239] lei de um mundo inteligível, isto é, da liberdade; o **terceiro**, da necessidade da condição de um tal mundo inteligível para que exista o sumo bem mediante a pressuposição do sumo bem independente, isto é, da existência de Deus.

O ponto de vista do sumo bem, necessário mediante o respeito pela lei moral, e a daí decorrente pressuposição da realidade objetiva do sumo bem conduz, portanto, através de postulados da razão prática, a conceitos que a razão especulativa em verdade podia apresentar como problemas mas que ela não podia resolver. Portanto, 1) ele conduz ao problema, em cuja solução a razão não podia senão cometer **paralogismos**, a saber, o da imortalidade, porque lhe faltava o traço da persistência para completar o conceito psicológico de um sujeito último, necessariamente atribuído, na consciência de si, à alma para a representação real de uma substância, o que a razão prática consegue pelo postulado de uma duração requerida para a conformidade com a lei moral no sumo bem, enquanto fim total da razão prática. 2) Ele conduz àquilo do qual a razão especulativa não continha senão **antinomia**, cuja solução ela podia fundar somente sobre um conceito, em verdade pensável problematicamente mas para ela indemonstrável e independente quanto a sua realidade objetiva, a saber, a ideia **cosmológica** [240] de um mundo inteligível e a consciência de nossa existência no mesmo, mediante o postulado da liberdade (cuja realidade ela mostra pela lei moral e, com essa, ao mesmo tempo a lei de um mundo inteligível, sobre o qual a razão especulativa podia somente chamar a atenção mas não podia determinar seu conceito). 3) Ele consegue significação (de um ponto de vista prático, isto é, enquanto uma condição da possibilidade do objeto de uma vontade determinada por aquela lei) para aquilo que a razão especulativa, em verdade, tinha de pensar mas tinha de deixar indeterminado como simples **ideal** transcendental, o conceito **teológico** do Ser primeiro como princípio supremo do sumo bem em um mundo inteligível, mediante uma legislação moral detentora de poder no mesmo.

Mas desse modo o nosso conhecimento é efetivamente ampliado pela razão prática pura, e aquilo que para a razão especulativa era **transcendente** é na razão prática **imanente**? Certamente, mas **só de um ponto de vista prático**. Pois por ele em verdade não conhecemos, segundo o que são em si mesmo, nem a natureza de nossa alma, nem o mundo inteligível, nem o Ser supremo, mas apenas unificamos seus conceitos no conceito **prático** de **sumo bem** enquanto objeto de nossa vontade e de um modo totalmente *a priori* pela razão pura, mas só mediante a lei moral e também apenas em referência à mesma relativamente ao objeto que ela ordena. [241] Mas com isso não se tem a perspiciência de como a liberdade sequer seja possível e de como se deva representar teórica e positivamente essa espécie de causalidade, mas somente se postula, através da lei moral e para o fim dela, que uma tal causalidade existe. O mesmo se passa com as demais ideias, que nenhum entendimento humano algum dia perscrutará quanto à sua possibilidade, mas também acerca das quais nenhum sofisma jamais arrebatará a convicção, mesmo do homem mais comum, de que não são verdadeiros conceitos.

VII
Como é possível pensar uma ampliação da razão pura, desde um ponto de vista prático, sem com isso ao mesmo tempo ampliar o seu conhecimento como especulativo?

Para não nos tornarmos demasiado abstratos, queremos responder a esta pergunta imediatamente por uma aplicação ao caso em questão. – Para ampliar **praticamente** um conhecimento puro, tem que ser dada *a priori* uma **intenção**, isto é, um fim como objeto (da vontade) que, independentemente de todas as proposições fundamentais teológicas[216], é necessariamente representado como prático por um imperativo (categórico) que determina imediatamente a vontade; e esse é aqui o **sumo bem**. Mas este não é possível sem pressupor três conceitos teóricos (para os quais, por serem simples conceitos **[242]** puros da razão, não se deixa encontrar nenhuma intuição correspondente, por conseguinte, pelo caminho teórico, nenhuma realidade objetiva), a saber, liberdade, imortalidade e Deus. Logo, pela lei prática, que ordena a existência do sumo bem possível num mundo, é postulada a possibilidade daqueles objetos da razão especulativa pura, cuja realidade objetiva esta não lhes podia assegurar; mediante o que, pois, o conhecimento teórico da razão pura certamente obtém um crescimento, mas que consiste simplesmente em que aqueles conceitos, afora isso problemáticos para ela (só pensáveis), agora são declarados assertoricamen-

216. Grillo propôs, em vez de "teológicas", "teleológicas". A Ak, pretendendo seguir Hartenstein, corrigiu para "teóricas". Na verdade, a correção de Hartenstein constou apenas na sua 2ª ed. de 1867; na 1ª, de 1838, p. 257, constou a versão de Kant "teológicas".

te como conceitos aos quais efetivamente convêm objetos, porque a razão prática precisa fatalmente da existência deles para a possibilidade de seu objeto, o sumo bem, em verdade absolutamente necessário sob o aspecto prático, e porque a razão teórica é com isso justificada a pressupô-los. Mas esta ampliação da razão teórica não é nenhuma extensão da especulação, isto é, para doravante fazer dela, de um **ponto de vista teórico**, um uso positivo. Pois, já que com isso não se conseguiu pela razão prática senão que aqueles conceitos são reais e têm efetivamente os seus (possíveis) objetos, mas que, além disso, nenhuma intuição deles nos é dada (o que tampouco pode ser exigido), assim não é possível nenhuma proposição sintética mediante esta concedida realidade dos mesmos. Consequentemente, de um [243] ponto de vista especulativo essa abertura não nos auxilia em nada mas certamente auxilia, em relação ao uso prático da razão pura, para a ampliação deste nosso conhecimento. As três ideias da razão especulativa já mencionadas não são em si ainda nenhum conhecimento; são, contudo, **pensamentos** (transcendentes) nos quais nada é impossível. Ora, mediante uma lei prática apodíctica elas, enquanto condições necessárias da possibilidade do que esta ordena **tomar-se por objetos**, obtêm realidade objetiva. Isto é, nós somos instruídos por aquela lei **que essas ideias têm objetos**, sem, contudo, podermos indicar como o conceito delas refere-se a um objeto, e isto tampouco é ainda um conhecimento **desses objetos**; pois com isso não podemos de modo algum julgar sinteticamente sobre essas ideias, nem determinar teoricamente sua aplicação, por conseguinte, fazer com elas qualquer uso teórico da razão, no que propriamente consiste todo o conhecimento especulativo da mesma. Mas, apesar disso, o conhecimento teórico, **em verdade não desses objetos** e sim da razão em geral, foi ampliado, na medida em que pelos postulados práticos foram, contudo, **dados objetos** àquelas ideias, enquanto por eles um pensamento meramente problemático obteve pela primeira vez realidade objetiva. Portanto não se trata de nenhuma ampliação do conhecimento **de objetos suprassensíveis dados**, mas de uma ampliação da razão teórica e [244] do conhecimento da mesma em relação ao supra-sensível em geral, na medida em que ela, ao ser coagida a conceder **que tais objetos existem**, sem todavia os determinar mais proximamente, por conseguinte, sem ela mesma poder ampliar esse conhecimento dos objetos (que agora lhe foram dados a partir de razões práticas e somente para o uso prático), a razão teórica pura, portanto, para a qual todas aquelas ideias são transcendentes e sem objeto, deve esse incremento unicamente à sua faculdade prática pura. Aqui elas se tornam **imanentes** e **constitutivas**, enquanto elas são fundamentos da possibilidade[217] de **tornar efetivo o objeto necessário** da razão prática pura (o sumo bem), uma vez que sem isso elas são **transcendentes** e são princípios meramente **regulativos** da razão especulativa, que não lhe impõem admitir um novo objeto para além da experiência mas somente aproximar-se da completude de seu uso na experiência. Porém, se a razão está uma vez de posse desse incremento, ela torna-se, enquanto razão especulativa (propriamente só para assegurar seu uso prático), negativa, isto é, procedendo com aquelas ideias não de modo

217. A pontuação original (onde consta um ponto) é aqui obviamente equivocada. A correção foi feita por Hartenstein e Vorländer, mas sem registro de que foi originariamente apontada por Grillo.

extensivo mas purificante, para deter, de um lado, o **antropomorfismo** como **fonte da superstição** ou como uma ampliação ilusória daqueles conceitos mediante uma pretensa experiência e, de outro lado, o **fanatismo** <*Fanatizismus*> que ela[218] promete através de uma intuição supra-sensível [245] ou de sentimentos semelhantes. Todos esses são obstáculos ao uso prático da razão pura, cuja salvaguarda, portanto, certamente pertence à ampliação de nosso conhecimento de um ponto de vista prático, ou[219] que a este contradiga ao mesmo tempo admitir que, de um ponto de vista especulativo, a razão não ganhou minimamente com isso.

Para cada uso da razão em relação a um objeto são requeridos conceitos do entendimento (**categorias**), sem os quais nenhum objeto pode ser pensado. Estes podem ser aplicados ao uso teórico da razão, isto é, a semelhante conhecimento somente na medida em que ao mesmo tempo lhes seja atribuída uma intuição (que sempre é sensível) e, portanto, simplesmente para representar por meio deles um objeto de experiência possível. Ora, aqui são, porém, **ideias** da razão – que não podem ser dadas em experiência alguma –, o que eu teria de pensar mediante categorias, para conhecê-lo. Entretanto não se trata aqui tampouco do conhecimento teórico dos objetos dessas ideias, mas somente de que elas em geral têm objetos. Esta realidade é obtida pela razão prática pura e, relativamente a isso, a razão não tem outra coisa a fazer senão simplesmente **pensar** aqueles objetos por meio de

218. A saber, a ampliação (Vorländer).

219. Kant: *oder*, alterado por Hartenstein para *ohne* (sem) e adotado pela Ak. A correção original é, no entanto, de Vogel no exemplar de Erlangen.

categorias; o que é perfeitamente possível, como, além do mais, mostramos claramente sem precisar de intuição (nem sensível nem suprassensível), porque as [246] categorias têm sua sede e origem, independentemente e antes de toda a intuição, no entendimento puro meramente enquanto faculdade de pensar, e elas sempre significam somente um objeto em geral, **seja de que modo ele nos possa sempre ser dado**. Ora, na medida em que as categorias devem ser aplicadas àquelas ideias, nenhum objeto em verdade pode ser-lhes dado na intuição. E, não obstante, **pelo fato de que um tal objeto existe**[220], que, por conseguinte, a categoria não seja aqui vazia como uma simples forma de pensamento mas tenha significado, é-lhes suficientemente assegurada, mediante um objeto que a razão prática indubitavelmente oferece no conceito de sumo bem, a **realidade dos conceitos** pertencentes à possibilidade do sumo bem, sem, contudo, produzir por esse acréscimo a mínima ampliação do conhecimento com base em princípios teóricos.

* * *

Se depois disso estas ideias de Deus, de um mundo inteligível (do reino de Deus) e da imortalidade forem determinadas por predicados derivados de nossa própria natureza, não se pode ver essa determinação nem como **sensificação** daquelas ideias racionais puras (antropomorfismos), nem como conhecimento transcendente de objetos **suprassensíveis**; pois esses predicados não são ne-

220. A Ak vê na frase uma incongruência de dois sujeitos: "pelo fato – existe" e "a realidade dos conceitos" (cf. *Anmerkungen der Bände I-V*, p. 505).

nhum outro senão o [247] entendimento e vontade e, na verdade, considerados em relação recíproca do modo como têm de ser pensados na lei moral, portanto somente enquanto for feito deles um uso prático puro. Todo o mais que é psicologicamente inerente a eles, isto é, na medida em que observamos essas nossas faculdades empiricamente **em seu exercício**, é então abstraído (por exemplo, que o entendimento do homem é discursivo, que suas representações são, pois, pensamentos e não intuições, que estas seguem-se uma à outra no tempo, que sua vontade é sempre acometida de uma dependência do contentamento com a existência de seu objeto etc., o que não pode ser o caso do Ser supremo). E deste modo nada mais resta dos conceitos, pelos quais pensamos um ente intelectual puro, do que é diretamente requerido para a possibilidade de representar-se uma lei moral, por conseguinte, em verdade um conhecimento de Deus mas somente em sentido prático, mediante o qual, se fizermos a tentativa de ampliá-lo para um conhecimento teórico, obteremos do mesmo um entendimento que não pensa mas **intui**, uma vontade que é dirigida a objetos, de cuja existência o seu contentamento não depende minimamente (não quero nem sequer citar, dos predicados transcendentais, por exemplo, uma magnitude da existência, isto é, uma duração, que, porém, não ocorre no tempo, como o único meio possível de representar uma existência como [248] magnitude), puras propriedades das quais não podemos fazer absolutamente nenhum conceito apto ao **conhecimento** do objeto, e desse modo somos instruídos a que elas jamais podem vir a ser utilizadas para uma **teoria** de entes suprassensíveis e que, portanto, sob este aspecto, não somos absolutamente capazes de fundar um conhecimento especulativo mas de apenas limitar o seu uso à prática da lei moral.

Este último aspecto é tão óbvio e pode ser tão claramente provado pelo fato de que se pode desafiar sem receio todos os pretensos **naturais eruditos acerca de Deus** <*natürliche Gottesgelehrte*> (uma esquisita expressão)[221] a citarem uma única propriedade determinante deste seu objeto (para além dos meros predicados ontológicos), seja do entendimento ou da vontade, na qual não se pudesse provar incontestavelmente que, se [249] abstraímos de todo o antropomorfístico nela, somente nos resta a simples palavra, sem poder vincular a ela o mínimo conceito pelo qual fosse permitido esperar uma ampliação do conhecimento teórico. Mas, no que concerne ao prático, resta-nos ainda, das propriedades de um entendimento e de uma vontade, o conceito de uma relação à qual a lei prática (que justamente determina *a priori* esta relação do entendimento com a vontade) proporciona realidade objetiva. Uma vez ocorrido isto, será conferida também realidade ao conceito do objeto de uma vontade determinada moralmente (ao de sumo bem) e, com ele, às condições de sua possibilidade, as ideias de Deus, liberdade e imortalidade, mas sempre só em referência à prática da lei moral (para nenhum fim especulativo).

221. **Erudição** é propriamente apenas o conjunto das ciências **históricas**. Consequentemente somente o professor de teologia revelada pode denominar-se um **erudito acerca de Deus**. Mas, se quiséssemos denominar erudito também o detentor de ciências racionais (Matemática e Filosofia), embora isto já estivesse em desacordo com o sentido do termo (segundo o qual é computado como erudição somente aquilo que tem de ser completamente **ensinado** e que, pois, não se pode descobrir por si mesmo pela razão), assim o filósofo, com seu conhecimento de Deus como ciência positiva, certamente poderia fazer uma figura demasiado ruim para deixar-se chamar por isso de **erudito**. (K)

Depois dessas advertências pode-se agora encontrar também facilmente a resposta à importante questão: **se o conceito de Deus pertence à Física** (por conseguinte também à Metafísica, como única detentora dos princípios puros *a priori* da primeira, em sentido geral), **ou se é um conceito próprio da Moral**. **Explicar** arranjos da natureza ou sua transformação pelo recurso a Deus como Autor de todas as coisas não é, no mínimo, uma explicação física e é, em todo caso, uma confissão de que sua filosofia chegou ao fim; pois, se é coagido a admitir algo, **[250]** do que, de mais a mais, não se tem conceito algum, para poder formar-se um conceito da possibilidade daquilo que se vê diante de si. Mas pela Metafísica e **através de inferências seguras** é impossível chegar, do conhecimento **deste** mundo, ao conceito de Deus e à prova de sua existência, porque teríamos de conhecer este mundo como a mais perfeita totalidade possível, por conseguinte conhecer para este fim todos os mundos possíveis (para poder compará-los com este) e, pois, ser oniscientes, para dizer que ela somente era possível por meio de um **Deus** (como temos de representar este conceito). Mas conhecer completamente a existência deste Ser a partir de simples conceitos é absolutamente impossível, porque cada proposição existencial, isto é, que diz de um ente do qual formo um conceito que ele existe, é uma proposição sintética, isto é, uma proposição pela qual saio daquele conceito e digo dele mais do que era pensado no conceito, ou seja, que para esse conceito no **entendimento** é posto ainda **fora do entendimento** um objeto correspondente, cuja descoberta obviamente é impossível por qualquer inferência. Portanto só resta à razão um único procedimento para chegar a esse conhecimento, ou seja, aquele em que ela enquanto razão pura determina o seu objeto partindo do princípio supremo de seu uso prático puro (enquanto este uso, além disso, é dirigido simplesmente à **existência** de algo como consequência [251] da razão). E então se mostra, não somente em seu incontornável problema, a saber, da necessária orientação da vontade ao sumo bem, a necessidade de admitir um tal Ser primeiro em referência à possibilidade desse bem no mundo, mas, o que é o mais notável, mostra-se algo que pela via da natureza faltava totalmente ao avanço da razão, ou seja, **um conceito exatamente determinado desse Ser primeiro**. Visto que conhecemos apenas uma pequena parte deste mundo e que, menos ainda, podemos compará-lo com todos os mundos possíveis, assim podemos muito bem inferir de sua ordem, conformidade a fins e magnitude, um **sábio, benévolo, poderoso** etc. Autor do mesmo, mas não sua **onisciência, infinita benevolência, onipotência** etc. Até se pode muito bem conceder que se está facultado a complementar essa inevitável falta por uma consentida e inteiramente razoável hipótese, a saber, que, se em tantos fragmentos que se oferecem ao nosso conhecimento mais próximo brilham sabedoria, benevolência etc., em todos os demais ocorrerá o mesmo e que, portanto, é razoável atribuir ao Autor do mundo toda a perfeição possível; só que essas não são **inferências**, pelas quais damos alguma impressão de nossa perspiciência, mas são apenas faculdades que nos podem ser concedidas e que, contudo, carecem de uma ulterior orientação para fazer uso delas. Portanto pela via empírica [252] (da Física) o conceito de Deus permanece sempre um **conceito imprecisamente determinado** da perfeição do Ser primeiro, para considerá-lo adequado ao conceito de uma divindade (com a Metafísica, porém, em sua parte transcendental não se consegue absolutamente nada).

Se tento então comparar esse conceito com o objeto da razão prática, descubro que a proposição fundamental moral somente o[222] admite como possível sob a pressuposição de um Autor do mundo de **suma perfeição**. Ele tem de ser **onisciente** para poder conhecer minha conduta até o mais íntimo de minha disposição, em todos os casos possíveis e por todo o futuro; **onipotente**, para outorgar-lhe as convenientes consequências e, do mesmo modo, **onipresente**, **eterno** etc. Por conseguinte a lei moral determina pelo conceito de sumo bem, como objeto de uma razão prática pura, o conceito de Ser primeiro como **Ser supremo**, o que o curso físico (e o superiormente continuado, curso metafísico) e, pois, todo o curso especulativo da razão não conseguiu realizar. Logo, o conceito de Deus é um conceito não originalmente pertencente à Física, isto é, destinado à razão especulativa mas pertencente à Moral, e o mesmo pode dizer-se também dos demais conceitos racionais, dos quais acabamos de tratar como postulados da mesma no seu uso prático.

[253] Se na história da filosofia grega não se encontra, além de **Anaxágoras**, nenhum claro vestígio de uma teologia racional pura, a razão disso não se encontra em que os antigos filósofos carecessem de entendimento e perspiciência para elevarem-se a ela pela via especulativa, ao menos com a ajuda de uma hipótese totalmente racional. Que podia ser mais fácil e mais natural do que o pensamento, que se apresenta por si a qualquer um, de admitir, em vez de um grau indeterminado de perfeição de di-

222. Kant: *ihn*, referido a "conceito", também mantido pela Ak, enquanto Natorp aventa a forma neutra *es*, para referi-la a "objeto".

versas causas do mundo, uma única causa racional, dotada de **toda a perfeição**? Mas os males no mundo pareceram-lhes objeções demasiado importantes, para se considerarem justificados a uma tal hipótese. Por conseguinte eles revelaram justamente entendimento e perspiciência no fato de que não se permitiram aquela hipótese e, muito antes, procuraram por toda parte, nas causas naturais, se não podiam encontrar entre elas a qualidade e o poder requeridos para entes originários[223]. Mas depois que esse povo perspicaz progredira tanto nas investigações, tratando filosoficamente mesmo objetos morais, sobre os quais outros povos jamais fizeram mais que tagarelar, eles descobriram pela primeira vez uma nova carência, ou seja, uma carência prática, à qual não faltou fornecer-lhes determinadamente o conceito de Ser primeiro, enquanto a razão especulativa limitou-se a ser espectadora, no máximo teve ainda o mérito de adornar um conceito que não [254] nascera em seu solo, e de promovê-lo com uma série de confirmações extraídas da contemplação da natureza, que agora pela primeira vez se puseram em evidência, talvez não de promover o prestígio desse conceito (o qual já estava estabelecido) mas, muito antes, apenas a ostentação com uma pretensa perspiciência teórica da razão.

* * *

A partir dessas advertências o leitor da crítica da razão especulativa pura convencer-se-á totalmente de quão altamente necessária, quão vantajosa foi para a Teologia e a Moral aquela penosa **dedução** das categorias. Pois uni-

223. Kant: *zu Urwesen*; Hartenstein aventa: *zum Urwesen* (para o Ser primeiro).

camente por ela pode impedir-se de, pondo-as no entendimento puro, tomá-las com **Platão** por inatas e fundar sobre elas presunções exorbitantes com teorias do suprassensível que não se sabe como vão terminar, mas tornando com isso a Teologia uma lanterna mágica de imagens fantasiosas. Mas, se elas são tomadas por adquiridas, pode-se impedir que com **Epicuro** se limite cada e todo o emprego das mesmas, inclusive o seu uso de um ponto de vista prático, meramente a objetos e fundamentos determinantes dos sentidos. Então, depois que a Crítica provou naquela dedução, **primeiro**, que elas não são de origem empírica mas têm sua sede e fonte *a priori* no entendimento puro; **segundo**, também que, como elas são referidas a **objetos em geral**, independentemente de sua intuição, [255] elas em verdade realizam o **conhecimento teórico** somente na aplicação a objetos empíricos, entretanto, aplicadas a um objeto dado pela razão prática pura, servem também para o **pensamento determinado** do **suprassensível**, todavia somente na medida em que este for determinado meramente por aqueles predicados que pertencem necessariamente ao **propósito prático** puro, dado *a priori*, e à sua possibilidade[224]. A limitação especulativa da razão pura e a ampliação prática da mesma conduzem-na, pela primeira vez, àquela **relação de igualdade** em que a razão em geral pode ser usada convenientemente; e este exemplo prova, melhor do que qualquer outro, que o caminho para a **sabedoria**, se deve ser assegurado e não tornar-se intransitável e desorientante, tem que passar, em nós, homens, inevitavelmente pela ciência, do que,

224. Segundo a Ak, a frase ressente-se de uma falta de conclusão. Cf. *Anmerkungen der Bände I-V*, p. 505.

porém – de que esta conduza àquele objetivo –, só se pode convencer-se depois da completude da mesma.

VIII
Do assentimento proveniente de uma carência da razão pura

Uma **carência**[225] da razão pura em seu uso especulativo conduz somente a **hipóteses**, mas a [256] da razão prática pura conduz a **postulados**; pois, no primeiro caso, elevo-me do derivado na série das razões tão altamente **quanto eu quero** e preciso de uma ausência de fundamento <*Ungrundes*>[226], não para dar realidade objetiva àquele derivado (por exemplo, à vinculação causal das coisas e mudanças no mundo) mas somente para satisfazer completamente a minha razão investigadora em relação ao

....

225. Distintamente de *Notwendigkeit* (necessidade em sentido lógico, formal, empírico etc.), *Bedürfnis* tem sentido de carência, significando de modo geral uma necessidade prática subjetiva. De acordo com isso e na linha do que observou H. Paul, de que o termo até o século XIX significou *Dürftigkeit* (indigência), F. G. Born traduziu o termo kantiano para o latim por *indigentia*, L.W. Beck para o inglês por *need*, e L. Ferry e H. Wismann para o francês por *besoin*. Sobre as bases tanto objetiva quanto subjetiva da carência, em sentido prático, cf. principalmente, adiante, a nota sobre Wizenmann, *KpV* A 259 e ainda A 263.

226. De acordo com a 1ª, e da 4ª à 6ª edições. Na 2ª edição, adotada pela Ak, constou *Urgrundes* (de um fundamento originário). Cf. também a nota de Kant a seguir, onde consta *Urgrund*. A versão da 2ª ed. (*Urgrundes*) foi também proposta por Grillo. Segundo W. T. Krug (1832-1838), ambos os termos *Ungrund* e *Urgrund* eram tomados na época como metafisicamente equivalentes. Mais recentemente Heidegger entendeu *Un-Grund* no sentido negativo de fundamento ilusório. Cf. TRAPPE, T. verbete *Ungrund/Urgrund*. In: RITTER, J. et alii. *Historisches Wörterbuch der Philosophie*, 2001, v. 11, pp. 167-71,

mesmo. Assim vejo na natureza diante de mim uma ordem e conformidade a fins e, para assegurar-me de sua **efetividade**, não preciso avançar até a especulação mas somente, para a **explicar**, **pressupor uma divindade** como sua causa; pois, visto que a inferência de um efeito a uma causa determinada, principalmente determinada de um modo tão exato e tão completo, é sempre insegura e precária ao termos de pensar em Deus, uma tal pressuposição não pode ser levada adiante senão até o grau da opinião maximamente razoável para nós homens[227]. [257] Contrariamente, é uma carência da razão **prática** pura, fundada sobre um **dever**, tornar algo (o sumo bem) o objeto de minha vontade para promovê-lo com todas as minhas forças, em cujo caso porém tenho de pressupor a sua possibilidade, por conseguinte também as condições correspondentes, a saber, Deus, liberdade e imortalidade, porque por minha razão especulativa não posso provar estas condições, se bem que tampouco refutá-las. Este dever funda-se sobre uma lei, sem dúvida totalmente independente dessas últimas pressuposições e apodicticamente certa por ela mesma, a saber, a lei moral; e nessa medida não carece de nenhum ulterior apoio mediante uma opinião teórica sobre a natureza interna das coisas, o fim secreto da

227. Mas nem aqui poderíamos tomar como pretexto uma carência **da razão**, se não se encontrasse ante os olhos um conceito problemático mas inevitável da razão, a saber, o de um Ser absolutamente necessário. Este conceito quer ser agora determinado e nisto consiste, se a ele se acresce o impulso à ampliação, o fundamento objetivo de uma carência da razão especulativa, a saber, de determinar mais proximamente o conceito de um Ser necessário que deve servir a outros seres como fundamento originário <*Urgrund*> e, portanto, de caracterizar esse Ser de algum modo. Sem tais problemas necessários precedentes, não há **carências**, pelo menos da **razão pura**; as restantes são carências da **inclinação**. (K)

ordem cósmica ou de um governante que a presida, para vincular-nos do modo mais perfeito a ações incondicionalmente conformes a leis. Mas o efeito subjetivo dessa lei, ou seja, a **disposição** conforme a ela e por seu meio também necessária de promover o sumo bem praticamente possível pressupõe, contudo, pelo menos que este seja **possível**, do contrário seria praticamente impossível procurar atingir o objeto de um conceito que no fundo fosse vazio e sem objeto. Ora, os postulados referidos [258] concernem somente às condições físicas ou metafísicas, em uma palavra, às condições de **possibilidade** do sumo bem que se encontram na natureza das coisas, mas não em vista de um propósito especulativo qualquer e, sim, de um fim necessário da vontade racional pura que aqui não **escolhe** mas **obedece** a um inflexível mandamento da razão, que tem **objetivamente** seu fundamento na natureza das coisas do modo como elas têm de ser universalmente ajuizadas pela sua razão, e não se funda porventura sobre a **inclinação**, que de modo algum está autorizada a admitir imediatamente, para o fim do que **desejamos** a partir de fundamentos meramente **subjetivos**, os meios correspondentes como possíveis ou sequer o objeto como efetivo. Logo, essa é uma **carência desde um ponto de vista absolutamente necessário** e justifica sua pressuposição, não simplesmente como hipótese permitida mas como postulado desde um ponto de vista prático; e, concedendo-se que a lei moral pura enquanto mandamento (e não enquanto regra de prudência) obriga inflexivelmente a qualquer um, o homem honesto pode perfeitamente dizer: eu **quero** que exista um Deus, que minha existência neste mundo seja, também fora da conexão natural, ainda uma existência em um mundo inteligível puro, enfim, que inclusive minha duração seja infinita, eu insisto nisso e não deixo que me privem dessa fé; pois este é o único caso em que meu interesse, pelo fato de não me ser **permitido** relaxá-lo, inevitavelmente determina meu juízo sem [259] prestar atenção a argumentações sutis, por menos que eu estivesse em condições de responder-lhes ou de opor-lhes outras mais plausíveis[228].

228. No *Deutsches Museum*, de fevereiro de 1787, encontra-se um ensaio de um espírito muito fino e lúcido, do recentemente falecido **Wizenmann*** – cuja morte prematura é lastimável – onde ele contesta a faculdade <*Befugnis*> de deduzir de uma carência a realidade objetiva de seu objeto e elucida seu assunto com o exemplo de um **enamorado** que, tendo enlouquecido por uma ideia de beleza, que não passava de uma quimera de seu cérebro, queria concluir <daí> que um tal objeto efetivamente existe em algum lugar. Dou-lhe perfeitamente razão em todos os casos em que a carência funda-se sobre a **inclinação**, que jamais pode postular necessariamente a existência de seu objeto em favor daquele que é afetado por ela e, muito menos, contém uma exigência válida para qualquer um, sendo por isso um fundamento meramente **subjetivo** de desejos. Mas aqui se trata de uma **carência da razão** a partir de um fundamento determinante **objetivo** da vontade, a saber, que brota da lei moral, a qual obriga necessariamente cada ente racional, portanto autoriza *a priori* a pressupor na natureza as condições adequadas a ela e torna as últimas inseparáveis do uso prático completo da razão. É um dever tornar efetivo o sumo bem de acordo com a nossa máxima força; por isso ele também tem de ser possível; por conseguinte é também inevitável pressupor para todo ente racional no mundo aquilo que é necessário à sua possibilidade objetiva. A pressuposição é tão necessária quanto a lei moral, em relação à qual ela também unicamente é válida. (K)

* O artigo de Thomas Wizenmann (1759-1787), publicado no *Deutsches Museum* de fev. de 1787 (I, 116-156), intitulava-se: *An den Herrn Professor Kant von dem Verfasser der Resultate Jacobi'scher und Mendelssohn'scher Philosophie*, e consistia numa réplica ao artigo de Kant, *Was heisst: sich im Denken orientieren?* (Que significa orientar-se no pensamento?), publicado na *Berlinische Monatsschrift* de out. de 1786. Wizenmann foi o único crítico mencionado nominalmente por Kant na *Crítica da razão prática.* Pois só as questões objetivas colocadas por seus adversários lhe interessavam, e não o entrar em controvérsia com eles.

* * *

Para evitar falsas interpretações no uso de um conceito ainda tão inusitado como o de uma fé [260] racional prática pura, seja-me permitido acrescentar ainda uma anotação. – Deveria quase parecer que esta fé racional seja ela mesma anunciada aqui como **mandamento**, a saber, de admitir o sumo bem como possível. Porém uma fé que seja ordenada é um disparate. Mas basta lembrar-se da anterior discussão sobre o que se requer como admissível no conceito de sumo bem e perceber-se-á que de modo algum é permitido ordenar a admissão dessa possibilidade e que nenhuma disposição prática exige **concedê**-la, mas que a razão especulativa tem de reconhecê-la sem ser consultada; pois certamente ninguém poderá querer afirmar que o merecimento – concordante com a lei moral – de um ente racional no mundo a ser feliz seja em si **impossível** em vinculação com uma posse dessa felicidade proporcional àquele merecimento. Ora, em relação ao primeiro elemento do sumo bem, ou seja, o concernente à moralidade, a lei moral dá-nos simplesmente um mandamento, e a possibilidade de pôr em dúvida esse componente[229] equivaleria a pôr em dúvida a própria lei moral. Mas, no que concerne ao segundo elemento daquele objeto, ou seja, à felicidade exaustivamente conforme com aquele merecimento, a possibilidade, em verdade, de em geral concedê-la não carece absolutamente de um mandamento, pois a própria razão teórica nada tem contra ela: somente **[261] o modo como** devemos representar uma tal harmonia das leis naturais com as da

229. Kant: *Bestandstücks*. Grillo cortou o "s" final.

liberdade comporta algo acerca do qual uma **escolha** é procedente, porque a razão teórica não decide nada a respeito com certeza apodíctica, e em relação a ela pode haver um interesse moral que seja determinante.

Eu dissera anteriormente que, baseada num simples curso natural do mundo, a felicidade exatamente proporcionada ao valor moral não pode ser esperada no mundo e[230] deve ser considerada impossível e que, pois, sob este aspecto, a possibilidade do sumo bem só pode ser concedida sob a pressuposição de um Autor moral do mundo. Abstive-me deliberadamente da limitação desse juízo às condições **subjetivas** de nossa razão, para só então fazer uso dela quando o modo de seu assentimento devesse ser determinado mais de perto. De fato a citada impossibilidade é meramente **subjetiva**, isto é, a nossa razão considera **impossível a ela** tornar concebível a si, segundo um simples curso natural, uma interconexão tão exatamente adequada e exaustivamente conforme-a-fins entre duas ocorrências do mundo que se dão segundo leis tão diversas, se bem que ela em verdade – como em tudo o que, além do mais, na natureza é conforme-a-fins – tampouco possa provar segundo [262] leis naturais universais, isto é, mostrar suficientemente, a partir de fundamentos objetivos, a impossibilidade dessa interconexão.

Todavia entra agora em jogo um fundamento de decisão de outra espécie para resolver a hesitação da razão especulativa. O mandamento de promover o sumo bem é fundado objetivamente (na razão prática), e a possibilidade do mesmo em geral é igualmente fundada objetivamente (na razão teórica, que nada tem contra isso).

230. Grillo propôs a substituição de *und* (e) por ", *mithin*" (vírgula + "por conseguinte").

Entretanto o modo como devemos representar essa possibilidade, se de acordo com leis naturais universais sem um sábio Autor da natureza que a presida, ou se somente de acordo com sua pressuposição, não pode ser decidido objetivamente pela razão. Aqui se apresenta agora uma condição **subjetiva** da razão: a única maneira teoricamente possível a ela, e ao mesmo tempo unicamente compatível com a moralidade (que está submetida a uma lei **objetiva** da razão), de representar a exata concordância do reino da natureza com o reino da moral como condição da possibilidade do sumo bem. Ora, visto que a promoção do mesmo, e, pois, a pressuposição de sua possibilidade, é **objetivamente** (mas somente em decorrência da razão prática) necessária, que ao mesmo tempo, porém, cabe a nós a escolha da maneira como queremos representá-lo como possível, mas na qual um livre interesse da razão prática pura decide pela aceitação de um sábio Autor do mundo: assim o princípio que no caso [263] determina o nosso juízo é, em verdade, **subjetivamente** enquanto carência mas também ao mesmo tempo enquanto meio de promoção daquilo que é **objetivamente** (praticamente) necessário, o fundamento de uma **máxima** do assentimento de um ponto de vista moral, isto é, uma **fé racional prática pura**. Esta, portanto, não é ordenada, mas – enquanto determinação livre de nosso juízo, compatível com o propósito moral (ordenado) e, além disso, concordante com a carência teórica da razão de admitir aquela existência e de pô-la como fundamento do uso da razão – surgiu ela mesma da disposição moral; portanto ela pode às vezes vacilar mesmo entre pessoas bem-intencionadas, mas jamais cair na descrença.

IX
Da proporção, sabiamente adequada à destinação prática do homem, de suas faculdades de conhecer

Se a natureza humana está destinada a aspirar pelo sumo bem, também a medida de suas faculdades de conhecer, principalmente a relação delas entre si, tem que ser admitida como conveniente a esse fim. Ora, a crítica da razão **especulativa** pura prova a máxima insuficiência desta [264] para resolver, conformemente a seu fim, os mais importantes problemas que lhe são apresentados, ainda que ela não desconheça os acenos naturais da mesma razão, que não lhe podem passar despercebidos, bem como os grandes passos que ela pode dar para aproximar-se desse grande objetivo que lhe é posto, sem, contudo, alguma vez o atingir por si mesma com o auxílio do máximo conhecimento da natureza. Portanto parece que a natureza aqui nos proveu somente **como uma madrasta** em relação a uma faculdade necessitada para o nosso fim.

Ora, supondo-se que neste caso ela tivesse sido condescendente com nosso desejo e tivesse-nos outorgado aquela capacidade de perspiciência ou esclarecimento que gostaríamos de possuir, ou em cuja posse alguns até **imaginam** encontrar-se efetivamente, qual seria, de acordo com todas as aparências, a consequência disso? A não ser que nossa natureza interna fosse ao mesmo tempo alterada, as **inclinações**, que de fato sempre têm a primeira palavra, iriam pretender primeiro a sua satisfação e, vinculadas à reflexão racional, a sua máxima e mais duradoura satisfação possível, sob o nome de **felicidade**; a lei moral teria a palavra depois, para manter aquelas em seus limites convenientes e até para submetê-las em conjunto a um fim superior, que não tomasse em consideração nenhuma inclinação. Mas, em vez do conflito que agora a disposição moral tem de sustentar com as inclinações e no [265] qual, depois de algumas derrotas, contudo pode conquistar-se aos poucos uma fortaleza moral de alma, **Deus** e a **eternidade**, com sua **terrível majestade**, encontrar-se-iam incessantemente **ante os olhos** (pois aquilo que podemos provar completamente vale para nós, em relação à certeza, tanto quanto no-lo asseguramos pela vista). A transgressão da lei seria certamente evitada, o ordenado seria praticado; mas como a **disposição** desde a qual as ações devem ocorrer não pode ser infundida por nenhum mandamento e como o aguilhão da atividade está aqui logo à mão e é **exterior**, portanto, como a razão não precisa impor-se primeiro pelo trabalho para, mediante representação viva da dignidade da lei, reunir forças com vistas à resistência às inclinações, assim a maioria das ações conformes à lei ocorreria por medo, poucas por esperança e nenhuma por dever, porém não existiria um valor moral das ações, do qual, aos olhos da suma sabedoria, depende unicamente o valor da pessoa e mesmo o valor do mundo. Portanto a conduta do homem, enquanto a sua natureza continuasse sendo como atualmente é, seria convertida em um simples mecanismo, em que, como no jogo de bonecos, tudo **gesticularia** bem mas nas figuras não se encontraria, contudo, **vida alguma**. Ora, visto que conosco as coisas passam-se bem diferentemente, visto que com todo o esforço de nossa razão [266] temos uma muito obscura e ambígua perspectiva do futuro, o Governante do mundo permite-nos apenas presumir e não avistar ou provar claramente sua existência e sua glória. Contrariamente a lei moral em nós, sem nos prometer algo com certeza ou ameaçar-nos, exige-nos um respeito desinteressado, mas de resto, se esse respeito tornou-se operante e dominante, permite pela primeira vez e só por esse meio perspectivas no reino do suprassensível mas ainda só com uma pálida visão: desse modo pode haver verdadeira disposição moral imediatamente consagrada à lei, e a criatura racional pode tornar-se digna da participação do sumo bem, que é conveniente ao valor moral de sua pessoa e não simplesmente às suas ações. Portanto aquilo que o estudo da natureza e do homem nos ensina suficientemente poderia também aqui estar certo: que a insondável sabedoria, pela qual existimos, não é menos digna de veneração naquilo que ela nos negou do que naquilo que ela nos concedeu.

[267] # Segunda Parte

Doutrina do método da razão prática pura

[269] Pela **Doutrina do método** da razão **prática** pura não se pode entender o modo de proceder (tanto na reflexão quanto na exposição) com proposições fundamentais práticas puras com vistas[231] a um conhecimento **científico** das mesmas, o que, aliás, só no <campo> **teórico** chama-se propriamente de método (pois o conhecimento popular precisa de uma **maneira** mas a ciência, de um **método**, isto é, de um procedimento **segundo princípios** da razão, pelo qual, unicamente, o múltiplo de um conhecimento pode tornar-se um **sistema**). Muito antes entender-se-á por esta doutrina do método o modo como se pode proporcionar às leis da razão prática pura **acesso** ao ânimo humano, **influência** sobre as máximas do mesmo, isto é, como se pode fazer a razão objetivamente prática também **subjetivamente** prática.

Ora, em verdade é evidente que aqueles fundamentos determinantes da vontade – a imediata representação da lei e o objetivamente necessário cumprimento da mesma como dever –, que única e propriamente tornam mo-

231. Kant: *in Absicht auf.* Segundo H. Paul, essa expressão foi tomada no século XVIII, e ainda em Thomas Mann, em sentido equivalente ao atual *in Hinsicht auf*: com vistas a, do ponto de vista de.

rais as máximas e dão-lhe um valor moral, têm que ser representados como os autênticos motivos das ações; porque, do contrário, sem dúvida se produziria [270] **legalidade** das ações mas não **moralidade** das disposições. Entretanto não tem de parecer tão claro, muito antes, à primeira vista tem de parecer totalmente improvável a qualquer um que mesmo subjetivamente aquela apresentação da virtude pura possa ter **mais poder** sobre o ânimo humano e fornecer um motivo de longe mais forte para efetuar mesmo aquela legalidade das ações e produzir resoluções mais vigorosas que façam preferir a lei, por respeito puro a ela, a qualquer outra consideração, mais do que todas as seduções que alguma vez possam exercer-se[232] a partir de miragens de deleites e de tudo aquilo que se queira computar como felicidade, ou também mais do que todas as ameaças de dor e de males. Não obstante as coisas de fato se passam assim e, se a natureza humana não fosse constituída dessa maneira, tampouco um modo de representação da lei produziria alguma vez, por rodeios e por meios que recomendassem, a moralidade da disposição. Tudo não passaria de pura hipocrisia, a lei seria odiada ou até desprezada, ainda que fosse seguida em proveito próprio. A letra da lei (legalidade) seria encontrável em nossas ações, mas o espírito das mesmas[233] de modo algum em nossas disposições

232. A Ak e Vorländer admitem a falta aí de um outro verbo para "mais do que... felicidade". Vorländer propõe *entspringen* (surgir): "possam surgir a partir de miragens". Parece, no entanto, que o verbo *wirken* (atuar, exercer-se) possa valer não apenas para a segunda parte da disjunção "ou também exercer-se mais... males" mas para o todo dela.

233. Kant: *derselben*, referindo-se neste caso a "ações", corrigido por Nolte para *desselben*, para referi-lo a "lei" ("o espírito da mesma"), adotado pela Ak.

(moralidade). E uma vez que, com todo o nosso esforço, não podemos em nosso juízo livrar-nos inteiramente da razão, inevitavelmente teríamos de aparecer a nossos próprios olhos [271] como homens indignos e abjetos, por mais que ante o foro interior tentássemos compensar essa humilhação mediante uma fruição dos deleites que uma lei natural ou divina admitida por nós tivesse vinculado, de acordo com o nosso delírio, com o mecanismo de sua polícia, que se guiasse simplesmente pelo que a gente faz sem preocupar-se com os motivos <*Bewegungsgründe*> pelos quais o faz.

Certamente não se pode negar que, para colocar pela primeira vez nos trilhos do moralmente-bom um ânimo inculto ou mesmo degradado, precisa-se de algumas instruções preparatórias para atraí-lo por seu próprio proveito ou atemorizá-lo pelo dano; só que tão logo este mecanismo, estas andareiras tenham produzido algum efeito, o motivo <*Bewegungsgrund*> moral puro tem que ser levado integralmente à alma, motivo que, não só pelo fato de ser o único que funda um caráter (uma conseqüente maneira de pensar prática segundo máximas imutáveis) mas também porque, ensinando ao homem a sentir sua própria dignidade, ele confere ao ânimo uma força, não esperada por ele mesmo de libertar-se de todo o apego sensível, na medida em que este quer tornar-se dominante, e de encontrar para os sacrifícios que ele representa uma rica compensação na independência de sua natureza inteligível e na grandeza de alma, à qual [272] ele se vê destinado. Portanto queremos provar, por observações que cada um pode fazer, que esta propriedade de nosso ânimo, esta receptividade de um interesse moral puro e, por conseguinte, a força motriz da representação pura da virtude, se for transposta convenientemente ao coração humano, é o motivo mais poderoso e, no que depende da duração e exatidão no cumprimento de máximas morais, o único motivo para o bem. Neste caso, contudo, tem que ser lembrado ao mesmo tempo que, se essas observações provam somente a efetividade de um tal sentimento e não um melhoramento moral levado a cabo através dele, isto não prejudica – como se fosse uma vazia quimera – o único método de, mediante uma simples representação pura do dever, tornar subjetivamente práticas as leis objetivamente práticas da razão pura. Pois, visto que esse método nunca foi posto em prática, tampouco a experiência pode apresentar indícios de seu resultado mas apenas se podem exigir provas da receptividade de tais motivos, que agora quero expor brevemente, para então esboçar em poucas palavras o método da fundação e da cultura de autênticas disposições morais.

Se se presta atenção ao curso das conversações em sociedades heterogêneas, que não se constituem [273] simplesmente de sábios e de sutis raciocinadores mas também de homens de negócio ou de mulheres, observa-se que, além do narrar e do gracejar, ainda um outro entretenimento encontra aí lugar, a saber, o arrazoar: porque, se o primeiro deve comportar novidade e interesse, em pouco tempo se esgota, enquanto o segundo torna-se facilmente insosso. Mas entre todo o arrazoar não se encontra um que suscite mais a adesão das pessoas – que, do contrário, logo se aborrecem com toda argumentação sutil – e introduza uma certa vivacidade na sociedade, do que o arrazoar sobre o **valor moral** desta ou daquela ação, que deve constituir o caráter de qualquer pessoa. Aqueles aos quais, do contrário, toda a sutileza e profundidade sobre questões teóricas é árida e aborrecida, logo tomam parte na conversação quando se trata de estabelecer o conteúdo moral de uma boa ou má ação narrada e são tão exatos, tão profundos, tão sutis em descobrir tudo o que pudesse diminuir ou sequer tornar suspeita a pureza de intenção e, por conseguinte, o grau de virtude na mesma, como, aliás, não se espera deles com respeito a nenhum objeto da especulação. Nesses ajuizamentos pode-se frequentemente ver transparecer o caráter das próprias pessoas que julgam sobre outras, dentre as quais algumas, enquanto exercem a sua função judicativa principalmente sobre pessoas mortas, parecem inclinadas [274] preferentemente a defender o bem, que é narrado acerca desta ou daquela ação das mesmas, contra todas as acusações ofensivas de impureza e, enfim, a defender o total valor moral da pessoa contra a acusação de dissimulação e de maldade oculta; outras pessoas, ao contrário, pensam mais em denúncias e incriminações que contestem esse valor. Apesar disso nem sempre se pode atribuir às últimas a intenção de quererem, com raciocínios sutis, eliminar completamente a virtude de todos os exemplos dos homens para torná-la com isso uma palavra vazia, mas frequentemente se trata só de um bem-intencionado rigor na determinação do verdadeiro conteúdo moral segundo uma lei incomplacente, na comparação com a qual e não comparada com exemplos reduz-se muito a presunção no <campo> moral, e a humildade, por assim dizer, não é simplesmente ensinada mas sentida num profundo exame de consciência de cada um. Todavia se pode frequentemente observar entre os defensores da pureza de intenção nos exemplos dados que também lá onde há uma suposição de probidade eles gostariam de limpar a mínima mancha, com base no motivo <*Bewegungsgrund*> de que, se a veracidade de todos os exemplos fosse questionada e a pureza de toda a virtude humana negada, esta não seja finalmente considerada uma simples quimera e assim todo o empenho até ela seja menosprezado como vaidosa afetação e enganosa presunção.

[275] Não sei por que os educadores da juventude não fizeram já há tempo uso dessa propensão da razão de proceder com prazer mesmo ao exame mais sutil de questões práticas levantadas e por que, depois de terem tomado por base um catecismo puramente moral, não esquadrinharam as biografias de épocas antigas e modernas com o propósito de terem à mão exemplos para os deveres apresentados, nos quais, principalmente pela comparação de ações semelhantes em circunstâncias diferentes, eles puseram em atividade o ajuizamento de seus educandos para observar o menor ou maior conteúdo moral dos mesmos. Com isso eles mesmos verão a juventude mais precoce, que, aliás, é ainda imatura para toda a especulação, tornar-se em pouco tempo muito perspicaz e não menos interessada, uma vez que ela sente o progresso de sua faculdade de julgar. Mas, o que é mais importante, podem com certeza esperar que a prática frequente em conhecer a boa conduta em toda a sua pureza e aprová-la e, contrariamente, em observar com lástima ou desprezo mesmo o menor desvio dela, embora até aí seja exercido somente um[234] jogo da faculdade de julgar no qual as crianças possam competir entre si, contudo deixa, de um lado, uma impressão duradoura de apreço e, de outro, de repulsa, que

234. Vogel, no exemplar de Erlangen: *als ein*. A correção foi também introduzida por Hartenstein, a quem Vorländer e Natorp (Ak) atribuíram sua autoria.

pelo simples hábito de considerar frequentemente [276] as ações como dignas de aprovação ou repreensão constituiriam na vida futura uma base segura de probidade. Desejo somente poupá-los de exemplos das ações ditas **nobres** (ultrameritórias), que tanto desperdiçam nossas publicações sentimentais, e reportar tudo simplesmente ao dever e valor que um homem pode e tem de dar a seus próprios olhos pela consciência de não o ter transgredido, porque o que acaba em desejos vazios e nostalgia de uma perfeição inatingível produz meros heróis de romances, que, enquanto se prevalecem de seu sentimento de grandeza excessiva, dispensam-se da observância da obrigação comum e corrente, que então lhes parece apenas insignificantemente pequena[235].

[277] Se, porém, se perguntar que é então propriamente a moralidade **pura**, na qual se tem de testar como metal de ensaio o conteúdo moral de cada ação, tenho de confessar que somente filósofos podem tornar duvidosa a decisão sobre essa questão; pois na razão humana comum ela está há tempo decidida, em verdade não por fórmulas gerais abstratas mas pelo uso costumeiro,

---

235. É totalmente recomendável louvar ações que se distinguem pela humanidade e disposição grandes, desinteressadas e compassivas. Mas aqui não se deve prestar atenção tanto à **elevação de alma**, que é muito fugaz e passageira, quanto à **submissão do coração** ao **dever**, do que se pode esperar uma impressão mais duradoura, porque ela envolve princípios <*Grundsätze*> (aquela porém apenas exaltações). Basta refletir um pouco e encontrar-se-á sempre uma culpa em que se incorreu de alguma maneira em relação ao gênero humano (ainda que fosse apenas aquela de que, pela desigualdade dos homens na constituição civil, fruem-se vantagens, devido às quais outros têm de suportar privações), para não reprimir o pensamento do **dever** pela imaginação de **mérito**, inspirada no amor-próprio. (K)

quase como a diferença entre a mão direita e a mão esquerda. Portanto queremos primeiro mostrar a característica provadora da virtude pura em um exemplo e, enquanto nos representamos que ele tenha sido porventura apresentado a um menino de dez anos para ajuizamento, ver se ele também por si, sem ser instruído pelo mestre, teria que julgar necessariamente do mesmo modo. Conte-se a história de um homem honesto que se quer instar a aderir aos caluniadores de uma pessoa inocente e, além disso, carente de posses (como talvez Ana Bolena, acusada por Henrique VIII, da Inglaterra). Oferecem-se vantagens a ele, isto é, grandes presentes e um alto posto e ele as recusa. Isto causará simples aplauso e aprovação na alma do ouvinte, pois se trata de proveito. Começa-se então com ameaça de perdas. Entre esses caluniadores **[278]** encontram-se seus melhores amigos, que agora lhe retiram sua amizade, parentes próximos que ameaçam – a ele (que não tem posse) – deserdá-lo e poderosos que em cada lugar e circunstância podem persegui-lo e melindrá-lo, um soberano que o ameaça com a perda da liberdade e da própria vida. Mas, para que a medida da adversidade seja completa e para deixá-lo sentir também a dor que somente o coração moralmente bom pode sentir de maneira verdadeiramente íntima, represente-se a sua família ameaçada de extrema necessidade e penúria, **implorando-lhe transigência**; represente-se a ele mesmo, embora reto, contudo dotado de órgão de sentidos não empedernidos e insensíveis à compaixão e à necessidade própria, em um momento em que ele deseja jamais ter vivido o dia que o expôs a uma dor tão inexprimível, todavia permanecendo fiel, sem vacilar e duvidar, a seu propósito de honestidade: então o meu jovem ouvinte elevar-se-á, gradualmente, de uma simples aprovação à admiração e desta à estupefação, finalmente, à máxima veneração e a um vivo desejo de poder ser ele mesmo um tal homem (embora certamente não na sua circunstância); e, no entanto, a virtude é aqui a tal ponto valiosa somente porque ela custa tanto, e não porque ela traz alguma compensação. A total admiração e mesmo o esforço para assemelhar-se a esse caráter dependem aqui [279] totalmente da pureza do princípio <*Grundsatzes*> moral, a qual pode ser representada como saltando diretamente aos olhos somente porque dos motivos da ação é afastado tudo o que os homens possam computar somente como felicidade. Portanto a moralidade tem que ter tanto mais força sobre o coração humano quanto mais pura ela for apresentada. Do que, pois, segue-se que, se a lei moral e a imagem da santidade e virtude deverem exercer por toda parte alguma influência sobre a nossa alma, a moralidade[236] somente poderá exercê-la na medida em que ela for posta pura, sem mescla de intuitos do próprio bem-estar, como motivo no coração, porque é no sofrimento que ela se mostra do modo mais eminente. Aquilo, porém, cuja remoção fortalece o efeito de uma força motriz tem que ter sido um obstáculo. Consequentemente toda a mistura de motivos tomados da felicidade própria é um obstáculo à consecução da influência da lei moral sobre o coração humano. – Afirmo, além disso, que, se mesmo naquela ação admirada, o motivo <*Bewegungsgrund*> desde o qual ela ocorreu era a alta consideração do seu dever, então justamente este respeito pela lei, não porventura uma pretensão à opinião íntima de grandeza

236. Kant: *sie* (ela), Vorländer aventa *es*, então referido à lei moral.

e de nobre e meritória maneira de pensar, tem diretamente sobre o ânimo do espectador a máxima força, conseqüentemente o dever e não o mérito tem que ter sobre o ânimo a influência não somente mais determinada mas, se ele for representado [280] à luz correta de sua inviolabilidade, também a influência mais penetrante.

Em nossa época – quando se espera alcançar sobre o ânimo, com sentimentos langorosos e compassivos ou ambiciosos e enfatuados, com presunções que tornam o coração antes débil que forte, mais do que se espera alcançar sobre ele pela representação sóbria e séria do dever, que é mais adequada à imperfeição humana e ao progresso no bem – a alusão a este método é mais que necessária. Propor a crianças a título de modelo ações como nobres, magnânimas e meritórias, na crença de por uma infusão de entusiasmo conquistá-las para as mesmas, é completamente contraproducente <*zweckwidrig*>. Pois, visto que elas se encontram ainda muito distantes da observância do dever mais comum e inclusive do correto ajuizamento do mesmo, isto equivale a dizer que por vezes se faz[237] delas seres fantásticos. Mas também entre uma parte mais instruída e experiente dos homens esse pretenso motivo tem sobre o coração o efeito, que por esse meio se quis realizar[238], se não prejudicial pelo menos de modo algum autenticamente moral.

Todos os **sentimentos**, principalmente os que devem causar um esforço tão incomum, têm que produzir o seu efeito no instante de sua veemência e antes que se acalmem, do contrário não produzem efeito algum; depois

237. Kant: *zu machen*. Grillo propôs a eliminação do *zu*.

238. Kant: *zuwegebringen*. Grillo propôs>: *hervorbringen*.

disso [281] o coração retorna espontaneamente ao seu movimento vital natural e moderado e, por conseguinte, recai na languidez que lhe era antes peculiar, porque na verdade lhe era oferecido algo que o estimulava mas nada que o fortalecesse. **Princípios** <*Grundsätze*> têm que ser estabelecidos sobre a base de conceitos; todos os outros fundamentos podem realizar somente veleidades, que não podem proporcionar à pessoa nenhum valor moral, nem sequer uma confiança em si mesma, sem a qual a consciência de sua disposição moral e de um tal caráter, o sumo bem no homem, não pode de modo algum realizar-se. Ora, esses conceitos, se devem tornar-se subjetivamente práticos, não têm que ficar parados diante das leis objetivas da moralidade para admirá-las e para apreciá-las em relação à humanidade, mas têm que considerar a sua representação em relação ao homem e sua individualidade; porquanto aquela lei aparece numa forma em verdade sumamente digna de respeito mas não tão aprazível, como se ela pertencesse ao elemento com o qual o homem está naturalmente acostumado e, sim, do modo como ela o coage a abandonar, não sem abnegação, esse elemento e envolver-se em um elemento mais elevado, no qual ele com incessante receio de recaída só com esforço pode manter-se. Em uma palavra, a lei moral reclama cumprimento por dever e não por uma predileção que não se pode e não se deve absolutamente pressupor.

[282] Vejamos agora, no exemplo, se na representação de uma ação como nobre e magnânima encontra-se mais força motriz subjetiva de um motivo do que se este é representado simplesmente como dever em relação à grave lei moral. A ação pela qual alguém com o máximo risco de vida procura salvar pessoas do naufrágio, enfim perdendo

ele mesmo a sua vida nela, de um lado, em verdade, é considerada um dever mas de outro, e na maior parte das vezes, é também considerada ação meritória, contudo o nosso grande apreço pela mesma é enfraquecido extremamente pelo conceito de **dever para consigo mesmo**, que aqui parece sofrer alguma espécie de dano. Mais decisivo é o sacrifício magnânimo de sua vida pela preservação da pátria, e, contudo, permanece algum escrúpulo sobre se é um dever tão perfeito consagrar-se a esse propósito por si mesmo e sem ser mandado, e a ação não tem em si a plena força de um modelo e de um impulso à imitação. Mas, se se trata de um dever impreterível, cuja transgressão viola a lei moral em si e sem consideração do bem-estar humano e, por assim dizer, pisa com os pés sua santidade (semelhantes deveres costumam chamar-se deveres para com Deus, porque imaginamos nele o ideal da santidade em substância), neste caso dedicamos a mais perfeita estima ao seu cumprimento, com o sacrifício de tudo aquilo que alguma vez possa ter um valor para a mais íntima [283] de todas as suas inclinações, e consideramos nossa alma fortalecida e elevada por um tal exemplo, se por ele podemos convencer-nos de que a natureza humana é capaz de uma tão grande elevação acima de tudo o que a natureza alguma vez possa fornecer em termos de motivos para o seu oposto: **Juvenal** apresenta um tal exemplo numa gradação que permite ao leitor sentir vivamente a força do motivo que reside na lei pura do dever enquanto dever:

Esto bonus miles, tutor bonus, arbiter idem
Integer; ambiguae si quando citabere testis
Incertaeque rei, Phalaris licet imperet, ut sis

Falsus, et admoto dictet periuria tauro,
Summum crede nefas animam praeferre pudori
Et propter vitam vivendi perdere causas[239].

Se pudermos introduzir em nossa ação algo de lisonjeiro quanto ao que é meritório, então o motivo já contém alguma mistura de amor-próprio, portanto tem algum apoio do lado da sensibilidade. Mas submeter tudo unicamente à santidade do dever e tornar-se consciente de que se **pode** fazê-lo porque a nossa própria razão reconhece isto como seu mandamento e diz que se **deve** fazê-lo, significa elevar-se totalmente sobre o mundo sensorial e é, na mesma consciência da lei também como motivo, inseparável de uma faculdade **que domina a [284] sensibilidade**, ainda que nem sempre vinculada com um efeito, o qual, contudo, também pela mais frequente ocupação com esse motivo e as tentativas inicialmente pequenas do seu uso, dá esperança de realização daquela faculdade, para produzir em nós aos poucos o máximo interesse, todavia um interesse moral puro[240], por sua realização.

239. JUVENAL. *Sátiras* VIII, versos 79-84: "Sê um bom soldado, um bom tutor e também um juiz imparcial; se alguma vez fores solicitado como testemunha em um assunto duvidoso e incerto, então mesmo Fálaris pode ordenar-te um perjúrio, em presença do touro incandescente; <todavia> considera um sumo crime preferir a vida à honra e por causa da vida perder a razão de viver." – Fálaris foi, em torno de 560 a.C., tirano de Agrigento na Sicília. O artista Perillus teve que confeccionar-lhe um touro de bronze para nele serem mortos malfeitores mediante fogo aceso debaixo dele (cf. Vorländer, em nota à edição da *KpV*, 1993, pp. 181 s.).

240. Natorp aventou a substituição do adjetivo *reine* (fem. de "puro"), constante no texto, pelo correspondente advérbio *rein* (puramente), ao que corresponderia então "o máximo interesse, mas puramente moral". Vorländer, porém, advertiu a propósito que já na *KpV* A 272 encontra-se a mesma expressão *eines reinen moralischen Interesses* (de um interesse moral puro).

Portanto o método toma o seguinte curso. **Primeiro** se trata somente de tornar o ajuizamento segundo leis morais uma ocupação natural, que acompanhe todas as nossas próprias ações livres bem como a observação das ações livres de outros, e como torná-lo um hábito e aguçá-lo, na medida em que antes se pergunta se a ação é objetivamente **conforme à lei moral**, e à qual, em cujo caso, com efeito, se distingue a atenção àquela lei, que fornece meramente um **fundamento** da obrigatoriedade da lei que é de fato **obrigante** (*leges obligandi a legibus obligantibus*)[241] (como, por exemplo, a lei daquilo que a **carência** dos homens exige de mim, em oposição à que o **direito** dos mesmos me exige, onde a última prescreve deveres essenciais mas a primeira só deveres acidentais), e assim se ensina a distinguir deveres diversos que se reúnem em uma ação. O outro ponto ao qual a atenção tem de dirigir-se é a questão se a ação tem de ocorrer também (subjetivamente) **[285] em vista da lei moral** e se, portanto, ela não tem unicamente a retidão moral como ato mas também valor moral como disposição concordante com a sua máxima. Ora, não há dúvida alguma de que esse exercício, bem como a consciência de uma – dele proveniente – cultura de nossa razão que julga meramente sobre o prático, tem de produzir aos poucos um certo interesse, inclusive pela lei da mesma, por conseguinte por ações moralmente boas. Pois nós nos afeiçoamos finalmente àquilo cuja contemplação deixa-nos sentir o uso ampliado de nossas faculdades de conhecimento, o qual é promovido principalmente por aquilo em que encontramos retidão moral; porque a razão, com a sua faculdade de determinar *a*

241. Leis de obrigação, distintas de leis que obrigam.

priori segundo princípios o que deve acontecer, só pode sentir-se bem em uma tal ordem de coisas. Um observador da natureza, contudo, afeiçoa-se finalmente a objetos que de início chocam seus sentidos, se descobre neles a grande conformidade a fins de sua organização e deste modo nutre a sua razão na contemplação deles; e Leibniz restituiu diligentemente à sua folha um inseto que ele observara cuidadosamente ao microscópio, porque ele se considerou instruído pela sua contemplação e como que tinha fruído um benefício dele.

Mas esta ocupação da faculdade de julgar, que nos deixa sentir nossas próprias faculdades de conhecer, não [286] é ainda o interesse pelas ações e pela sua moralidade mesma. Ela faz simplesmente com que a gente de bom grado se entretenha com tal ajuizamento e dá à virtude ou à maneira de pensar segundo leis morais uma forma de beleza que é admirada mas nem por isso procurada (*laudatur et alget*)[242]; como <aliás> tudo aquilo cuja contemplação produz subjetivamente uma consciência da harmonia de nossas faculdades de representação e na qual sentimos fortalecida toda a nossa faculdade de conhecimento (entendimento e faculdade da imaginação), produz uma complacência que também pode comunicar-se a outros, em cujo caso, todavia, a existência do objeto permanece-nos indiferente enquanto essa complacência é considerada somente o ensejo para percebermos a superior disposição dos talentos em nós, acima da animalidade. Pois bem, o **segundo** exercício inicia o seu ofício, a saber, tornar perceptível em exemplos, na apresentação

242. *Probitas laudatur et alget* (a honestidade é louvada e sente frio). JUVENAL, *Sátiras* I, 74.

viva da disposição moral, a pureza da vontade, inicialmente apenas como sua perfeição negativa, na medida em que numa ação como dever não entra como fundamento determinante absolutamente nenhum motivo das inclinações. Deste modo o aprendiz é, contudo, mantido atento à consciência de sua **liberdade**. E, ainda que essa renúncia provoque uma sensação inicial de dor, todavia, pelo fato de que priva aquele aprendiz da coerção até de carências verdadeiras, ao mesmo tempo anuncia-lhe uma libertação do variado [287] descontentamento em que todas essas carências o enredam e o ânimo é tornado receptivo à sensação de contentamento a partir de outras fontes. Mas o coração é liberado e aliviado de um fardo que sempre o pressiona secretamente, se for descoberta em decisões morais puras, das quais são apresentados exemplos, uma faculdade interna ao homem, que ele não conhecia perfeitamente antes, **a liberdade interior** de desembaraçar-se de tal modo da impetuosa impertinência das inclinações, que absolutamente nenhuma, mesmo a mais benquista, tenha influência sobre uma resolução para a qual devemos servir-nos agora da nossa razão. Em um caso, em que **sou o único** a saber que tenho a injustiça de meu lado e em que – não obstante a livre confissão da mesma e o oferecimento de reparação encontrem uma tão grande oposição na vaidade, no interesse privado, mesmo na, afora isso, não ilegítima aversão contra aquele cujo direito é por mim restringido –, posso, contudo, não me importar com todas essas dificuldades: em tal caso certamente está contida uma consciência de independência das inclinações e da fortuna e a consciência da possibilidade de bastar-se a si mesmo, que por toda parte, também sob outro ponto de vista, me é salutar. E agora a lei do dever, pelo valor positivo que o cumprimento da mesma nos deixa sentir, encontra um acesso mais fácil pelo **respeito por nós mesmos** na consciência de nossa liberdade. Sobre este respeito, [288] se ele é bem estabelecido, se o homem nada teme mais fortemente que, no exame interno de consciência, considerar-se desprezível e reprovável a seus próprios olhos, pode ora enxertar-se toda disposição moral boa; porque este é o melhor, mesmo o único guarda para preservar o ânimo da intrusão de impulsos ignóbeis e perniciosos.

Com isso eu quis referir-me somente às máximas mais gerais da doutrina do método acerca de uma cultura e exercício morais. Já que a multiplicidade dos deveres requer ainda determinações particulares para cada espécie deles e esta constituiria uma vasta tarefa, desculpar-me-ão se numa obra como esta, que é apenas um exercício preliminar, limito-me a esses traços fundamentais.

CONCLUSÃO

Duas coisas enchem o ânimo de admiração e veneração sempre nova e crescente, quanto mais freqUente e persistentemente a reflexão ocupa-se com elas: **o céu estrelado acima de mim e a lei moral em mim**. Não me cabe procurar e simplesmente presumir ambas como envoltas em obscuridade, ou no transcendente além de meu horizonte; vejo-as [289] ante mim e conecto-as imediatamente com a consciência de minha existência. A primeira começa no lugar que ocupo no mundo sensorial externo e estende a conexão, em que me encontro, ao imensamente grande com mundos sobre mundos e sistemas de sistemas e, além disso, ainda a tempos ilimitados de seu movimento periódico, seu início e duração. A segunda começa em meu si-mesmo <*Selbst*> invisível, em minha personalidade, e expõe-me em um mundo que tem verdadeira infinitude, mas que é acessível somente ao entendimento e com o qual (mas deste modo também ao mesmo tempo com todos aqueles mundos visíveis) reconheço-me, não como lá, em ligação meramente contingente mas em conexão universal e necessária. O primeiro espetáculo de uma inumerável quantidade de mundos como que aniquila minha importância enquanto **criatura animal**, que tem de devolver novamente ao planeta (um simples ponto no universo) a matéria da qual ela se formara, depois que fora por um curto espaço de tempo (não se sabe como) dotada de força vital. O segundo espetáculo, ao contrário, eleva infinitamente meu valor enquanto **inteligência**, mediante minha personalidade, na qual a lei moral revela-me uma vida independente da animalidade e mesmo de todo o mundo sensorial, pelo menos o quanto se deixa depreender da determinação conforme a fins de minha existência por essa lei, que não está circunscrita a condições e limites [290] dessa vida mas penetra o infinito.

No entanto admiração e respeito podem, em verdade, estimular a investigação mas não substituir a sua falta. Que é que se precisa, pois, fazer para pôr em marcha esta investigação de modo útil e adequado à sublimidade do objeto? Exemplos podem servir aqui de advertência, mas também para a imitação. A contemplação do mundo começou do mais grandioso espetáculo que só os sentidos humanos podem sempre oferecer e que só o nosso entendimento, em sua vasta abrangência, pode sempre suportar perseguir, e terminou – na astrologia. A moral começou na mais nobre propriedade da natureza humana, cujo desenvolvimento e cultura voltam-se a uma utilidade infinita, e terminou – no fanatismo <*Schwärmerei*> ou na superstição. Assim se passa com todas as tentativas ainda rudes, nas quais a parte mais nobre do ofício depende do uso da razão, que não se verifica por si mesmo, como o uso dos pés, pelo exercício freqUente, principalmente se ele concerne a propriedades que não podem apresentar-se tão imediatamente na experiência comum. Mas depois que, embora tardiamente, entrou em voga a máxima de examinar antes bem todos os passos que a razão se propõe dar, e de não a deixar seguir o seu curso de outro modo que na linha de um método bem refletido anteriormente, o [291] ajuizamento do sistema do universo tomou uma direção totalmente diversa e, com essa, ao mesmo tempo uma saída incomparavelmente mais feliz. A queda de uma pedra, o movimento de uma funda, resolvidos em seus elementos e nas forças que neles se mostram e elaborados matematicamente, produziram enfim na estrutura do mundo aquela perspiciência clara e imutável para todo o futuro, que pela observação continuada só pode esperar ampliar-se sempre mas jamais deve temer que tenha de voltar atrás.

Aquele exemplo <*Beispiel*>[243] pode aconselhar-nos a encetar agora este caminho no tratamento das disposições morais de nossa natureza e dar-nos esperança de um bom êxito semelhante. Pois temos à mão os exemplos da razão que julga moralmente. Ora, analisando-os em seus

243. Sobre a diferença de sentido entre os termos alemães *Beispiel* e *Exempel*, cf. *MS/T* A 168, Ak 480, nota.

conceitos elementares, propondo-se – mediante repetidos ensaios sobre o entendimento comum – na falta da **Matemática**, um procedimento contudo semelhante à **Química**, de **separar** o empírico do racional suscetível de encontrar-se neles, podem ambos os elementos ser com certeza reconhecidos por nós em sua **pureza** e no que cada um possa por si só realizar. Deste modo pode em parte evitar-se a desorientação de um ajuizamento ainda **rude** e pouco exercitado e, em parte (o que é de longe mais necessário), as **extravagâncias do gênio**, pelas quais, como sói acontecer com os adeptos da pedra da sabedoria, sem nenhuma investigação metódica [292] e nenhum conhecimento da natureza são prometidos tesouros sonhados e são dissipados tesouros verdadeiros. Em uma palavra, a ciência (buscada criticamente e introduzida metodicamente) é a porta estreita que conduz à **doutrina da sabedoria**, se por esta não se entender simplesmente o que se deve **fazer** mas o que deve servir de norma a **mestres** para aplanar bem e demarcadamente o caminho da sabedoria, que cada qual deve seguir, e proteger a outros de caminhos falsos; uma ciência cuja guardiã tem que permanecer sempre a Filosofia, em cuja investigação sutil o público não tem de tomar nenhuma parte, mas certamente nas **doutrinas**, que após uma tal elaboração podem tornar-se pela primeira vez verdadeiramente claras a ele.

Apêndice

Notas manuscritas de Kant em seu *Handexemplar* da *Crítica da razão prática* (1788)

A publicação, a seguir, de notas manuscritas de Kant que se encontram ao final de seu Handexemplar *da* Crítica da razão prática *parece constituir um complemento natural a uma edição e tradução que procurou identificar-se com a recuperação da discussão em relação com sua fonte original.*

Essas notas manuscritas, que excluem aqui aquelas correções feitas por Kant ao longo do texto, circunscrevem-se, do final da última página A 292, à sua última capa interna e a uma folha solta. Embora nelas se abordem três conjuntos de questões, a sua divisão em três seções feita por Gerhard Lehmann levou, antes, em conta aquela distribuição física no Handexemplar.

Apenas o título da folha avulsa requer algum esclarecimento: Quaestio Stolpiana. *Com o legado do holandês Janus Stolpe, falecido em 1753, criou-se um instituto, que a cada dois anos conferiria um prêmio por trabalhos vinculados a questões de filosofia da religião e filosofia moral, e cujas especificações temáticas foram transcritas por*

Lehmann: "O conteúdo dos textos deve variar: uma vez deve mostrar-se, a partir da contemplação do mundo criado ou de algumas partes dele, que um ser eterno, infinito, separado da matéria, sábio e onipotente criou-o a partir do nada e o conserva; outra vez deve-se lançar luz sobre a excelência da doutrina moral cristã do modo como se encontra nos livros do Novo Testamento, *e a sua preeminência sobre todas as doutrinas morais humanas. Ao mesmo tempo deve-se poder resgatar e demonstrar a concordância da doutrina moral cristã com a filosófica, e celebrar sua beleza e aceitabilidade..."*[244] *Kant interessou-se algumas vezes pelo prêmio; assim, por exemplo, explicitamente na Reflexão 41, v. 17, p. 435 e na Reflexão 6008, v. 18, p. 422, da edição da Academia. Curiosamente voltou ao assunto em uma dessas notas manuscritas, teoricamente vinculadas ao conteúdo de sua segunda Crítica.*

Por uma razão de clareza e segurança, a tradução dos textos manuscritos foi feita a partir de sua publicação por Gerhard Lehmann: LEHMANN, G. Kants Bemerkungen im Handexemplar der Kritik der praktischen Vernunft. Kant-studien, *v. 72, n. 2, pp. 132-9, 1981 (os textos ocupam as páginas 137-9). Agradeço à Direção da revista* Kant-studien *a autorização para uso dessa edição. A guarda do* Handexemplar *encontra-se desde 1910 aos cuidados do Arquivo da Martin-Luther-Universität Halle-Wittenberg. Agradeço àquela Universidade, na pessoa da Sra. K. Keller, a grata oportunidade de ter podido consultá-lo.*

244. Apud LEHMANN, G. Kants Bemerkungen im Handexemplar der Kritik der praktischen Vernunft, pp. 133 s.

I

A vontade pura é seu próprio fim, mas a afetada por inclinações, não. Se do homem for dito: ele é fim em si mesmo, isto não significa: ele é seu próprio fim, mas sempre além disso[245] fim da natureza, um simples meio tanto da natureza quanto de outros entes.

II

Se uma metafísica enganosa é uma tentativa de *conhecer* acima dos limites de uma experiência possível, uma religião fantástica é uma tentativa de *atuar* acima dos objetos de uma experiência possível e mediante as forças que se encontram além daqueles limites.

Assim como a razão especulativa torna-se, na teosofia, transcendente, porque seus princípios que podem ser regulativos unicamente em relação ao uso da experiência são então elevados a constitutivos: do mesmo modo a razão prática pura torna-se transcendente se ela pensa exercer ações sobre o suprassensível, sobre a divindade em uma religião como culto. Toda a [faculdade][246] enfatuação de forças da natureza (portanto também de nossas próprias), que porém não atuam segundo leis da natu-

245. Kant: *sondern auch jederzeit auch*. A expressão "além disso" traduz a repetição talvez involuntária de dois advérbios *auch* (também). Embora aparentemente repetitivo, o procedimento poderia servir para ressaltar um aspecto essencial da gramática moral kantiana: do "não só mas também".

246. Kant: *Vermögen*, riscado. Os colchetes neste texto significam que Kant escreveu uma palavra e riscou-a a seguir. Já o sinal <...> significa o acréscimo de uma palavra pelo Tradutor.

reza, é superstição de uma receptividade dos efeitos em nós, mas não mediante causas na natureza, é uma insânia da razão (*NB* ruptura da lei moral). Todo o efeito que esperamos produzir no mundo através de Deus é superstição. Cremos então atuar sobre Deus, e este efeito é transcendente à nossa prática religiosa da conformidade <Nossas representações da conformidade>[247] que esperamos dar à vontade divina com a nossa são consideradas constitutivas e transcendentes, já que elas são [meramente] imanentes e meramente regulativas, para tornar a nós mesmos conformes com a vontade divina. Toda a religião desta espécie é [uma tentativa delirante] como que [para] fazer magia ou feitiço. Aquilo que não se deixa efetuar mediante forças que são outorgadas à nossa natureza, espera-se conseguir mediante uma determinação de certas forças sobre a natureza através de nossos desejos ou de certas fórmulas e observâncias. Verdadeira religião é a disposição ao cumprimento de todos os deveres (que só podem ser exercidos no mundo) como mandamentos divinos (não os mandamentos divinos (de seu arbítrio) como um dever). A razão moral para considerá-los deste modo é a impossibilidade de representar o objeto de nossa [mediante] vontade seguidora da lei moral, o sumo bem, como possível apenas através de nossa vontade; e sem Deus, que conecta a outra parte [pela] à lei moral, o sumo bem viria a ser uma idéia vazia, o que levaria ao levantamen-

247. A frase de Kant está truncada. Lehmann propôs a seguinte complementação, depois do acréscimo de um ponto <.>: "Nossas representações da conformidade da vontade divina com a nossa são consideradas constitutivas e transcendentes..." (*Unsere Vorstellungen von der Gemäßheit des göttlichen Willens mit dem unsigen werden als konstitutiv und transehunt angesehen...*). Minha tradução incorpora essa sugestão de Lehmann, adaptando-a ao texto de Kant.

to de objeções de lado da especulação contra a disposição moral. Não temos outra coisa a fazer do que cuidar que nos tornemos homens melhores. A felicidade, bem como a deficiência de nossa faculdade para, com todo o nosso esforço, tornar-nos dignos da mesma, temos de deixar aos cuidados de Deus e confiar nisso, quer conheçamos o modo como Deus o faz (o que é tanto melhor), quer não; assim não podemos ter influência sobre Deus para determiná-lo a tal, mas somente zelar para mediante uma boa conduta tornar-nos dignos [de tudo] daquilo que não se encontra em nossas forças. Este é o limite[248] de quanto um homem pode julgar pela razão; pois de acordo com isso ele também tem de vir a ser julgado futuramente enquanto homem natural.

O proveito que o Estado tem da liberdade das consciências em assuntos de religião, em decorrência da sinceridade que pode vincular-se unicamente a ela, enquanto a falta de liberdade corrompe o caráter. <...>

Uma religião natural (considerada objetivamente) tem de ser contraposta não à revelada (que também só pode ser [a] natural), mas à artificial, isto é, à religião erudita.

Dignidade somente coabita um objeto do respeito. Este não é nenhum outro que aquele que é legislação em relação com aquele que lhe[249] obedece. Ora bem, o homem é um ser sensível (obrigado) consciente como ente de sentidos, que portanto a si mesmo <...>[250]

248. Kant: *So viel kann der Mensch durch Vernunft urtheilen.*

249. Kant: *auf den, der ihm* (com aquele que lhe), remete a *Gegenstand* (objeto). Mas objeto do respeito é aí identificado com "objeto que é legislação".

250. A frase foi interrompida por Kant.

III

Quaestio Stolpiana <.> *An dentur*[251] *[obligatio] officia ad quae obligari hominem demonstrari non possit nisi posita animi imortalitate.* 1. Todos os deveres são dessa espécie; pois jamais se pode considerar o dever como [importante] determinante da vontade, sem *ao mesmo tempo* vincular-lhe a esperança da imortalidade. 2. Nenhum dever é tal que comporte obrigatoriedade apenas na medida em que *pressuponha* a imortalidade da alma, pois teria de tratar-se então de um dever no qual alguém se obrigasse a prestar serviço a outros [retribuir] depois de sua morte, como o assumir a celebração de missas pela alma de alguém que estipulou algo a respeito no testamento, o que porém é um dever imaginário. 3. Daquele que nega a vida futura jamais pode provar-se a obrigação para qualquer ação, não porque faltem motivos mas porque o objeto da ação, a saber, o bem que se estende ao infinito de acordo com esses princípios seria desse modo uma simples quimera.

Um caso (do dever) parece ser de tal tipo que a obrigatoriedade em relação a ele só ocorre sob a condição da pressuposição da vida futura, e este <caso> é o dever de evitar o suicídio. Pois visto que através deste, se não há outra vida, meu estado não será alterado, mas até meu próprio si-mesmo <*Selbst*> termina, assim esta ação é, como a última de tudo o que eu posso fazer, carente de conseqüências, quer relativamente a meu valor ou [ainda] des-

251. Kant, no manuscrito: *detur*, no singular, em função do termo *obligatio*; que ele depois riscou e substituiu por *officia*, no plural. Lehmann em função disso corrigiu aquele verbo para *dentur*. Tradução: "Se há deveres em relação aos quais não possa ser demonstrado que o homem é obrigado, a menos que se introduza <*posita*> a imortalidade da alma."

valor pessoal, quer relativamente a meu [*Nachte*] proveito ou dano; como aliás de modo geral uma existência por si caduca e contrária à infinitude da duração que posso imaginar, nenhuma existência momentânea sem um mundo futuro pode ter absolutamente algum valor. Mas já que, apesar disso enquanto eu viver, desdenhar esta vida e a mim mesmo não pode ser concebido sem indignidade, assim a suposição, vinculada à consciência de meu dever, de uma outra vida pertence ao valor de minha existência; aqui, pois, em contrapartida, não é a expectativa de um outro mundo o fundamento da consciência do dever mas inversamente[252], todavia de modo tal que este dever não pode obrigar sem comportar ao mesmo tempo a posição da imortalidade.

252. Devido às muitas correções e intercalações, a frase de Kant tornou-se complicada e foi por isso traduzida segundo a sua reelaboração proposta por Lehmann. O texto de Kant é o seguinte: *Da aber dem ungeachtet, so lange ich lebe, dieses Leben und mich selbst wegzuwerfen ein Vorsatz ist, der ohne [Vern] Nichtswürdigkeit nicht gefasst werden kan, so führt die mit dem Bewußtsein meiner Pflicht zugleich (verbundene Vermuthung einer langeren Dauer) [die Vermuthung eines anderen] meines Lebens [welches] (als) zum Werthe meines Daseyns gehörth bey sich. Hier ist also wiederum nicht die [Hoffnung] Erwartung einer anderen Welt der Grund des Bewustseyns der Pflicht, sondern umgekehrt,* ... A sua reformulação por Lehmann (cf. p. 134) é a seguinte: *Da aber dem ungeachtet so lange ich lebe, dieses Leben und mich selbst wegzuwerfen ein Vorsatz ist, der ohne Nichtswürdigkeit nicht gefaßt werden kann, so gehört die mit dem Bewußtsein meiner Pflicht verbundene Vermutung eines anderen Lebens zum Werte meines Daseins; hier ist also wiederum nicht die Erwartung einer anderen Welt der Grund des Bewußtseins der Pflicht, sondern umgekehrt ...*

Índices

*Índice de autores**

Autores relacionados por Vorländer

* Os números de páginas constantes neste Índice de Autores são os da primeira edição original de 1788 (A), também referidos no texto da edição brasileira. Já os algarismos romanos do Índice de autores citados pelo tradutor remetem às páginas da Introdução brasileira. Tanto o Índice de Autores como o Glossário seguem, com algumas alterações do tradutor, o conteúdo dos índices de Karl Vorländer, constantes em sua edição: KANT, I. *Kritik der praktischen Vernunft*, Neunte Auflage, Herausgegeben und mit Einleitung sowie einem Personen- und Sachregister versehen von Karl Vorländer. Der Philosophischen Bibliothek Band 38, Leipzig: Felix Meiner, 1929. Na tabela "Concordâncias de páginas", os números da edição Vorländer foram, no entanto, atualizadas de acordo com a 10ª edição de 1993, da mesma Editora. Os direitos públicos de tradução e reprodução desse Índice e Glossário foram reconhecidos pelo seu Editor, em correspondência com o tradutor.

Autores citados pelo tradutor

Glossário

As páginas referidas após os verbetes remetem diretamente às páginas da primeira edição original (A), que também se encontram nesta edição brasileira. A substituição das páginas da edição Vorländer pelas da edição original foi feita pelo tradutor, após consulta ao texto caso a caso. Asteriscos após uma palavra remetem ao respectivo verbete.

A

B

C

D

E

F

G

H

I

J

L

M

N

O

P

Q

T

CONCORDÂNCIA DE PÁGINAS

Vorländer	A	Academia
3	3/4	3
4	5/6	4
5	7/8	5
6	9/10	6
7	11/12	7
8	13/14	7/8
9	15/16	8/9
10	16/18	9/10
11	19/21	10/11
12	21/23	12
13	24/25	12/13
14	26/27	13
15	28	14
16	29/30	15
17	31/32	16
18	32	16
19	33	17
21	35/36	19
22	36/37	20
23	38	20/21
24	39/40	21/22
25	41/42	22/23
26	42/43	23/24
27	43/44	24
28	44/45	24/25
29	46/47	25/26
30	47/48	26
31	48/49	27
32	50	28
33	51/52	28/29
34	53	30
35	54	30
36	55/56	31

Vorländer	A	Academia
37	56/57	31/32
38	57/58	32/33
39	59/60	33/34
40	60/61	34
41	61/62	34/35
42	62/63	35/36
43	63/64	36
44	65/66	37
45	66/67	38
46	67/68	38/39
47	68	39
48	69	40
49	70/71	41
50	72/73	41/42
51	73/74	42/43
52	75/76	43/44
53	76/78	44/45
54	77/79	45/46
55	80/81	46/47
56	81/82	47
57	83/84	48
58	85/86	49
59	87	50
60	88/89	50/51
61	90/91	51/52
62	91/92	52/53
63	93/94	53/54
64	94/95	55/55
65	96/97	55
66	97/99	56
67	99/100	56/57
68	100/101	57/58
69	102/103	58/59
70	103/105	59/60
71	105/106	60

Vorländer	A	Academia
72	107/108	61
73	108/109	62
74	110/111	62/63
75	112/113	63/64
76	113/114	64/65
77	115/116	65/66
78	117/118	66/67
79	119/120	67/68
80	120/121	68/69
81	122/123	69
82	123/124	70
83	125/126	71
84	126/127	71/72
85	128/129	72/73
86	130/131	73/74
87	130/132	74/75
88	133/134	75
89	134/135	76
90	136/137	76/77
91	138/139	77/78
92	140	78/79
93	141/142	79/80
94	142/144	80/81
95	144/145	81/82
96	146/147	82
97	148/149	83
98	149/150	84
99	151/152	84/85
100	152/154	85/86
101	154/155	86/87
102	156/157	87/88
103	157/159	88/89
104	159/160	89
105	161/162	90
106	162/163	91

Vorländer	A	Academia
107	164/165	92
108	165/167	92/93
109	167/168	93/94
110	169/170	94/95
111	170/172	95/96
112	172/173	96/97
113	174/175	97/98
114	175/177	98
115	177/178	99
116	178/180	99/100
117	180/181	100/101
118	182/183	101/102
119	183/185	102/103
120	185/186	103/104
121	187/188	104/105
122	188/190	105/106
123	190/191	106
124	192/193	107
125	193/195	107/108
126	195/197	108/109
127	197/198	109/110
128	199/200	110/111
129	200/202	111/112
130	202/203	112/113
131	204/205	113/114
132	205/207	114/115
133	207/208	115/116
134	209/210	116
135	210/212	117
136	212/213	117/118
137	214/215	118/119
138	214/217	119/120
139	217/218	120/121
140	219/220	121/122
141	220/222	122/123

Vorländer	A	Academia
142	222/223	123/124
143	224/225	124/125
144	225/226	125/126
145	227/228	126
146	228/230	127
147	230/231	128
148	232/233	128/129
149	233/234	129/130
150	235/236	130/131
151	237/238	131/132
152	238/239	132/133
153	240/241	133/143
154	241/242	134
155	243/244	135
156	244/246	135/136
157	246/247	136/137
158	248/249	137/138
159	249/251	138/139
160	251/252	140
161	253/254	140/141
162	254/255	141
163	256-257	142
164	257/259	143
165	260	144
166	260/262	144/145
167	262/263	145/146
168	263/265	146/147
169	265/266	147/148
171	267	149
173	269/270	151/152
174	270/272	152
175	272/273	153
176	274/275	153/154
177	276/277	154/155
178	277/278	155/156

Vorländer	A	Academia
179	279/280	156/157
180	280/282	157/158
181	282/283	158/159
182	283/284	159
183	285/286	160
184	286/288	160/161
185	288	161
186	288/290	161/162
187	290/291	162/163
188	292	163